한국경제
더 물러설 수 없다

조 동 성 지음

한국경제신문사

머리말

　1997년 경제위기, 1998년 구조조정, 1999년 경쟁력 강화, 그리고 2000년 선진국 진입 — 우리는 하루하루를 힘겹게 살아가면서도 한국경제의 미래를 이렇듯 낙관하고 있다. 과연 이러한 낙관론은 바람직한 자세인가?

　우리 주변에는 IMF가 발생하기 이전부터 이미 한국경제의 심각성을 파악하고 우려하던 사람들이 꽤 있었다. 하지만 그 누구도 이를 드러내놓고 행동으로 옮기지는 못했다. 스스로를 반성하고 이를 행동에 옮기는 지성인을 갖지 못한 한국은, 결국 1997년 말에 이르러 때마침 동아시아 전역을 휩쓴 외환위기의 영향을 받으면서 지난 30여 년 동안 한 번도 체감해보지 못했던 혹독한 경제위기의 고통을 실감하게 되었다.

우리는 60억 지구인들 뇌리에 한국의 존재를 각인시키기 위해 '세계 속의 한국'이라는 슬로건을 내세우면서 1988년 올림픽 개최, 1995년 WTO 가입, 1996년 OECD 가입, 2002년 월드컵 공동개최 (예정) 등 굵직굵직한 이벤트를 치루어냈다. 이러한 노력은 나름대로 성과를 거두어, 한국인들은 '우리도 이제는 선진국민'이라는 자부심을 갖기 시작하였다. 그러나 IMF사태는 한국인의 자부심에 먹칠을 했다. 그리고 이 과정에서 한국인은 경제적 위기를 맨몸으로 감당해야 하는 것은 물론, 자신이 추락하고 있다는 정신적인 충격으로 더 큰 고통을 받아야 했다. 그리고 선조들이 스스로를 엽전이라고 비하했듯이, 우리는 또다시 자신을 웃음거리로 만드는 자세를 보여주고 있다.

그러나 우리가 정신적인 충격이 두려워 스스로 비웃거나 자존심을 지키기 위한 노력만을 시도한다면, 그 결과는 어느 누구에게도 도움이 되지 못하고 한국경제에 악영향만을 끼칠 것이다. 따라서 비록 1997년의 경제위기 때는 상황에 제대로 대비하지 못하는 잘못을 저질렀지만, 다시 한 번 그런 일이 일어나서는 안 된다는 각오를 다져야 한다. 그리고 우리는 국민 모두의 역량을 결집하여, 긍정적인 자세로 미래지향적인 그리고 세계지향적인 방향으로 나아가야 한다.

이 책은 1997년 말에 시작되어 한국 전역을 휩쓸었던 경제위기를 지켜보고 감내하면서 나름대로 생각했던 바를 시기별로 정리한 결과이다. 보다 구체적으로 내용을 살펴보면 다음 세 가지 부분으로 나누어져 있다. 제1부: 경제위기 이전의 상황, 제2부: 경제위기 극복을 위한 구조조정, 제3부: 경제위기 이후 – 선진경제를 위하여 등.

제1부에서는 한국정부와 기업들이 당시의 경제환경 속에서 어떠한 대안을 마련했으며, 어떻게 대응하고 있었는지, 그리고 과연 제대로 된 방향으로 나아가고 있었는지에 대해 설명하고 있다. 제2부는 경제위기 극복을 위한 정답이 구조조정, 특히 대기업들 간의 빅딜을 통한 기업들의 경쟁력 강화임을 강조하고 있다. 또한 구조조정에 있어서도 어느 한 부분만을 강조할 것이 아니라 전체를 보고 정해진 수순에 따라 체계적으로 진행해 나가야 한다는 논리를 주장하고 있다. 제3부에서는 기업 경영자가 보다 긍정적인 입장에서 미래지향적, 그리고 세계지향적인 자세를 가질 것을 주문하고 있다.

"한국경제는 더 이상 물러설 곳이 없다"

지금은 지난 1년 반 동안의 위기를 기회로 삼아 경제를 다시 일으켜 세우는 지혜가 무엇보다도 필요한 때이다. 1998년 한국의 모든 언론매체들은 '구조조정'을 헤드라인으로 앞다투어 실으면서 국민을 경제와 경영에 대한 전문가로 만들었다. 이제 한국이 구조조정에 성공한다면, 그 동안의 거품이 빠진 작지만 보다 단단해진 강한 모습을 갖고 다시 태어날 것이다. 국가, 산업, 기업 등 모든 부분에서 경쟁력을 확보할 때, 한국은 2000년대에 들어서면서 진정한 선진국으로 발돋움할 것이다. 그런 의미에서 이 책이 독자 여러분 개개인의 경쟁력을 강화시키는 데 조금이라도 도움이 될 수 있기 바란다.

이 책을 만드는 과정에서 가장 수고해 준 분은 산업정책연구원의 강금주 정보팀장이다. 강 팀장은 그 동안 필자가 각종 신문, 잡지에 발표해 온 글을 수집·분류하여 체계를 잡는 데 큰 도움을 주었다.
원고교정에는 서울대 경영대학 석사과정의 강재영, 김상순, 김선엽
군 들이 수고해 주었다. 그리고 이 책의 발간을 위해 여러 가지로 도
움을 준 한국경제신문사 관계자 여러분께 진심으로 감사의 말씀을
드린다.

1999년 4월

조 동 성

차 례

Before the
IMF

1997년 말, IMF가 우리 생활터전에까지 깊이 스며들기
이전에도 우리 경제는 한보사태, 기아사태 등을 통해
조금씩 그 기반이 흔들리고 있었다.
한 가지 고백할 일은, 파거 신문지상에 기고했던 글들을
정리하던 중에 나 자신이 IMF 이전부터
이미 경제위기를 우려한
글을 쓰고 있었다는 사실을 깨닫게 되었다는 것이다.
나를 비롯한 많은 다른 사람들이 IMF가 발생하기
훨씬 전부터 이미 한국경제의 심각성을
느끼고 있었음에도 불구하고, 막연히 어떻게 되겠지
하는 생각만 하고 있었을 뿐, 그 대비책을 미처
행동으로 옮기지 못하고 있었던 점에 대해 책임을
통감한다.
당시 몇몇 신문 지면을 빌어 경제위기를 걱정했던
글들과 상황에 따라 조금씩 대처해 가던 우리 모습들을
시기별로 묶어 보았다.

한국의 선진국 시도

1996

1. 국내기업 투자배려부터

　요즈음 해외에 나가 보면 저절로 어깨가 으쓱해진다. 공항에 도착해서 입국 수속을 마친 다음 짐 찾는 곳으로 가면 방긋이 웃고 있는 LG 로고, 강렬한 느낌을 주는 삼성 로고, 역동적인 대우 로고가 부착된 짐수레가 손님을 반기면서 줄서 있는 모습이 보인다.

　공항 청사를 나서서 시내로 들어가는 차를 타면 환영문구가 써 있는 대한항공 광고판, 신선하게 다가오는 선경 광고판, 왕성한 힘을 느끼게 하는 현대 광고판이 도열해서 인사를 한다. 시내에 들어가도 여기가 진짜 외국인가 하고 눈을 의심하게 될 정도로 한국기업들의 광고가 곳곳에 붙어 있는 모습을 보게 된다.

한국기업들의 이 같은 눈부신 해외진출 덕분에 외국정부나 대학으로부터 자문이나 강의 요청을 여러 차례 받게 되었다. 외국기업의 국내투자를 촉진하려면 정부가 어떤 정책을 세워야 하는가에 대해 한국의 경험을 곁들여 설명해 달라는 것이다. 이런 나라 중에는 스리랑카, 온두라스, 인도네시아, 페루, 중국 같은 개도국도 있지만, 간혹 핀란드같이 선진국이면서도 투자위축으로 성장이 침체되고 있는 나라도 있다.

이들 국가의 고위 정부관리나 기업인들이 한결같이 내세우는 자국 경제의 문제점은 국내자본이 부족하기 때문에 투자가 충분히 일어나지 않는다는 것이었다. 따라서 어떻게 하면 한국기업을 포함한 외국기업의 투자를 국내로 유치하느냐 하는 것이 이들의 주된 관심사였다.

그러나 이들의 자세에는 심각한 모순이 있었다. 고위 정부관리나 기업인들이 공식석상에서는 국내에 투자할 돈이 부족하다고 하면서도 저녁식사 때나 주말에 친구로서 만나게 되면 지난 주말에 가족들과 함께 마이애미로 휴가를 다녀왔다거나 런던에 좋은 집을 사 놓고 자식들을 일류대학에 유학시키고 있다는 얘기를 자랑스럽게 하는 것이었다. 나중에 들어보니 개도국일수록 상류층 인사들은 미국이나 유럽에 은행구좌를 열어 놓고 많은 돈을 예금해 둔다고 한다.

이와 같은 사실을 알게 된 후 나는 다음과 같은 강의를 하게 되었다. "경제발전을 위해 투자가 필요한 것은 너무나 당연한 일입니다. 그런데 투자재원은 국내에서 조달할 수도 있고(국내저축), 해외에서 융자나 투자를 통해서 조달할 수도 있습니다(해외저축). 이 두 가지

재원 중에서는 당연히 국내저축이 더 쉽고 더 좋습니다."

"여러분은 국내자본이 부족하다고 하지만, 상류층 인사들이 해외에 도피시켜 놓은 자본을 국내로 들여오면 상당한 규모의 투자재원이 확보될 것입니다. 그러면 이들 자본이 왜 국내에서 해외로 자꾸 도피할까요? 그 이유는 여러분들이 더 잘 아실 것입니다. 그 자본이 국내에 있어 봤자 만족할 만한 이익이 기대되는 사업기회도 별로 없고, 환율이 계속 평가절하되어 가치가 자꾸 떨어지니 누가 돈을 국내에 두고 싶어하겠습니까?"

"그러나 해외자본가라고 해서 투자가치가 없는 곳에 투자하고 싶겠습니까? 그들은 결코 바보도 아니고 자선사업가도 아닙니다."

"귀국 정부는 해외투자를 끌어들이는 노력을 하기 전에 먼저 상류층 인사들이 돈을 해외로 빼돌리는 것보다 국내에 투자하는 것이 더 나은 결과를 가져온다는 판단을 할 수 있도록 좋은 투자환경을 만들어야 합니다. 투자자들이 미래에 대해서 밝은 희망을 갖도록 멋진 비전을 제시하고, 투자한 돈과 노력에 대해 불안을 느끼지 않도록 관련 제도를 투명하게 해주는 동시에 국민들과 한 번 약속한 것은 하늘이 두 조각 나더라도 지킨다는 믿음을 주어야 합니다."

"그러면 정부가 구태여 외국인 투자를 유치하기 위한 제도를 따로 만들고 투자유치단을 해외에 보내지 않더라도 투자재원은 저절로 국내로 몰리게 됩니다. 경영학이론을 내세우지 않더라도 돈은 불안감이 없고 기대이익이 높은 곳으로 모이기 마련입니다."

그러나 이런 충고가 과연 우리나라와는 전혀 무관한 것인가? 최근 한국정부가 보여준 자세나 시책을 보자.

정부는 국내 재벌기업들이 10억 달러대의 굵직굵직한 해외투자

계획을 발표하는 것에 대해 심히 못마땅하다는 듯한 태도를 보인다. 만일 그 돈이 국내에 투자된다면 엄청난 고용기회와 부가가치를 창출하리라. 그러니 못마땅해 하는 정부의 태도는 이해하고도 남음이 있다.

그러나 정부는 국내기업이 언어, 습관, 제도 등에서 풍부한 경험을 가지고 있는 모국을 버리고 모든 것이 생소한 외국으로 한사코 나가려고 하는 이유가 무엇인지를 냉정하게 인식해야 한다. 돈에는 국적이 없는 법이다. 마찬가지로 모국이라는 조건만으로 밑지는 사업을 국내에서 벌이는 투자가가 있다면, 그 사람은 애국자일지언정 훌륭한 사업가는 되지 못한다. 사업가는 사업기회가 없는 천당보다는 돈 벌 기회가 있는 지옥을 선택하는 사람들이다.

한국기업이 국내에 투자하기를 꺼리는 이유는 정부 일각에서 생각하는 것처럼 단순히 임금이 높아졌기 때문만은 아니다. 우리 임금이 높아졌지만 선진국에 비하면 아직 2분의 1 수준에 불과하다. 임금이 높아지면 거기에 맞게 사업구조를 조정하면 된다.

한국기업이 국내투자를 기피하는 이유가 사업기회가 없다는 데 있는 것도 아니다. 우리 경제는 아직 세계에서도 가장 역동적으로 변화해 가고 있으며, 변화 속에서 수많은 사업기회가 새롭게 나타나고 있기 때문이다.

한국기업이 국내투자를 꺼리는 보다 큰 이유는 정부에 대한 신뢰감 상실이다. 정부가 현재 시행하고 있는 정책이 언제 바뀔지 모르고, 정부가 내세우는 약속이 언제 파기될지 아무도 예측할 수 없기 때문이다.

사실 정부는 그 동안 기업가들과 약속한 것을 별로 지킨 적이 없

다. 규제완화에 대한 약속은 말할 것도 없고, 정부투자기관의 민영
화조치도 유명무실하다. 급변하는 세계경제 환경을 뒤쫓아가는 것
만도 숨가쁜 오늘날, 정부마저 사업환경을 자의적으로 뒤흔들고 미
래에 대한 불안을 가중시킨다면, 이것은 사업가들에게 너무나 피곤
한 일이다.

　최근 정부가 구상하고 있는 정책 중에는 외국인 국내투자촉진책
이 있다. 아마도 영국 같은 나라에 투자한 한국기업이 국내에서는
상상하지도 못할 파격적인 조건으로 공장부지를 확보하고 금융세제
면에서도 큰 혜택을 받고 있다는 얘기에 자극을 받은 듯하다.

　그러나 이 정책에는 근본적인 문제가 있다. 만일 외국기업에게
국내기업이 못 누리는 혜택을 준다면, 그 정책에는 헌법에서 정한
평등성 위배의 문제 이전에 이해득실에 대한 판단에 오류가 있는 것
이다. 경제주권 차원에서 볼 때 내국인 투자가 외국인의 국내투자보
다 훨씬 소망스럽기 때문이다. 이와 반대로 만일 정부가 외국기업에
게 별로 주는 것도 없이 투자를 촉진한다면, 그 정책은 아무런 성과
도 거두지 못할 것이다. 외국투자자들은 내국인들도 투자를 기피하
는 곳에 투자를 결정할 바보가 아니기 때문이다.

　이제라도 한국정부가 취해야 할 정책은 우선 국내기업들이 투자
매력을 느낄 수 있을 정도로 기업환경에서 불안요인을 제거해주는
일이다. 특히 경제 관련 행정에서 정치적 동기에 의한 자의적 행위
가 일어나지 않도록 해야 한다. 구체적인 예를 들자면, 국세청을 더
이상 비경제적인 목적으로 동원하지 말고 투명한 세제행정을 펴도
록 하는 일이다. 두 번째로는 국내투자가들이 충분한 이익을 낼 수
있도록 금융비용을 낮춰 주고, 경쟁을 통해서 국제경쟁력을 갖추어

나갈 수 있도록 시장질서를 유지해주어야 한다.

이처럼 국내기업들이 매력을 느낄 만한 투자환경이 조성된다면, 외국인 국내투자는 정부가 구태여 유인수단을 강구하지 않아도 자발적으로 국내에 들어오기 위한 모든 노력을 강구할 것이다.

‖ 중앙일보, 1996년 9월 3일 ‖

2. 이제는 지역경쟁력시대

1995년 한국은 수출 1,000억 달러를 달성하였고, 경제성장률도 세계 최고 수준인 9%대를 기록하였다. 그러나 이로부터 불과 8개월이 지난 1996년 중순에 접어들면서 우리는 연말까지 200억 달러에 이를 무역적자와 7% 이하로 떨어질 경제성장률을 걱정해야 하는 신세로 전락하였다.

최근 조사에 의하면, 국민 88%가 앞으로 1년간 경기가 어두울 것으로 보고 있다고 한다. 이렇듯 순식간에 위기상황으로 몰린 한국경제는 과연 국제경쟁력을 잃어버렸는가?

이를 판단하기 위해서는 국제경쟁력과 무역수지, 그리고 국민소득과의 관계를 정확히 이해할 필요가 있다. 결론부터 얘기하면 국제경쟁력은 무역수지, 국민소득과는 다른 개념이다. 따라서 무역수지

가 적자이거나 국민소득 성장률이 낮다고 해서 반드시 국제경쟁력
이 떨어지는 것은 아니다.

무역수지는 가정의 현금출납부와 같다. 현금 지출을 억제하고 보
유 재산을 내다 팔면 그 가정의 현금 보유량이 늘어나듯이, 인위적
으로 수입을 억제하고 모든 수단을 동원해서 수출을 늘리면 그 나라
의 무역수지는 적어도 일시적으로는 개선된다.

그러나 자녀교육비를 줄이고 헐값으로 재산을 처분해 현금을 확
보한다고 해서 그 가정의 미래가 밝아지는 것은 아니다. 마찬가지로
기계, 원자재, 기술 등 국가발전에 필요한 생산요소에 대한 수입을
억제하고, 환율의 평가절하로 수출상품가격을 낮추어 해외시장에
내다 판다고 해서 그 나라의 경쟁력이 강화되는 것은 아니다.

국민소득은 한 나라 경제의 크기를 보여주는 지표이다. 그러나
국민소득이 반드시 그 나라의 내적 충실도를 보여주는 것은 아니다.
사우디아라비아가 원유수출로 높은 국민소득을 올린다고 해서 그
나라 경제가 경쟁력을 갖고 있다고 할 수는 없다. 더구나 1인당 국
민소득을 높이는 일환으로 인구를 줄이는 산아제한정책을 쓴다고
해서 그 나라의 국제경쟁력이 강화되는 것은 더더욱 아니다.

이처럼 한 나라의 국제경쟁력, 즉 국가경쟁력은 인위적으로 무역
수지를 흑자로 전환하고 단기적으로 국민소득을 높인다고 해서 강
화되는 것이 아니다. 국가경쟁력은 장기간에 걸쳐 국민경제를 이루
는 각종 산업이 기본에 충실한 방법으로 경쟁력을 갖추게 될 때 형
성되는 것이다.

보다 구체적으로는 한 나라가 다음 세 가지 조건을 충족할 때 국
가경쟁력이 형성된다.

　첫째, 국제경쟁력을 갖춘 산업이 그 나라에 존재하고 있고, 둘째는 이러한 산업이 여러 지역에 걸쳐 다수 있으며, 셋째로 이런 산업의 국제경쟁력이 그 나라 안에 존재하는 고유한 원천 때문에 형성되어야 한다. 예컨대 스리랑카에 홍차 재배 및 가공산업이 발달했고, 아이슬란드가 세계 수산물 공급선의 일각을 차지하고 있지만 어느 누구도 스리랑카나 아이슬란드를 국제경쟁력이 있는 국가라고 얘기하지는 않는다. 따라서 한 나라가 국제경쟁력을 갖추려면, 그 나라 경제내에 경쟁력 있는 산업이 다수 있어야 한다.

　또한 경쟁력 있는 산업이 다수 있다고 할지라도, 그들 산업이 우연히 또는 외부조건에 의해 국제경쟁력을 가지게 되었다면 그러한 나라를 국제경쟁력이 있다고 얘기할 수는 없다. 한 나라가 국제경쟁력을 갖기 위해서는 이들 산업에 공통적으로 작용하는 경쟁력의 원천이 그 나라 안에 있어야 한다.

　위의 세 가지 기준을 갖고 한국경제를 평가해보면, 철강을 비롯하여 전자, 자동차 등 경쟁력 있는 산업이 꽤 포진돼 있다는 것을 알 수 있다. 한국경제 역시 국제경쟁력을 갖추려면 경쟁력 있는 산업을 다수 키워야 한다.

　그런데 각 산업은 지역별로 산재해 있다. 섬유산업은 대구지역, 신발산업은 부산지역, 기계산업은 창원지역, 그리고 전자산업은 수원, 구미지역이 중심이 되어 발전해온 것이다.

　앞으로 전국 각 지역이 제각기 몇 개 산업을 특화하여 그 산업을 통해 경쟁력을 갖추게 된다면, 한국은 무난히 선진경제권에 진입하게 될 것이다. 특히 지방자치제가 본격적으로 확산되고 있는 상황에서 지역별로 특화산업을 육성하고 강화하는 일은 지방정부에게 있

어 가장 중요한 과제이다. 이제 경쟁력에 관한 논의는 국가 차원에
서 벗어나 지역 차원에서 진행해야 할 때가 되었다.

‖ 중앙일보, 1996년 9월 24일 ‖

3. 국제경쟁력 강화를 위한 지름길
— 이제 기업이 경제주체 돼야 한다 —

한국경제가 1986~89년 사이에 무역흑자를 냈을 때, 우리는 선
진국 국민이 된 듯한 환상에 빠졌다. 그러나 1990년에 무역이 적자
로 돌아서고 10% 수준에 달하던 경제성장률이 1992년에 5%로 떨
어지자, 우리는 곧 국제경쟁력을 잃고 후진국 신세로 떨어지지 않을
까 하는 걱정에 사로잡히게 되었다.

그 후 신정부가 들어서면서 경제성장률이 8~9% 수준으로 높아
지고 무역수지 역시 균형을 잡게 되자, 정부는 한국경제가 선진권으
로 올라서고 있다는 전제 아래 OECD 가입을 위한 정식절차를 밟
기 시작하여 이제는 요식행위만을 남겨놓기에 이르렀다.

그러다가 1996년 하반기에 들어오면서 경제성장률이 6%대로 떨
어지고 무역적자 역시 연간 기준으로 사상 최고 수준인 190억 달러
로예상되자, 분위기는 또다시 위기상황으로 반전되었다. 그리하여

한국이 국제경쟁력을 상실하여 2등국 수준을 벗어나지 못하리라는 비관론이 기업과 학계, 일반국민들 사이에 널리 퍼져 나가고 있고, 최근에는 정부도 이를 인정하여 '경쟁력 10% 높이기 운동'이라는 정책을 내놓기에 이르렀다.

그러나 한 나라의 경제는 그렇게 쉽게 후진국에서 선진국으로 올라가는 것도 아니고 선진국에서 후진국으로 떨어지는 것도 아니다. 후진국과 선진국을 구별하는 지표로 1인당 국민소득이나 무역수지를 흔히 들지만, 정부가 응급처방식의 정책을 써서 일시적으로 이런 지표를 높였다고 해서 후진국이 선진국으로 바뀌지는 않는다.

무역수지를 예로 들어보자. 정부에서는 190억 달러라는 무역수지 적자가 현재 한국경제가 안고 있는 가장 심각한 위기라는 인식 아래 이를 개선하기 위한 총력전에 돌입했다. 그리하여 임금 억제와 환율 인하조치를 통해서 수출을 부양시키려는 의도를 가시화하고 있다.

그러나 무역수지와 국제경쟁력은 적어도 단기적으로는 직접 관계가 없다. 예컨대 아랍 국가들은 원유 수출로 무역흑자를 내고 있지만 국제경쟁력이 있다고 평가하기 어려운 반면, 독일은 통독 과정에서 상당 기간 무역적자를 냈지만 그로 인해 국제경쟁력이 없어졌다고 얘기할 수는 없다. 무역수지는 국제경쟁력의 결과일 뿐 국제경쟁력을 창출하는 원천이 아니다.

폐렴으로 열이 있는 환자에게 해열제만 주어서는 안 된다. 해열제는 환자를 일시적으로 편하게 해주지만, 자칫 해열제의 부작용이 폐렴을 악화시킬 수도 있기 때문이다. 마찬가지로 무역수지 적자라는 상황에 처한 한국경제에 임금동결이나 환율인하라는 부작용을 유발하는 조치만을 취하면, 겉으로 드러나는 무역수지 지표가 극히 일시적으로는 그럴 듯한 모습으로 변화할지도 모른다. 그러나 이 과정에서 한국경제는 더욱 왜곡된 구조를 갖게 되고 경쟁력을 잃게 된다.

한국경제에 대한 비관적인 견해가 짙은 구름처럼 전국을 덮고 있는 지금 한국정부가 취해야 할 태도는 무엇인가. 현명한 의사라면 폐렴으로 인해 고열에 허덕이는 환자에게 우선은 응급조치를 취할 것이다. 하지만 근본적인 치료를 가로막는 응급조치를 취하지는 않는다.

정부 역시 걷잡을 수 없이 늘어나고 있는 무역수지 적자를 수수방관할 수는 없을 것이다. 더구나 1997년은 대통령선거를 눈앞에 둔 정치의 해이다. 이런 상황에서 선거에 쟁점거리를 제공하는 '사상 최대의 무역수지 적자' 같은 결과를 야기할 수는 없을 것이다. 그렇다고 해서 수출증가, 수입억제를 위한 임시방편적인 조치가 한국경제의 구조를 근본적으로 뒤틀리게 해서도 안 된다.

정부는 정치적으로 수용할 수 있는 결과를 끌어내기 위한 단기정책과 국민경제의 근본이 되는 국제경쟁력을 강화하기 위한 장기정책을 동시에 상호보완적으로 채택해야 한다. 무역수지를 개선하기 위한 조치에는 수출촉진과 수입억제가 있지만, 이런 방식에 정부가 앞장서는 일은 오늘날과 같은 무역개방시대에는 가능하지도 않고 바람직하지도 않다.

정부가 할 수 있는 일은 눈에 보이지 않는 방법으로 수출업자와 수입업자들로부터 협조를 얻는 길뿐이다. 이를 위해서는 정부관리들이 민간기업들과 만나 그들의 고충을 이해하고 정책적인 차원에서 어려움을 해결해주어야 한다.

그러나 이런 조치가 가시적인 성과를 내기 위해서는 정부가 먼저 민간기업으로부터 믿음을 얻어야 한다. 정부가 믿음을 얻기 위한 유일한 방법은 민간부문과의 약속을 하늘이 두 조각 나더라도 지키는 일이다. 정부는 이러한 응급조치와 함께 한국경제가 국제경쟁력을 강화해 나갈 수 있는 장기적인 정책을 세워야 한다. 한국경제가 중진국 수준에서 선진국으로 탈바꿈하기 위해서는 선진국 수준의 국제경쟁력을 가져야 한다.

한 나라의 국제경쟁력은 그 나라가 가진 물적 자원, 경영환경, 관련 산업, 국내수요라는 네 가지의 물적 요인에 의해서 결정된다. 그러나 이런 물적 요인을 처음부터 모두 갖추고 경제발전을 시도하는 나라는 없다. 어느 나라든 그 나라의 국민들 — 근로자, 정치가와 행정관료, 기업가, 전문경영자, 기술자 — 이 위에 언급한 물적 요인들을 만들고 키워가는 가운데 국제경쟁력이 향상되고 경제발전이 이루어지는 것이다. 그리고 이처럼 한 나라 안에 존재하는 몇 가지 변수 외에도 오일쇼크, 올림픽 같은 외생변수도 경쟁력에 영향을 미친다.

앞서 열거한 9개 요인이 한 나라의 경제에 미치는 영향을 파악하면 그 나라가 가진 국제경쟁력의 수준을 판단할 수 있으며, 시간이 흐름에 따라 그 나라가 겪게 되는 국제경쟁력의 변화를 동태적으로 설명할 수 있게 된다.

한 나라가 가진 국제경쟁력은 그 나라 경제의 수준을 결정하는데, 경제의 수준은 일반적으로 후진국 → 개도국 → 중진국 → 선진국의 단계를 거쳐 변화한다. 그런데 위에 든 국제경쟁력을 결정하는 9개 요인이 모든 단계에서 제각기 9분의 1씩의 역할을 하는 것은 아니다. 단계마다 주도적 역할을 하는 요소가 달리 나타나기 때문이다.

후진국은 물적 자원과 근로자밖에 없는 나라이다. 후진국에서 경제발전에 대한 뚜렷한 비전을 갖춘 정치가가 지도자가 되어 행정관료와 함께 근로자와 물적 자원을 결합하여 부가가치를 창출할 수 있는 기업이 태동할 수 있는 경영환경을 형성하게 되면 그 나라는 개도국단계로 넘어가게 된다.

중진국은 정부가 경제에 대해서 갖고 있던 주도권이 기업가한테 넘어가고, 이들이 왕성한 투자의지를 갖고 여러 관련 및 지원사업으로 진출하면서 만들어진다. 그러나 선진국은 경영자, 기술자, 디자이너 등 전문가 그룹이 바통을 이어받아 기업활동의 전면에 나서고 높은 소득을 바탕으로 튼튼한 국내수요가 형성되는 나라이다.

한국경제는 1960년대 초에 경제성장의 불길을 당긴 이래 15년만에 개도국단계를 성공적으로 졸업하였다. 그리고 1970년대 중반 이후 지난 20년간 경제구조를 중진국 수준으로 변화시켜 오면서 선진국단계로의 진입을 눈앞에 두고 있다. 한국경제는 이런 과정에서 몇 차례 구조조정을 겪었고, 그때마다 상당한 어려움을 극복했다.

중진국단계로 들어선 1970년대 중반 이후 발생한 첫번째 시련은 1979~80년에 제2차 석유위기 및 박대통령 시해사건과 더불어 나타났던 경기침체였다. 이 첫번째 시련은 1980년에 경제성장률 마이너스6.2%라는 수치로 구체화되었고, 당시 정부와 기업은 물가안정정책과 전자 · 반도체 · 자동차부문에 대한 집중투자를 통해 이를 극복하였다.

중진국단계로 들어와 두 번째로 불어닥친 시련은 1987년 6.29선언 이후 봇물처럼 터진 노사분쟁이었고, 그 후 5년간 임금 수준이 3

배로 상승하는 어려움 속에서 기업은 자동화 노력 및 해외투자로 이를 극복하는 전략을 택했다. 그 결과로 국내 소비수준은 급격히 증가하여 내수시장이 탄탄하게 형성되었고, 기업은 국내시장과 해외시장을 탄력적으로 연계하면서 자구책을 모색했다. 이 과정에서 근로자집단은 경제주체로서의 역할을 점차 상실하게 되었고, 정부 역시 경제를 선도하는 위치를 민간기업 부문에 내놓게 되었다.

올해 초에 이미 가시화되었고, 하반기로 들어오면서 보다 확실하게 다가오고 있는 경기침체는 한국경제가 중진국단계에서 세 번째로 맞게 된 시련이다. 이번의 경기침체는 지난 두 차례의 경기침체와는 전적으로 성격을 달리한다. 지난 경기침체가 석유위기(1979), 정치권의 지각변동(1987)이라는 외생변수 때문이었다면, 이번의 경기침체는 산업구조 안에 아직도 존재하는 비효율성과 기업가들의 투자 마인드 위축이 결합하여 산업경쟁력 약화라는 모습으로 진행되고 있다.

따라서 이번의 경기침체는 경제 내부, 특히 기업의 구성원들에게 보다 큰 책임이 지워져야 한다. 그럼에도 경제계 일부에서는 지금의 어려움을 극복하기 위해서는 근로자들이 총액임금제 같은 제도를 받아들임으로써 현재의 어려움을 참아주어야 한다는 주장이 나오고 있다.

그러나 근로자에게 책임을 씌우는 이 같은 행태는 '근로자가 경제를 이끌고 간다'는 사고, 즉 후진국 멘털리티에서 벗어나지 못한 자만이 저지르는 잘못이다. 또 오늘의 어려움은 정부의 비효율성이 큰 원인이므로, 정부가 이제부터라도 보다 효율적으로 각종 규제를 철폐하고 기업에 대한 지원을 강화해야 한다는 주장도 만만치 않다.

그러나 정부에 책임을 전가하는 이런 행태 역시 '정부가 경제를 이끌고 간다'는 개도국 멘털리티에 불과하다.

이제 우리 경제가 당면한 과제를 극복하고 국제경쟁력을 획득하여 중진국에서 선진국으로 발전하는 데 있어 정부가 할 일은 분명해졌다. 즉 지금까지 경제를 주도해왔던 역할에서 한 발짝 뒤로 물러서는 일이다.

반면 이제는 전문경영자와 기술자, 디자이너가 전면에 나서야 한다. 즉 경영환경의 변화가 심하고 복잡해지며 경쟁이 치열해지는 상황에서는 전문적인 관리능력과 기술을 바탕으로 효율적 경영을 수행할 수 있는 전문가집단이 경제발전의 주도세력으로 등장하는 질적인 구조변화가 필요하다는 것이다.

그리고 지금까지 한국경제를 중진국 수준까지 발전시키는 데 있어서 주도세력이었던 기업가는 전문경영자가 기업을 선진화할 수 있도록 이들에게 기업경영의 권한과 책임을 넘겨주어야 한다.

이제 전문가집단이 기업을 이끌어 가면서 당면한 어려움을 슬기롭게 극복하고 산업에서 선도적인 위치를 차지하기 위해서는 다음과 같은 점을 고려해 경영혁신을 실행해야 한다.

첫째, 기업 전체를 변화시키겠다는 경영자의 강력한 의지와 구체적 실천계획이 필요하다. 둘째, 뚜렷한 목표를 설정해야 한다. 또한 기업의 근본적인 변화를 일으키기 위해서는 기능별 수준이 아닌 기업 전체 수준에서 설정해야 한다. 셋째, 여러 가지 경영기법들을 상호 연결시켜 사용해야 한다. 마지막으로 경영자는 경영혁신이 자신의 책임 아래 있는 핵심과제라는 점을 주지하고 뚜렷한 목적을 갖고 전략적 프로그램에 의해 꾸준히 실천해야 한다.

　지금 우리 경제가 선택할 수 있는 정책대안은 지극히 제한되어 있다. 특히 정부가 앞장서서 할 수 있는 일은 아무것도 없다고 해도 과언이 아니다. 이제는 기업이 확실하게 국민경제의 주체가 되어야 한다. 기업 내부에서도 전문경영자가 전면에 나설 때가 되었다. 이들이 자기 살을 베는 아픔을 무릅쓰고 경영혁신에 임할 때, 한국경제는 선진국을 향한 대장정에 들어서게 될 것이다.

‖ 한국경제신문, 1996년 10월 14일 ‖

4. 공기업의 '민영화'보다 경쟁체제로 풀자

　1987년부터 맡았던 한국전력 비상임이사직을 9년만인 지난 1996년 10월에 그만두었다. 3년씩 세 번에 걸쳐 연임했기 때문에 큰 짐을 벗어 놓은 것 같아 홀가분하다.

　그러나 비록 비상임이었지만 한국에서 자산규모상으로 가장 큰 기업의 경영에서 손을 뗐다는 섭섭한 느낌이 드는 것도 사실이다. 차제에 필자가 그 동안 한전의 비상임이사로 재임하면서 경험한 바를 기초로 최근 재정경제원에서 발표한 공기업 민영화 및 경영방침에 대한 내용을 검토해보았다.

　첫째, 정부는 대형 정부투자기관을 재벌그룹에 매각하지 않겠다는 것을 명백히 했다. 이 부분에 대해 필자는 동의한다. 한전은 4,500만 전 국민이 한 명도 빠짐없이 소비자로 참가하고 3만 5,000명에 달하는 임직원의 노력과 정성을 바탕으로 일구어 낸 조직이다. 한전의 연간 매출액은 12조 원, 자산규모는 27조 원에 달한다. 이런 대형기업을 특정인에 의하여 지배되는 개인기업이 인수한다면, 한국경제는 재벌에 의해 주도되는 개도국 수준을 벗어날 수 없다.

재벌은 한 나라가 후진국에서 개도국으로 성장하는 데 큰 역할을 하지만, 개도국에서 선진국으로 발전하는 데는 장애물이 된다. 한전 등 대형 정부투자기관이 재벌에 넘어가 한국경제의 선진화를 가로막아서는 안 된다.

둘째, 정부는 정부투자기관의 경영을 전문경영자에게 맡기겠다고 천명했다. 이에 대해서도 필자는 전적으로 동의한다. 혹자는 전문경영자에게는 기업을 자기 것으로 알고 열심히 하려는 자세가 부족하고, 또 그렇더라도 위험을 무릅쓰고 과감하게 투자하고 경영하는 배짱이 없다고 비판한다. 앞부분은 완전히 틀린 주장이고, 뒷부분은 일리가 있는 주장이다.

어느 회사에 주인의식이 없는 전문경영자가 있다면, 그것은 그 회사의 소유경영자가 그를 머슴같이 부리기 때문이다. 만일 전문경영자의 명예와 소득이 기업주가 가진 자의적인 기준에 의해서가 아니라 오로지 자신이 책임지고 경영하는 기업의 실적만으로 평가되고 결정된다면, 어떤 전문경영자라도 소유경영자 못지않은 주인의식을 가지고 기업이 잘되는 방향으로 하루 24시간 노력할 것이다.

실제로 필자가 관찰한 한국전력의 사장과 임직원들은 일반 개인기업의 월급쟁이 임직원보다 훨씬 높은 애사심과 긍지를 가지고 있

었다. 주인이라고 나서는 개인이 없는 한전에서 임직원들이 주인의
식을 갖게 되는 것은 너무나 당연하다.

전문경영자가 위험을 회피한다는 주장에는 일리가 있다. 모험적
인 사업에 뛰어들어 성공해봤자 월급 몇 푼 더 받는 데 그치지만, 실
패하는 경우에는 자기 목이 위험하기 때문이다. 그러나 소유경영자
가 대규모 투자 같은 중요한 문제를 즉흥적으로 결정하고 충분한 준
비 없이 행동에 옮긴다면 더 큰 문제를 야기할 수도 있다. 1기(基)당
서울시 예산의 5분의 1에 해당하는 20억 달러가 들어가는 원자력발
전소 건설을 전문가의 치밀한 분석과 담당자들의 의견수렴 없이 한
개인이 배짱만으로 밀어붙인다면 어떻게 되겠는가?

셋째, 정부는 전문경영자들에게 스톡옵션 등 파격적인 보상을 하
겠다고 발표했다. 이에 대해서도 필자는 동의한다. 정부투자기관 임
원의 보수는 회사의 규모, 일의 난이도, 경영성과 등에 관계 없이 국
내 대기업에 비해 현저하게 낮은 수준으로 책정되어 있다. 한때는
하후상박의 원칙 때문에 한전사장의 봉급이 부하직원인 전무의 봉
급보다도 낮아진 웃지 못할 경우도 있었다.

스톡옵션은 회사에 부담을 주지 않으면서도 가장 효과적으로 전
문경영자가 신명나게 일할 수 있게 해주는 제도로써 미국과 유럽 등
선진 자본주의 국가에서는 이미 보편화되었다. 한전 사장에게 취임
시 주가로 매년 2만 주씩 살 수 있는 권리를 준다면, 그는 한전의 경
영을 개선하고 주가를 올리는 데 온 정력을 바칠 것이다. 스톡옵션
제도는 민간기업에서도 소유경영자의 지분을 분산시키는 데 유효한
방식이다.

넷째, 정부는 이사회를 활성화시키겠다고 했다. 현존하는 정부투

자기관의 이사회제도는 장단점을 다 갖고 있다. 장점으로는 전문성과 객관성을 가진 사외이사가 전문경영자가 자칫 저지를지도 모르는 실수를 미연에 방지한다는 점과 전문경영자로 하여금 경영을 투명하게 하도록 한다는 점을 들 수 있다.

필자가 재임한 지난 9년 동안 한전에서는 정기 이사회를 한 번도 거르지 않고 매월 개최했고, 필요에 따라 임시 이사회까지 열어가며 연평균 20회씩 모였다. 회의에는 전력 및 원자력부문과 거시경제, 기업경영의 전문가들이 함께 참여하여 보통 오후 4시부터 7시까지 경영진에서 제안하는 안건을 놓고 난상토의를 벌였다. 그 과정에서 한전 경영자들은 물론이고 참석한 이사들도 각 분야의 전문가인 다른 이사들의 지식과 경험을 공유하는 좋은 기회를 가졌다. 한전 임직원들이 이사회의 회의록을 읽으면서 공부한다는 얘기도 들었다.

반면에 이사회의 운영에는 단점도 많이 있다. 우선 정부에서 파견된 이사들은 민간부문의 비상임이사들보다 출석률이 저조한 것이 보통이다. 그리고 적극적으로 한전을 위한다기보다는 해당 정부부처의 입장을 대변하고 전달하는 데 그치는 경우가 많다. 물론 개중에는 사전에 충분한 준비를 해오고 객관성을 유지하려는 이사들도 여럿 있다. 그러나 정부 파견이사들은 몇 달이 멀다하고 자주 바뀌기 때문에 업무의 연계에 있어 어려움이 많다.

또 한 가지 문제는 방대한 기업 규모와 복잡한 활동내용에 비해서 비상임이사들이 이사회에 투입하는 시간과 노력이 턱없이 모자란다는 점이다. 그러나 이들이 자신의 직업을 버리고 한전의 경영에만 전력투구할 수도 없는 노릇이다. 비상임이사들에게 거마비 정도를 지급하며 업무에 대한 열정을 기대한다는 것이 애당초 무리인지도 모른다.

그러나 비상임이사로 구성된 이사회에 대한 필자의 견해는 긍정적이다. 비록 경제적인 급부는 적지만, 대부분의 비상임이사들은 보람과 자부심을 갖고 회의에 임한다. 적어도 9년 동안 필자가 참석한 이사회에서 농담으로라도 안건을 대충 처리하고 회의를 끝내자고 한 이사는 한 사람도 없었다. 이사들은 부족한 시간이나마 쪼개어 한전과 주주, 그리고 국가를 위한 올바른 결정을 내리기 위해서 열심히 노력한다.

다섯째, 정부는 나머지 정부투자기관은 경영효율성이 낮으므로 적절한 시기를 보아 민간에 매각하겠다고 발표했다. 이 부분에는 다소 문제가 있다는 것을 지적하지 않을 수 없다.

효율성은 경영권이 정부에서 민간으로 넘어간다고 무조건 높아지는 것이 아니다. 또 경영을 방만하게 해도 독점적인 위치를 구가할 수 있다면 공기업이건 민간기업이건 효율성을 가질 필요가 없다. 특히 정부가 원가를 기준으로 하여 가격을 통제하는 독점사업에서는 비효율적인 경영이 기업에 더 큰 매출액과 이익을 가져온다는 역설이 성립한다.

효율성은 경쟁사업에서만 적용되는 기준이고, 경쟁에서 살아남는 기업만이 가지는 결실이다. 따라서 정부투자기관의 경영을 효율화하려면, 주식을 민간에 매각할 것이 아니라 경쟁자를 만들어 주어야 한다. 한때 과당경쟁은 중복투자를 야기하여 가뜩이나 부족한 자원을 낭비케 한다는 반론도 만만치 않았다. 우리 경제의 규모가 작고 경영자원이 부족했을 때는 그 주장에도 일리가 있었다. 그러나 지금은 세계적으로 생산시설이 과잉상태이고, 한국경제에서도 자원낭비의 단점보다는 효율성의 장점이 훨씬 중요하게 부각되고 있다.

그러나 위의 논리로 정부투자기관을 민간에 매각하지 말자는 것은 아니다. 다만 민영화의 여부는 효율성의 논리보다 공익성을 기준으로 하여 판단해야 한다는 뜻이다. 공익성이 강조되는 사업은 정부, 사익성이 강조되는 사업은 민간이 담당하는 것이 원칙이다. 단 민간기업이 공익성을 지킬 정도로 성숙해 있고, 정부가 민간기업의 공익성 침해 여부를 감시할 수 있는 제도적 장치를 갖고 있다면, 비록 공익성이 있는 사업이라도 민간에게 맡길 수 있을 것이다.

이상에서 언급했듯이 필자는 이번에 정부가 발표한 방침에 대해 전반적으로 동의한다. 다만 다음과 같은 몇 가지 보완책이 이 같은 정책을 실현하는 데 도움이 될 것이다.

첫째, 정부투자기관이 담당하는 모든 사업에 경쟁자가 나타나야 한다. 이 원칙은 한전, 한국통신, 주택공사 등 모든 공기업에 적용되어야 한다. 이 때 규제완화나 실질적인 경영자율권의 부여 등 공정한 경쟁조건이 전제되어야 함은 물론이다.

둘째, 정부투자기관의 성패는 누가 최고경영자로 선임되는가에 달려 있다. 한전, 한국통신 등 어느 기업에건 그 내부에는 '보석' 같이 능력 있는 경영자가 반드시 있다. 정부는 내부에 숨어 있는 유능한 전문경영자를 찾아내어 경영을 맡기고, 오로지 경영성과만으로 이들을 평가해야 한다. 또한 이들이 소신을 갖고 경영에 전념할 수 있도록 스톡옵션 등의 보상제도를 갖추어야 한다.

셋째, 사외이사로 구성되는 이사회를 활성화시켜야 한다. 이를 위해서는 유능하고 객관적인 외부인사를 이사로 선임하고, 이들에게도 사장에게 부여하는 스톡옵션의 10분의 1 정도를 제공하여 열심히 일하는 데 대한 적절한 보상을 해주어야 한다.

이런 보완책이 마련될 수 있다면, 세계 여러 나라에서 골칫거리인 공기업이 한국에서만은 효율성과 공익성을 동시에 갖춘 모범기업이 될 것이다. 또한 한전, 포철 같은 공기업에서 능력과 주인의식을 두루 갖춘 전문경영자가 여럿 배출될 때 한국경제의 고질병인 재벌 의존형 경제구조도 개선될 수 있을 것이다.

‖ 매일경제, 1996년 12월 9일 ‖

> 이 글은 1996년 필자가 한국전력 이사직을 사임할 무렵에 기고한 글이다. IMF 사태 발생 이후, 공기업들은 조직통합, 매각 등 상당히 강도 높은 구조조정을 실시하고 있으며, 특히 일반 기업체에 비해 비상임이사제도의 운영면에서 활발한 활동을 하고 있다.

기업부도의 도미노현상

1997

1. 시간이 없다

1996년까지만 해도 우리는 1인당 국민소득 1만 달러 달성과 OECD 가입, 7%선의 경제성장률을 근거로 한국경제가 곧 선진국 수준에 도달하리라고 기대했다.

그러나 이런 낙관론은 한보철강의 파산으로 시작된 재벌그룹의 잇따른 몰락, 경상수지 악화, 경제성장률의 급속한 둔화에 따라 순식간에 비관론으로 바뀌고 말았다. 한국경제는 선진국으로 진입하는 문지방에 서 있는가, 아니면 후진국의 나락으로 떨어지고 있는가?

이에 대한 답을 지난 36년간 진행된 경제성장의 역사에서 찾아보자.

1961년 이후 한국경제는 국내시장 보호와 자금의 차별적 배분을 정책수단으로 한 정부의 계획 아래, 전략적으로 선택된 특정 산업에 저임 노동력과 자금을 집중투자하여 규모의 경제를 달성하였다. 이 경제개발과정에 동참했던 몇몇 선택된 대기업들은 재벌화되고, 이들 재벌이 형성한 경쟁력이 그대로 한국경제의 경쟁력으로 나타났다.

그러나 1980년대 이후 새로운 변화가 몇 가지 일어났다. 미국을 비롯한 무역 상대국에서 한국정부에 대하여 국내시장 보호장치의 제거와 공정경쟁의 틀을 요구하기 시작한 것이다. 또 생산시설에 대한 재벌들의 과잉투자로 공급초과 상태가 나타나 기업 간 경쟁이 격화되었고, 임금은 선진국에 버금가는 수준으로 상승했다. 그런데도 재벌들은 구태의연한 다각화전략을 답습하였고, 그 결과 여러 산업으로 분산된 R&D 투자는 일관된 전략 아래 집중투자를 하는 선진국의 기업에 비하여 턱없이 모자랐다.

반면 태국, 중국 등 후발개도국은 한국의 투자전략을 모방하여 대규모시설을 갖추었다. 그리하여 한국기업들은 1990년대에 들어서 높은 품질경쟁력을 가진 선진국과 원가의 우위를 가진 후발개도국 사이에서 샌드위치 신세가 되었다.

그 결과, 재벌기업들의 경쟁력이 서서히 침강하면서 한국경제의 경쟁력도 함께 무너지게 된 것이다. 앞으로 한국경제가 경쟁력을 되찾을 수 있는 조건은 두 가지로 귀결된다.

첫째는 한국재벌이 구조변화를 통해 경쟁력을 되찾는 것이고, 둘째는 한국경제가 재벌 의존형 경제구조에서 벗어나 다양한 산업구조와 튼튼한 사회적 기반을 갖추는 것이다. 그리고 이를 위해서는 기업, 정부, 국민이 제각기 혁신적인 방법으로 기존의 틀을 바꾸어야 한다.

우선 기업, 특히 재벌들의 과제를 생각해보자. 오늘날 한국재벌들은 전 계열사의 매출액을 합친 숫자를 내세워 세계적인 기업이라고 허세를 부리고 있다. 그러나 개별기업 단위로는 세계시장에서 선도기업과 경쟁할 수 있는 규모에 도달한 회사가 손가락으로 꼽을 정도에 불과하다.

따라서 한국재벌이 경쟁력을 갖추기 위해서는 원가효율성과 품질효율성 중 어느 면에 특화할 것인가를 판단, 선택하고 인력과 자본 등 보유자원을 집중투자하여 선택한 부분의 경쟁우위를 확실하게 구축할 필요가 있다. 그런 다음 이를 가장 적절하게 활용할 수 있는 소수 산업에서 세계 어느 경쟁기업과 싸워도 이길 수 있는 규모로 생산 및 시장 네트워크를 구축하여야 한다.

그 동안 정부는 주로 지원과 규제, 즉 '당근과 채찍'을 사용해 가면서 민간기업을 지도하고 육성해왔다. 그러나 지원활동은 최근 한국이 WTO, OECD 등 세계기구에 가입하면서 한계를 나타내고 있다. 반면 규제활동은 창의적이고 자유로운 기업활동을 저해하는 제약요인으로 지탄의 대상이 되어왔다.

정부는 앞으로 합리적인 제도를 만들고 공정하게 집행하는 역할을 수행해야 한다. 국민이 지킬 수 있는 수준으로 법체계를 정비하고, 일단 제정한 법은 철저하게 집행해야 할 것이다. 또 가격 시그널에 여러 경제주체가 민감하게 반응하는 사회질서를 확립하고, 특히 가격결정과정에 대한 효율성을 향상시켜야 한다.

근로자 역시 기득권만을 지키려는 자세를 버리고 근로자세를 확립해야 하며, 전국민이 국가사회라는 공동체의 구성원이라는 인식을 해야 한다.

이제 시간이 없다. 선진국은 선진국대로, 개도국은 개도국대로 경제성장을 향해서 민간기업, 정부, 국민이 일심동체가 되어 노력하고 있다. 우리는 언제까지나 과거에 집착하고 기득권만을 주장하면서 허송세월을 할 것인가?

‖ 조선일보, 1997년 10월 15일 ‖

이 글은 WTO와 OECD 가입으로 온 나라가 선진국 진입을 자축한 지 불과 3개월 후에 터진 한보사태를 시작으로 한국기업들이 연이은 도산을 겪기 시작할 무렵에 쓴 글이다.
구태를 버리지 못하는 기업은 급격히 변해가는 국제환경 속에서 도태될 수밖에 없다. 결국, 변화하는 환경에 대응하지 못한 재벌그룹들은 빅딜과 사업매각을 통해 보다 탄탄하고 세련된 알짜기업으로 거듭나기 위하여 쓰라린 고통을 치루고 있다.

2. '기아사태' 적극적으로 풀어라

한국에는 11만여 개의 주식회사가 활동을 하고 있다. 이렇게 많은 기업 중 독특한 모습을 가진 회사를 3개 뽑는다면 '유한양행' '기아그룹' 그리고 '광림기계'를 들 수 있다. 이들 회사의 특징은 모두 해당 분야에서 전문화를 추구하면서 소유와 경영이 분리된 선진적인 모습을 가지고 있다는 점이다. 이 중에서도 기아그룹은 1981년 이후 한국경제사에서 좀처럼 반복되기 어려운 네 가지 기적을 동시에 창출했다.

첫째, 기아는 불과 16년이라는 짧은 기간 동안 파산 직전에 있던 회사에서 재계 랭킹 8위에까지 도달하는 엄청난 성장세를 보였다. 둘째, 기아의 놀라운 성장은 다른 재벌처럼 여러 분야로 진출하는 다각화를 통해서가 아니라 정부, 언론, 학계가 기회가 있을 때마다 부르짖는 '전문화'를 통해서 달성되었다. 셋째, 기아그룹은 소유경영자가 아니라 전문경영자가 경영을 맡아왔다. 이 역시 소유경영과 전문경영의 분리라는 선진경제의 정답을 실천한 모범적인 모습이라고 할 수 있다.

그러나 더 놀라운 사실은 기아그룹이 정부의 특혜 없이, 오히려 숱한 방해와 냉대 속에서 이 같은 성과를 이루어 냈다는 네 번째 특징이다. 1981년 정부는 자동차산업 구조조정이라는 명분 아래 현대자동차와 대우자동차에게만 승용차 생산을 허용하고 그때까지 승용차를 만들어 오던 기아자동차에게는 불허함으로써 이 회사를 빈사 상태로 내몰았다.

그 후 기아자동차가 소형 트럭에서 시작하여 '봉고 신화'를 만들어 내면서 승용차 메이커로서 재기한 것은 오로지 경영자들이 똘똘 뭉쳐 효과적인 전략을 수행했기 때문이다.

이러한 기아자동차가 1997년에 들어 위기를 맞고 있다. 해외에서는 공급과잉이라는 상황 속에서 수출시장의 개척에 어려움이 따르고 있고, 국내에서는 불황의 터널 속에서 경쟁사들과 제살 깎아먹기식 가격할인 경쟁에 시달려 온 것이다. 또한 루머 한 마디로 금융기관의 문이 열렸다 닫혔다 하는 취약한 자금시장 때문에 자금순환면에서 애로를 만난 것이다.

그런데, 참으로 안타까운 일은 전문화, 전문경영체제, 정경분리라는 '모범답안'을 역설해온 정부, 언론, 학계가 하나같이 기아로부터 등을 돌리고, 마치 기아가 뭔가 커다란 죄악이라도 저지른 것처럼 그 경영자들을 향하여 돌팔매질을 하고 있는 작금의 모습이다.

이러한 상황은 '광림기계' 역시 마찬가지다. 이 기업은 창업자인 윤창의 회장이 소유욕을 버리고 한국경제에 새로운 기업상을 보이면서 전문화와 전문경영체제를 지향한 기업이었다.

그러나 조작된 루머와 정부의 각종 감사에 시달리다가 경기침체를 맞아 부도가 나면서 모범적이고 밝은 비전을 지녔던 이 기업은 끝내 법정관리에 들어갔다. 이 과정에서 전문경영체제를 지향하던 창업자는 소유권은 물론 경영권마저도 빼앗길 지경에 이르렀다.

정부는 기아그룹에 대한 해결책을 제시하기 전에 현경영진에게 경영권 포기각서를 요구하고 있다.

그러나 이 같은 조건은 기업의 경영을 정상화하기보다는 구성원 간의 단합된 힘을 흩어 버리는 결과만을 가져올 것이다. 사업을 해본 사람이라면 전문경영자가 아무리 뛰어난 경영능력을 갖고 있더라도 이미 사표를 제출한 가운데 수많은 임직원들을 통솔한다는 것이 얼마나 어려운가를 잘 알 것이다.

기아, 광림 같은 전문화된 기업이 사회가 요구하는 모범답안대로 기업을 운영했는데도 파산지경으로 몰리는 현구도 아래서 정부가 할 일은 이런 기업과 경영자들을 처벌하는 것이 아니다. 정답대로 경영하는 회사가 좋은 성과를 올릴 수 있도록 기업환경을 바꾸어 나가는 일이다.

즉 전문화된 기업이 시장경쟁원리에 따라 재벌그룹 계열사들과 대등한 경쟁을 벌일 수 있도록 공정한 경쟁환경을 조성해야 하는 것이다. 동시에 기아의 회생에 대한 정부의 신뢰를 표명함으로써 국내외 금융기관들이 보다 적극적으로 기아사태의 해결에 나설 수 있도록 해야 한다.

기아의 경영진과 노조 역시 반성과 함께 강도 높은 자구책을 강구해야 한다. 특히 경영진은 기아회생의 길이 전문화밖에 없다는 것을 다시 한 번 깊이 인식하고, 기아특수강 등 부실 계열사를 정리하고 여러 부품회사를 독립시켜 아웃소싱으로 전환하는 등 모든 경영역량과 자원을 자동차의 핵심부문에 집중함으로써 경쟁력을 제고해야 한다. 또한 사외이사제도를 도입하여 전문경영인체제의 장점을 살리면서도 외부자가 우려하는 전문경영자의 전횡이 나타나지 않는 지배구조를 확립할 필요가 있다.

우리가 원하는 방향으로 경영해온 기업이 일시적으로 부도가 났다고 해서 정부가 전문경영자로부터 경영권을 빼앗고 자금력을 가진 기업에게 인수시킨다면, 바람직한 모습을 가진 선진국형 기업은 한국사회에서 자취를 감출 것이고, 한국경제가 선진권으로 나아가는 것도 20년쯤은 후퇴할 것이다.

이제라도 늦지는 않았다. 한국경제의 건강한 발전을 위해서, 그리고 순조로운 선진국으로의 진입을 위해서 우리는 힘을 합해 기아,

광림 등 훌륭한 기업, 멋진 경영자들을 도와주어야 한다.

‖ 매일경제, 1997년 10월 18일 ‖

이 글은 '기아자동차' 문제에 대해 정부가 갈피를 잡지 못하고 헤매던 시기에 기고했던 글이다.

기아자동차는 정부가 제때 적절한 결정을 내리지 못하고 시간을 끄는 과정에서 누적적자가 눈덩이처럼 불어나게 되었고, 전문경영자의 구속에 이르는 우여곡절 끝에 두 차례의 입찰을 거쳐 결국 현대로 넘어가게 되었다. 만약 정부가 기아처리 문제를 이처럼 끌지 않고 제때 매듭지었더라면, 기업을 표류시키는 과정에서 발생한 '누적적자 7조'라는 엄청난 폐해는 낳지 않았을 것이다. 기아문제는 구속된 전문경영자의 책임이 아니라 제대로 처리하지 못한 정부가 책임을 졌어야 했다.

3. IMF시대 생존전략

한국경제는 지금 총성 없는 전쟁을 치르고 있다. 30대 재벌그룹 중 8개가 법정관리 또는 화의절차에 들어갔고, 머지않아 4~5개 그룹이 비슷한 길을 간다고 한다. [1]

3년 전 '명퇴바람'으로 시작된 기업들의 감원조치가 삼성, 현대 등 국내 최대기업에까지 확산되었고, 실제 시중금리는 16%대로 올라갔다. 대미 환율은 한때 연초 대비 25%가 상승한 1,150원대에 이르렀고, 종합주가는 10년만에 최하 수준인 450까지 추락했다. 한국기업에 대한 해외은행의 차관조건이 LIBO플러스 0.4%에서 3.8%로 올라간 가운데, 정부는 IMF에 긴급 자금지원을 요청하기에 이르렀다. 가히 국난(國難)이라 할 지경에 이른 것이다.

최소한 2년은 진행될 IMF의 개입으로 인해 가장 어려운 처지에 놓이게 될 사람은 바로 우리 국민이다.

직장인은 강제퇴직을 걱정해야 하고, 사회 초년병에게는 일자리의 꿈이 점점 멀어지고 있다. 가정주부는 앞으로 불어닥칠 물가상승으로 인해 추운 겨울을 더 춥게 느낄 것이고, 은행 - 종금회사들이 파산하고 합병되리라는 신문기사를 접할 때마다 저축해 놓은 돈의 이자는 고사하고 그나마 원금마저도 떼일까 노심초사하고 있다.

사실 한국경제가 겪고 있는 어려움은 우리가 1960년대의 정부 주도, 대외지향적 압축성장을 선택했을 때 이미 예정된 일이었다. 이 과정에서 정부의 비대화, 해외 의존도 심화라는 노폐물이 축적되었고, 이제는 이를 제거하는 과제가 남은 것이다.

이 노폐물을 앞으로 10년에 걸쳐 천천히 처리할 것인가? 아니면 1년 안에 압축조정할 것인가? 대답은 자명하다. 개구리를 찬물에 집어넣고 천천히 물을 데우면 삶아져서 죽지만, 뜨거운 물에 집어넣으면 튀어나온다. 압축조정은 국민을 단결시키고 변화를 채찍질한다.

---

1) 30대 재벌그룹 중 상위 4개그룹은 현재 빅딜을 추진 중이고, 쌍용과 한화, 한솔, 대상그룹 등은 대대적인 구조조정이 진행되고 있으며, 동아, 진로, 고합, 해태, 한일, 신호그룹은 그룹의 해체나 해체의 위기를 맞고 있다. 특히, 이들 그룹 중 고합, 아남, 거평, 신호그룹, 강원산업은 이미 워크아웃 상태이다.

또 10년 걸릴 일을 1년에 끝내면 9년이라는 여유기간이 나온다. 이 기간을 생산성 회복에 쓴다면 우리 경제는 그만큼 앞서는 셈이다.

기업의 경영자가 실천해야 할 가장 중요한 과제는 제품 한두 가지를 포기하는 정도의 간단한 사업구조조정이 아니라, 재벌기업 간에 두세 개씩을 주고받는 거대한 흡수합병을 통해 전문화를 시도하는 일이다. 이 과정에 조세부담 등 비용이 많이 든다는 어려움이 있겠으나 무릇 변화에는 비용이 따르는 법이다.

정부 관리들은 소아(小我)를 버리고 대의(大義)를 따라야 한다. IMF를 끌어들인 주역이 금융자율화 등 자구 노력을 게을리한 정부라는 따가운 비판에 귀를 기울일 줄 알아야 한다. 자기 부서만을 위하는 집단이기주의로 무장한 채 한국경제를 볼모로 삼는 우를 피하고, 행정의 혁신 더 나아가 선진국 수준의 효율성을 가질 수 있도록 노력해야 한다. 또 정부의 우유부단(優柔不斷)이야말로 사업구조조정과 같은 기업의 혁신 노력에 걸림돌이라는 것을 인식하고 산업진입 및 퇴출이 쉽게 이루어지도록 관련 제도를 신속히 수립, 실시해야 한다.

국민에게 가장 절실한 과제는 물가와 실업이다. 물가상승에는 근검절약이 최고의 해결책이다. 또한 실업은 창업을 통해 해결해야 한다. 즉 실업자들이 혼자서, 아니면 몇 명이 함께 모여 자신이 가지고 있는 능력과 경험을 살릴 수 있는 고도로 전문화된 회사를 세우는 것이다. 기업에서는 가급적 퇴임 임직원에게 1~3년 정도 일감을 주되, 그 이후에는 경쟁원리에 따라 시장 안에서 이들을 대하기 바란다.

한국경제는 이제 더이상 내려갈 곳이 없는 밑바닥까지 내려왔다.

그렇다고 여기서 주저앉아서는 안 된다. 절망의 심연에 도달한 사람만이 희망의 문을 향해 솟아오를 수 있는 법이다. 이제부터라도 기업, 정부, 국민은 서로 상대방에 대해서 부정적인 시각보다는 긍정적인 시각을 갖고, 미래에 대해 비관론보다는 낙관론을, 그리고 잘못된 일을 바로잡는 데 있어 남이 해주겠지 하는 소극적 태도보다는 내가 앞장서자는 적극적인 자세를 갖자. 그리고 IMF의 구제금융을 조속히 갚아서 무너진 자존심을 되찾고, 앞으로 다가온 21세기, 제3순세기를 우리 손으로 열자.

‖ 조선일보, 1997년 11월 26일 ‖

> 1997년 11월 말, 한국은 급기야 IMF 긴급자금 지원을 요청하게 되었다. 당시의 한국은 증권시장이 바닥을 쳤고, 환율이 갑자기 치솟아 98년 말에 이르러서는 2,000원대를 넘어 1만 원대에 들어설지도 모른다는 불안감에 휩싸였다. 이제 막 위기의 시작에 접어들 그 무렵, 우리에게는 최악의 상황을 겸허하게 받아들이되 그대로 주저앉을 것이 아니라 다시 일어서는 용기가 필요했다.

4. 한국경제가 사는 길

1997년 12월 3일에 발표한 IMF(국제통화기금)와의 합의문에서,

IMF 긴급지원의 원인을 외환위기, 금융위기로 규정한 정부는 이후 열흘 동안 지엽적인 문제에만 매달리고 산발적인 해결책만 내놓고 있다.

그 결과로 환율은 건잡을 수 없이 수직상승하고 있으며, 금융기관은 잇따라 문을 닫는 '줄초상'을 치르고 있다. 외환과 금융위기는 빙산의 돌출부분일 뿐 물밑에는 실물, 즉 기업구조의 위기와 여기에서 파생한 기업신용, 정부신용의 위기가 감추어져 있다.

한국기업의 악성 재무구조를 손금 보듯이 파악하고 있는 해외 금융기관이 대대적인 '외화탈출'을 시작한 것이다. 그 동안 한국정부는 기업의 차관에 대한 지불보증 등 직-간접적인 방법을 통해 해외 금융기관에 한국기업, 특히 재벌그룹은 망하지 않는다는 인식을 조장해왔다.

그러나 1997년 3월 한보그룹의 파산과 7월의 기아자동차 위기 이후, 외국 금융기관들은 '재벌의 파산은 곧 한국경제의 파산'이라는 인식을 하게 됐다. 이에 따라 그 동안 평균 부채비율이 450%에 달하는 재벌 계열기업들에게 무제한으로 돈을 빌려주던 그들도 생각을 달리하게 되었다. 부채비율(debt-equity ratio)을 기준으로 상환 능력을 평가하는 선진국형 여신 방식을 적용하여 부채비율 150%가 넘는 기업에 대해서는 신규 대출을 제한할 뿐 아니라, 오히려 기존 대출금까지 회수하게 된 것이다.

이제부터 평균적인 한국기업들이 해외은행으로부터 차관을 얻으려면 부채비율을 최소한 150% 수준으로 가져가야 한다. 자본을 늘리기 위한 첫째 방법은 해외자본가가 국내기업에 투자하는 것이다. 이 방법은 이미 IMF 이행사항으로 해외자본가가 기업 지분을 50%

까지 보유할 수 있게 됨으로써 사실상 시작되었다.

둘째는 모든 국민이 기업에 투자하는 것이다. 이 방법은 확실하게 또 해외자본의 도움이 없이 우리 문제를 스스로 해결하는 길이지만, 얼어붙은 증시를 활성화해야 한다는 과제가 있다.

셋째는 기업, 특히 재벌그룹에서 자구책을 모색하는 길이다. 가장 좋은 방법은 수출을 통해 이익을 크게 내고 이를 자본에 전입하여 재무구조를 건실하게 하는 것이지만 상당한 시간이 걸린다는 어려움이 있다. 보다 단기적으로는 사업구조조정, 즉 수익을 내면서도 주력업종이 아닌 계열사들을 매각하고 그 매각대금으로 주력기업의 재무구조를 개선하는 길이 있다.

넷째는 은행과 종금사들이 높은 부채비율을 가진 기업들의 대출금의 일부를 출자금으로 전환시켜주는 방법이다. 이는 단기간에 재무구조를 개선하여 기업을 살리는 가장 확실한 길이다.

이 중 해외투자가들에 대한 문호개방은 IMF 긴급지원에 대한 후속조치로 이미 시행에 들어갔다. 일부에서는 국내기업을 헐값에 팔아 넘긴다는 우려를 제기하지만, 일정 범위 내에서의 외자도입은 합리적이고 투명한 기업경영을 촉진한다.

기업신용의 위기는 궁극적으로 기업 자신의 문제이다. IMF 구제금융 이후 몇몇 재벌에서 한계기업을 정리한다고 발표했으나, 이 정도는 평상시에도 당연히 있어야 했던 일로써 이를 구조조정이라고 할 수는 없다. 전자와 화학, 자동차와 반도체 등 재벌그룹별로 산업별 특화가 가능하도록 대규모 교환을 통한 흡수합병이 일어나야 한다.

여러 가지 대안 중 가장 빠르고 확실하게 시행에 옮길 수 있는 방법은 은행과 종금사가 보유하고 있는, 파산 직전에 있는 기업에 준 대출금을 투자로 전환하는 길이다. 더구나 오늘날과 같이 하루에 두세 개 꼴로 재벌그룹이나 중견기업이 무너지는 상황에서는 다른 어떤 방법보다도 빨리 시행해야 한다. 단, 이를 위해서는 정부가 국채를 발행하여 은행과 종금사에 자본전환액만큼 출자를 해주어야 한다.

독일에서는 1948년에 이 방법을 채택함으로써 전쟁 이후 무너지고 있던 대기업들을 파산에서 구하고 오늘날 경쟁력의 기틀을 잡았다. 이제 세계 금융시장을 무대로 한국경제의 사활이 걸린 전쟁은 시작되었다. 무릇 전쟁에서 살아남는 지름길은 기본체력을 튼튼히 다지는 것이다.

한시바삐 기업은 재무구조를 개선하고 정부는 일관성 있는 정책으로 이를 지원하여 이미 터져 버린 기업신용의 위기, 정부신용의 위기를 극복함으로써 앞으로 일어날지도 모르는 국가신용의 위기를 사전에 예방해야 한다.

‖ 조선일보, 1997년 12월 13일 ‖

지난 1997년 말까지만 해도 한국기업들이 부채비율 150%대를 유지한다는 것은 실현하기 어려운 꿈이었다. 그 동안 기업들의 무제한 대출을 돕던 은행들은 국제신용평가기관으로부터 투자부적격 판정을 받았고, 당시 한국기업들은 평균 450%대, 경우에 따라서는 1,000% 이상의 부채비율을 안고 있었다. 그나마 한계기업의 정리 및 매각, 외국자본 유치 그리고 급기야 대기업 간 빅딜을 통해서 조금씩 조금씩 힘겹게 150%대의 부채비율을 향하여 나아가고 있다.

5. 우리경제의 기초부터 다질 때

1997년 12월 3일에 발표한 IMF(국제통화기금) 차관협약 양해각서 전문에는 "최근 한국경제는… 기초 경제여건이 비교적 건실…" 이라고 씌여 있다. 그러나 천정을 모르는 환율, 바닥을 모르는 증권시장, 일일이 셀 수도 없는 기업도산 등 협약 이후 일 주일간 나타난 한국경제의 참담한 모습은 한국경제의 실상(實像)에 대한 정밀한 분석을 우리에게 요구하고 있다.

논리의 발단을 강경식 전 부총리가 즐겨 사용해서 한때 유행시켰던 펀더멘털(fundamentals)이라는 단어에서 찾아보자.

경제학에서는 이 용어를 '경제성장, 물가, 국제수지 등 국가경제 안정에 필요한 기초적인 조건으로서 지표상으로 본 실물경제 동향'으로 해석하고 있다. 한국경제는 성장률이 6% 수준을 유지하고 있고 무역수지가 개선되고 있으며, 물가상승률 역시 5% 수준으로 잡혀 있으니 정부가 보기에도 일단 펀더멘털이 괜찮다고 할 만도 하다.

그러나 이러한 해석에는 '동향' 이라는 추세와 '안정' 이라는 조건이 빠져 있다. 여기에서 말하는 6% 경제성장률이란 과거 8% 이상의 성장률이 둔화된 수준이고, 5% 물가상승률 역시 안정적이던 물가가 생산성의 하락, 환율 상승 등의 원인으로 인해 계속 더 나빠지는 과도기에 있으며, 한국의 무역수지는 계속적인 만성적자를 보이고 있다.

국가경제를 기업의 차원에서 보는 경영학에서는 펀더멘털에 대한 해석이 몇 가지로 세분화된다.

우선 마케팅 분야에서는 '고객만족'을 펀더멘털로 해석한다. 고객으로부터 인정받는 경쟁력 있는 상품만이 그 기업의 기초라는 것이다. 손익계산서의 매출액과 이에 근거한 시장점유율에 입각한 마케팅 관점에서 볼 때, 한국기업은 인건비 상승과 집중투자 부족으로 인하여 시장경쟁력이 크게 훼손되었다.

재무관리에서는 기업으로 '미래의 꾸준한 현금유입(future stream of cash inflow)'이 있을 때 펀더멘털이 강하다고 본다. 즉 경쟁력이 있는 상품을 가지고 순이익을 올리거나 150% 이하의 부채비율로 나타나는 건실한 재무구조, 그리고 오랜 상거래에서 쌓아온 신용 등을 갖추고 있는 기업에 대해서는 투자자와 금융기관에서 기꺼이 장기간에 걸쳐 꾸준히 자본과 부채의 형태로 자금을 제공해 준다는 것이다.

이 시각은 기업의 기초를 대차대조표의 대변항목인 부채와 자본에서 찾고 있는 것으로, 부채비율이 30대 재벌그룹의 경우 450%, 일반기업의 경우 300% 수준인 한국기업들로서는 고질적으로 취약한 점이다. 이 정도의 부채비율이라면 선진국의 금융기관으로부터 단 1달러도 꿀 수 없다.

한국기업이 그 동안 해외에서 차관을 얻을 수 있었던 것은 정부가 직-간접으로 지급보증 또는 이에 해당하는 신뢰를 제공해주었기 때문이었다. 그러나 1996년도에 이루어졌던 OECD 가입과 1997년 초의 한보그룹 부도, 그리고 후반부의 기아 부도사태 등으로 인하여 이제 한국기업으로의 꾸준한 현금유입에 그야말로 적신호가 켜지게 되었다.

경영학의 여러 분야를 종합하는 동시에 경제현상의 원인을 규명하는 성격이 강한 경영전략에서는 대차대조표의 차변항목인 자산에서 기업의 기초을 찾고 있으며, '경쟁기업이 갖지 못한 경쟁우위를 기업 내부에 가지고 있을 때' 그 기업의 펀더멘털이 강하다고 본다.

그러나 그 동안 한국기업이 의존해오던 중저가품에 대한 원가경쟁력, 규모의 경제, 밀접한 대정부 관계 등의 경쟁우위는 임금 상승과 OECD 가입으로 인하여 모두 상실했고, 기술과 상표, 자금력 등 선진국의 기업이 자랑하는 경쟁우위는 아직 갖추지 못한 상태이다.

이제 종합적인 시각에서 한국기업, 더 나아가 한국경제의 펀더멘탈을 분석해보자.

그 동안 한국기업들은 정부가 보호해준 국내시장에서 정부가 뒤를 받쳐주는 막대한 부채를 이용하여 대규모시설을 활용한 중저가 제품을 생산, 판매하면서 국내시장에서 독점적인 위치를 누려왔다. 그러나 정부가 더이상 보호해줄 수 없는 새로운 국제질서 속에서 선진국과 후발개도국의 협공을 받게 된 한국기업은 생존의 혈로를 모색해야 하는 절대절명의 위기에 놓이게 되었다. 오늘 한국이 부딪치고 있는 위기는 외환과 금융의 위기 뿐만 아니라 실물의 위기, 경쟁력의 위기 더 나아가 생존의 위기인 것이다.

한국경제가 누려왔던 기존의 펀더멘털이 사라진 오늘, IMF 구제금융은 한국기업이 새로운 펀더멘털을 구축할 수 있는 계기를 마련해주고 있다. 고객이 만족하는 상품을 제공해야 하고, 부채비율을 150% 이내로 낮추어 재무구조를 개선해야 하며, 궁극적으로 경쟁우위를 기업 내부에 보유해야 하는 것이다.

이번 사태가 어려운 것은 사실이지만, 우리 국민은 1973년의 석유위기, 1979년의 사회혼란, 1987년의 민주화 후유증 등 위기를 만

날 때마다 새로운 모습으로 거듭 태어나는 면모를 보여왔다. 이제 씨름에서 볼 수 있는 '뒤집기' 기술을 이용하여 해외 경쟁국들에게 고난도 문제에서 새로운 해법을 찾는 신화를 이루어 보여주자.

> 한국경제를 수박겉핥기식의 거시적 펀더멘털, 즉 물가, 성장률 등의 거시경제지표만으로 다루면서 미시적 펀더멘털, 즉 기업의 내부실상을 간과하던 당시의 경제지도자들에 대한 안타까움을 호소했던 글이다.
> 해외투자가들은 거시적 펀더멘털을 썩은 밧줄만큼도 인정하지 않는다. 이들에게는 오로지 기업의 경쟁력, 시장지배력, 독점이익 창출능력만이 관심대상이다. 또한, 펀더멘털의 내용은 환경에 따라 끊임없이 변화한다. 이제는 변화된 환경을 세밀하게 분석해서 기존의 펀더멘털을 새롭게 재구성하고 창조하는 노력이 필요하다.

6. IMF는 끝이 아닌 시작

1997년 말에 닥친 한국경제의 위기는 정부에서 그 동안 주장해온 외환위기, 금융위기가 아니다. 만일 동남아 외환시장에서 시작되어 북상하고 있는 외환위기가 문제라면 대만이 안 걸려들 이유가 없고, 한국 금융산업의 생산성이 취약해서 발생한 금융위기가 문제라면 우리보다 별로 나을 것이 없는 일본도 같은 어려움을 겪고 있어야 한다.

한국경제의 위기는 외환과 금융이라는 빙산의 돌출부분 밑에 잠겨 있는 실물경제, 즉 기업의 위기이다. 국제경쟁력을 잃어버린 상품과 부채비율 450%에 달하는 취약한 재무구조 때문에 고객과 금융기관에서 기업으로 들어오는 수입, 즉 현금흐름에 애로가 발생한 것이다.

정부에서는 이를 극복하기 위하여 IMF로부터 긴급융자를 받았다. 그 결과 우리는 당장 발등에 떨어진 불을 끌 수는 있었다. 그 과정에서 IMF가 '변장한 천사(angel in disguise)'라는 긍정적인 표현도 나오고, IMF의 신탁통치가 시작되었다는 부정적인 표현도 나오고 있다. 그러나 IMF가 한국경제에 어떠한 역할을 하는가에 대해서는 보다 엄밀하고 객관적인 분석이 필요하다. 한국경제에 대한 IMF의 개입은 570억 달러 긴급융자라는 당근과 부대조건 이행이라는 채찍의 두 측면에서 고려해야 한다. 우선 IMF 긴급융자는 한국경제의 신용 파탄으로 인해 발생한 현금순환의 경색을 해소하는 단기처방으로 필요한 조치였다.

그러나 긴급융자금 자체는 신용 파탄의 직접적인 원인이 된 과다한 기업부채를 줄이는 데 전혀 도움을 주지 못한다. 왜냐 하면 IMF 자금은 전액 융자금으로서 그 중 1달러도 한국기업의 재무구조를 개선하기 위해서 필요한 투자금이 아니기 때문이다. 오히려 IMF 긴급융자는 만기가 도래한 해외채무에 대한 한국기업들의 연장 요청에 부정적인 영향을 줄 가능성이 있다.

한국기업들의 채무 변제능력이 전혀 없는 경우, 해외 금융기관은 이들로 하여금 사업을 계속해서 채무를 갚도록 만기가 도래한 채권을 연장(roll-over)해줄 수도 있다.

그러나 한국기업들이 IMF 긴급융자금을 쓸 수 있다는 것을 알게 되는 순간, 해외은행들은 다른 은행보다 먼저 대출금을 회수하려고 온갖 노력을 다하게 된다. 결국 IMF 긴급융자의 순효과는 한국기업들에 대출된 일반 해외 금융기관들의 단기융자금이 한국정부에 대한 IMF의 장기융자금으로 전환되는 것에 불과하다. 따라서 IMF 긴급융자는 IMF라는 국제기관이 한국을 지원한다는 상징성에 의미가 있을 뿐, 자금의 규모 자체는 오히려 역효과를 가져올 수도 있다. IMF가 우리에게 줄 수 있는 진정한 도움은 부대조건을 통해서이다.

한국경제에 있어 기업의 과다한 부채보다도 더 심각한 문제는 정부, 재벌, 노조, 소비자 등 이익집단들이 집착하고 있는 소아적 자세이다. IMF는 부대조건을 통해 바로 이들에게 한국경제 전체를 위해서 힘을 합치는 대승적인 자세를 요구하고 있다. 정부한테는 기업에 대한 왜곡된 지원과 부당한 간섭을 하지 못하도록 강요하고, 기업에는 투명한 경영과 합리적인 투자를 요구하며, 노조에는 정리해고, 소비자에게는 사치성 소비의 자제를 간접적인 방법으로 유도하고 있는 것이다. 따라서 IMF의 개입이 한국경제에 최대한으로 도움을 주기 위해서는 정부가 다음 순서에 따라 상황을 풀어 나가야 한다.

첫째, IMF 긴급융자금으로 현금순환의 단기적인 애로를 극복한다. 둘째, 외환과 금융, 기업, 산업, 노동 관련 정책을 시장경제원리에 따라 혁신적으로 변환한다. 셋째, 한국상품과 서비스의 경쟁력을 높이기 위해 기업들로 하여금 전문화, 기술투자, 상표력 강화 등에 노력을 집중토록 한다. 넷째, 기업들의 재무구조가 단계적으로 개선되도록 하는 가시적인 조치를 취하여 해외 금융기관들의 신뢰를 얻는다. 구체적으로는 재벌 계열사 간의 상호지급 보증 및 상호출자 관행을 해소하고 경영과정에 대한 투명성을 높이며, 사외이사제도 등 기업의 지배구조를 확립하게 한다.

IMF는 긴급융자를 통하여 한국경제가 해외 금융기관들의 신뢰를 회복하고 국제경쟁력을 높이려는 대장정의 시발점을 제공해주었다. 그러나 한국경제를 신뢰와 경쟁력이라는 종착점까지 끌고나가는 역할은 한국정부, 한국기업, 그리고 한국국민의 몫이다. 우리 다 같이 20세기가 끝나기 전에 이 작업을 완수하자.

‖ 한국경제신문, 1997년 12월 31일 ‖

1997년 말에 발생했던 경제위기는 결국 한국뿐 아니라 태국, 홍콩, 일본 심지어는 중국에까지 영향을 미친 외환위기가 직접적 원인이었다. 그러나 다른 국가들과 달리 한국의 경우는 기업위기가 더 큰 원인이었다. IMF 긴급융자금 확보로 한국경제는 외관상 외환위기를 탈출했지만, 응급처방식의 위기 탈피는 한국기업들이 자생력을 기르는 절호의 기회를 잃어버리는 결과를 가져올 수도 있다.

경제위기 극복을 위한 구조조정

IMF가 발생한 직후부터 많은 기관,
기업들은 한결같이
"과연 구조조정을 어떻게 하는 것인가?"라는
문제로 조언을 구했다.
나는 이를 계기로
'구조조정(Restructuring)전략의 구체적 방법'을 정리하여
1998년 6월 말
《구조조정 이렇게 하라: 경제위기를 벗어나는 길》이라는
책자로 펴냈다.
그 후 구조조정의 한 방법으로 재벌그룹 간 빅딜이
구체적으로 이루어졌고 또 이루어지고 있는 이 시점에서,
각 기업들이 구체적으로 추구해야 할 전략을
생각해 보기로 한다.

제 1 장

위기의 원인으로부터 해결책을

1. 정책집행의 우선순위

1998년 1월 13일, 발표된 김대중 대통령 당선자와 4대 재벌 총수 간의 합의문은 역사적 의미를 가진 사건으로 기억될 듯하다. 합의 사항 5가지는 하나하나가 다 큰 의미를 가진 것들이고, 역대 대통령 중 어느 누구도 실현하지 못했던 것이기 때문이다.

그 이후 재벌들은 이를 지키기 위한 구조조정안을 속속 발표하고 있다. 그러나 과연 재벌의 구조조정만으로 한국경제가 갖고 있는 문제점이 모두 해결될 것인지에 대해서는 좀더 깊이 생각해보아야 한다.

경제의 3주체는 정부, 기업, 가계이고, 가계는 다시 근로자와 소비자로 나눌 수 있다. 우리가 겪고 있는 경제위기의 원인을 이들 주체로부터 찾아보자.

첫째는 정부이다. 한국정부의 관료조직은 1960~70년대까지만 해도 비전과 실천의지를 가진 지도자 밑에서 빈약한 부존자원을 최대한으로 활용해가면서 연평균 경제성장률 10%라는 기적을 창출한 주역이었다.

그러나 1980년대 이후 비전을 갖지 못한 지도자 밑에서 이들은 방향감각을 상실하고 자기이익만을 추구하는 소인배집단으로 전락하고 말았다. 그 결과, 정부는 각종 규제와 간섭을 통해 기업의 활달한 성장과 발전을 가로막는 걸림돌이 되어 버렸다. 스위스의 경영개발원(IMD)이 1997년에 발표한 세계경쟁력 순위에서 한국을 35개국가 중 33위로 평가하여 우리 정부의 무능함이 적나라하게 나타난 바 있다.

어느 외신기자에 의하면, 한국의 각 산업이 가진 국제경쟁력 수준은 쉽게 파악할 수 있다고 한다. 만화산업처럼 담당 공무원이 아예 없거나 PC조립산업처럼 과장급 이하의 하위 공무원이 담당하는 산업은 비교적 경쟁력이 높고, 금융산업이나 통신산업같이 장관급의 고위 공무원이 책임자인 산업은 경쟁력이 낮기 마련이라는 것이다. 그의 말대로 담당 공무원의 직급과 해당 산업의 경쟁력 간에 반비례 관계가 형성되어 있는 셈이다.

둘째는 기업이다. 불과 두 달 전까지만 해도 재벌기업의 경쟁력은 한국경제의 경쟁력을 대변했다. 정부가 주선해준 해외차관을 가지고 전략산업에 재빨리 진출한 재벌기업은 높은 차입금에 따른 이자부담을 외국기업의 진입을 정부가 막아주는 국내시장에서 얻은 독점이윤으로 해결했다.

　재벌의 형성을 가능하게 해준 두 축은 해외차관과 국내 독점시장이었고, 그 과정에서 과다한 부채비율과 해외시장에서의 경쟁력 부재라는 취약점이 감추어질 수 있었던 것이다.

　1995년 WTO의 출범은 한국정부로 하여금 2차 공산품산업은 물론, 1차 농수산업, 3차 서비스산업에서도 국내시장을 더이상 보호할 수 없게 만들었다. 그 결과 대부분의 재벌기업들은 자사상품으로 세계시장에서 경쟁력을 획득하기도 전에 국내시장에서의 독점이윤을 상실하고 말았다.

　1996년에는 한국이 OECD에 가입하면서 정부가 민간기업에 대해 일체의 지원을 않겠다는 약속을 해 버렸다. 그로 인해 재벌기업들의 과다한 부채에도 불구하고 정부의 개입과 지원을 굳게 믿고 있던 해외 금융기관들은 앞다투어 만기차관을 회수하기 시작했다. 그리하여 재벌기업들은 부도의 위기 속에서 하루하루를 지내는 하루살이 신세가 된 것이다.

　셋째는 근로자와 소비자로 이루어진 가계이다. 근로자는 1987년 이후 약 10년 가까이 민주화 열기 속에서 자신의 이익을 극대화했다. 노동3권의 보장은 물론이고, 임금 4배 상승과 정리해고의 불법화같이 기업을 무력화시키는 결과를 다수 얻어냈다. 그러나 이러한 무차별적 권리확보는 기업의 경쟁력을 약화시켜, 여러 종업원들을 해고할 수밖에 없는 현상황에까지 이르렀다.

　소비자는 해외여행, 고가 사치성 상품의 구입 등 자신의 소비수준에 맞지 않는 과소비현상을 보여왔다. 그로 인해 국내기업의 경쟁력이 약화되고 국제수지의 불균형이 심화되어 오늘날 한국경제가 공황에까지 이르는 데 일조하였다.

　IMF는 바로 이들 경제의 3주체에게 긴급융자에 대한 부대조건을 통해 한국경제 전체를 위해서 힘을 합치는 대승적인 자세를 요구하고 있다. 정부에게는 기업에 대한 왜곡된 지원과 부당한 간섭을 배제할 것을 강요하고, 기업에게는 투명한 경영과 합리적인 투자를 요구하며, 노조에게는 정리해고 수용, 소비자에게는 사치성 소비의 자제를 간접적인 방법으로 유도하고 있는 것이다. 그에 따라 정부는 내부인력과 조직의 대폭 삭감을 위한 대안을 작성하고 있고, 기업에 대해서는 전문화 방향으로의 사업구조조정과 과다한 부채규모를 줄이는 방향으로의 재무구조조정을 요구하고 있으며, 근로자들에 대해서는 정리해고를 받아들일 것을 종용하고 있다.

　그러나 최근 정부에서 진행하고 있는 정책조정안을 보면, IMF의 요구사항이라는 명분 아래 최우선적으로 근로자의 정리해고를, 두 번째로 기업의 사업구조 및 재무구조 개선을 위한 계열기업 간의 연결재무제표 작성, 상호지급보증 해소를 고려하는 듯하다. 그리고 정부 자신의 개혁과 조직의 변경에 대해서는 우선순위를 뒤로 돌리는 듯한 느낌을 준다.

　바둑의 묘수풀이를 보면, 같은 정답이라도 수순(手順)이 잘못되는 경우에 전혀 다른 결과가 나오는 것을 흔히 본다. 정부의 정책개발과 집행에 있어서는 더욱 그러하다. 언젠가는 모두 실행에 옮길 정책이겠지만 근로자, 기업, 정부에 대한 정책 중 제일 먼저 개시해야 할 것은 정부가 먼저 공무원 인력과 조직의 감축을 통해 솔선수범의 자세를 보여주는 것이다. 그 다음에는 기업으로 하여금 자구책을 모색토록 하고, 마지막으로 근로자에 대한 정책을 다루어야 한다.

　정부는 1998년 2월 말에 새 대통령을 맞는다. 정부조직의 개편은

아무쪼록 대통령 당선자가 기존 부서에 새로운 사람을 임명하기 전
에 이루어져야 하고, 그런 의미에서 어떤 정책보다도 빨리 단호하게
시행되어야 한다.

‖ 국회보, 1998년 1월 ‖

> 김대중 대통령의 당선은 곧바로 재벌들의 개혁이 피할 수 없는 과제라는 것을 암
> 시했다.
> 그러나 김대통령 정부에 들어선 지 1년 남짓 지난 지금도 여전히 온갖 언론매체
> 의 관심대상은 기업이고, 이 과정에서 필연적으로 고통받을 수밖에 없는 계층은
> 바로 국민, 즉 가계부문이다.
> 반면, 기업-가계-정부로 이루어진 경제의 3주체에서 지금도 큰 고통을 느끼지
> 못하고 정체되어 있는 부문은 여전히 관료적이고 보수적인 정부조직이다. 정부
> 의 자기혁신과 솔선수범이 무엇보다 요구된다.

2. 새 대통령이 해야 할 일 4가지

미국을 대표하는 경영자가 GE 사의 잭 웰치(Jack Welch) 회장이
라면 유럽을 대표하는 경영자는 최근에 스스로 ABB 사의 회장직에
서 은퇴한 퍼시 바네빅(Percy Barnevic)이다. 그는 연전에 유럽에서
개최된 전략경영학회에서 '최고경영자의 역할'이라는 주제로 연설

을 했다. 그에 의하면 최고경영자는 보통사람이 갖지 못한 세 가지 능력을 가져야 한다는 것이다.

첫째는 "상황에 대한 객관적인 분석과 문제에 대한 근본원인의 파악"이다. 최고경영자는 회사 전체를 책임지고 있는 만큼 회사가 가지고 있는 문제를 소상하게 파악하고 있을 뿐 아니라 그 문제를 해결하는 방법도 알고 있어야 한다.

둘째는 "마음에 내키지 않는 결정을 내릴 수 있는 용기(Guts to take the uncomfortable decision)"이다. 최고경영자는 자신이 맡고 있는 회사에 대해 무한책임을 진다. 따라서 전체를 살리기 위해서는 부분을 포기해야 할 때도 있다.

적자사업의 정리는 물론, 종업원 감축도 최고경영자만이 감당해야 하는 과제이다. 특히 종업원의 경우에는 해고해야 할 사람 하나하나에게 모두 사연이 있는 법이다. 여러 명을 부양해야 하는 사람도 있고, 회사를 위해서 평생을 바친 사람도 있다. 그 회사 외에는 갈 데가 없는 사람도 있고, 나를 위해서 무슨 희생이든지 다 하는 사람도 있다. 그래도 회사를 살리고 경쟁에서 이기기 위해서 다른 방법이 없다면, 아무리 마음이 아프더라도 이를 감내할 수밖에 없다. 물론 이러한 일을 좋아 하는 사람은 아무도 없을 것이다. 그러나 이런 일이 싫다면 최고경영자가 되는 것을 포기하라.

셋째는 "단순한 분석을 초월하여 미래를 내다볼 수 있는 비전 (Vision to see beyond the analysis)"이다. 미래는 어느 누구도 쉽게 예측할 수 없다. 그러나 그럴수록 멀리 내다보고 종업원들에게 희망을 주는 능력은 더욱 귀중하다.

비전은 종업원으로 하여금 자신이 속한 회사와 다른 회사를 구별할 수 있게 해주고 자부심을 갖게 해주며, 모든 종업원을 한 마음 한 뜻으로 뭉치게 해주는 구심점이다.

그러나 세 가지 능력을 구비하고 있더라도 네 번째 능력이 없는 최고경영자는 회사에 아무런 도움이 될 수 없다. 네 번째는 바로 '실천(execution)'이다.

바네빅 회장의 표현에서 기업을 한국으로, 종업원을 한국민으로 바꾼다면 최고경영자의 네 가지 능력은 그대로 새로 취임하는 대통령에게 필요한 네 가지 능력이 된다.

첫째, 대통령은 한국경제가 당면한 상황을 객관적으로 분석하고 현위기의 근본원인을 파악해야 한다. 지금 우리나라는 한국전쟁 이후 최대의 위기를 맞이하고 있다. 비록 이 위기는 외환위기, 금융위기라는 모습으로 다가왔지만, 그것은 빙산의 일각일 뿐 물밑에 잠겨 있는 실체는 경쟁력을 잃고 취약한 재무구조를 지닌 한국기업, 특히 재벌그룹의 위기이다.

사실 "재벌기업의 경쟁력이 한국의 경쟁력"이라는 표현이 전혀 어색하지 않을 정도로 재벌은 그 동안 한국경제를 대표해왔다. 그러나 1990년대 중반 이후 한국이 WTO와 OECD에 연속적으로 가입하면서 재벌그룹은 경쟁력의 원천이었던 두 가지 특혜를 잃어버렸다. 하나는 국내시장에서 누리던 독점이윤이고, 다른 하나는 재벌계열사들에게 차관을 제공해주는 해외 금융기관의 눈에 나타나던 정부의 후광이었다.

독점이윤은 신규 사업을 벌이고 막대한 부채에 대한 이자를 지급하는 데 필요했고, 정부의 후광은 부채비율이 평균 450%를 상회하여 미국에서라면 거들떠보지도 않을 기업에 대해 외국은행이 별 걱정 하지 않고 융자를 주고 연장을 해주는 데 필요했다. 이로 인한 재벌그룹의 경쟁력 상실은 IMF 자금을 몇 푼 더 가져온다고 해서 회복될 수 있는 일이 아니다. 소비자가 안심하고 상품을 사고 해외은행이 믿고 돈을 빌려줄 수 있도록 재벌그룹의 구조를 조정하는 것 외에 다른 방법이 있을 수 없다.

구체적으로는 부실기업과 은행을 정리하는 것과 종업원의 정리해고를 피할 도리가 없다. 예컨대 모든 종업원을 그대로 두는 대신 급료를 30% 삭감하는 것과 종업원 30%를 삭감하는 것 중에 어떤 것이 더 나은 길인가에 대해서 이론의 여지가 있을 수 없는 것이다. 전자의 해결방법은 경쟁력 있는 사람을 내보내고 그렇지 않은 사람만 남기는 결과를 초래하기 때문이다. 후자는 그 반대의 효과를 기대할 수 있는 방법이다.

이러한 선택은 적어도 단기적으로는 대통령이 국민의 인기를 잃는 지름길이다. 그러나 대통령은 국가 전체를 책임지는 지도자이다. 단기적인 인기에 연연하던 대통령이 결국 어떤 평가를 받는지에 대하여 우리는 잘 알고 있다. 비록 내키지 않고 마음이 아프더라도 한국의 장래와 모든 국민을 위해서 대통령은 결단을 내려야 한다.

발등의 불을 끄는 해결사 노릇만 한다고 해서 대통령 역할이 완수되는 것은 아니다. 국가 지도자는 국민의 모든 의지를 결집해서 난국을 극복하는 동시에 더 나은 방향으로 국민을 계도하고 희망을 주어야 한다. 한국은 분명히 선진국으로 나아갈 역량을 갖춘 나라이다. 대통령은 모든 국민이 한데 뭉쳐 제각기 역량을 발휘할 수 있도록 미래를 향해 멋진 비전을 제시해야 한다.

그러나 '구슬이 서말이라도 꿰어야 보배'라는 우리 속담이 있듯

이, 아무리 훌륭한 문제해결 능력과 미래를 투시하는 능력이 있다
하더라도 실천이 뒤따르지 않는다면 아무런 의미가 없다. 실천에는
타이밍이 무엇보다도 중요하다. 또 다른 우리 속담에는 '호미로 막
을 것을 가래로도 못 막는다'는 표현도 있다. 오늘의 한 주일은 과
거의 1년에 해당한다.

2월 25일 정식 취임하는 새 대통령은 경제현실에 대한 객관적 판
단과 미래에 대한 비전을 전제로 하여 타이밍을 놓치지 않고 우리
문제를 해결해야 한다. 그래서 앞으로 얼마 남지 않은 21세기, 제3
순세기에 한국경제가 다시 선진국으로 향한 순항할 수 있도록 힘써
주기 바란다.

‖ 대통령 취임을 목전에 두고, 중앙일보, 1998년 2월 12일 ‖

3. 미국경제에서 배우자

요즈음 미국경제는 '믿기 어려울 정도로 좋다(Too good to be
true)'고 한다. 1997년 경제성장률은 선진국 중 제일 높은 3.7%였
고, 물가와 실업률은 각각 2.4%와 4.7%로 1973년 석유위기 이후
최저 수준이었다. 7년째 호황이 계속되고 있고, 주가는 3년 사이에
두 배로 뛰었다. 국가경쟁력으로도 세계 최고 수준이다. 전세계 206

개국 56억 인구의 5%도 채 안 되는 2억 6,000만 명이 세계 총생산의 26%를 담당하고 있는 것이다.

혹자는 고대 로마제국이나 17세기 대영제국처럼 한 나라가 세계를 지배한 경우가 인류 역사에서 몇 차례 있긴 했지만, 오늘날 미국처럼 세계경제를 좌지우지한 나라는 없었다고 평하기도 한다.

미국경제는 1980년대만 해도 욱일승천의 기세로 세계시장을 주도하던 일본에 눌린 채 밑바닥을 모를 정도로 추락하고 있었다. 자동차산업의 메카인 디트로이트는 GE 사와 포드 사의 잇단 공장 폐쇄로 유령도시가 되다시피 했고, 미국내 마지막 TV 제조공장을 운영하던 지너스 사도 결국 문을 닫고 말았다. 그러하던 미국경제가 불과 10년 사이에 불사조처럼 다시 살아나 일본을 완전히 따돌리고 세계를 주도하는 경쟁력을 갖게 된 원인은 무엇인가?

첫째는 자본주의 원리에 입각한 자유로운 경쟁시장이 존재한다는 사실이다. 미국에서는 누구라도 일한 만큼 수확을 거둘 수 있다. 남다른 아이디어를 갖고 진취적인 기업가정신을 발휘하여 경쟁에서 승리한다면 사업가로 크게 성공할 수도 있다. 둘째는 탄탄한 사회간접자본이다. 미국기업들은 세계 최고 수준의 반도체, 정보통신 등 과학기술 기반 위에서 신제품을 끊임없이 개발하고 생산한다. 대학교육도 세계 어느 나라보다 잘 갖추어져 있어, 고도로 훈련되고 첨단기술을 습득한 전문경영자와 기술자들을 끊임없이 배출하고 있다. 세 번째 원인은 정부의 경제정책에서 찾을 수 있다. 미국정부는 1970년대에 잘못된 거시경제정책을 추진했다. 큰 정부, 즉 복지증진과 실업해소를 위한 인위적인 지원정책을 쓴 것이다. 그 결과, 세입보다 지출이 많아졌고 대규모 재정적자가 발생했다. 이와 함께 높은 물가상승, 투자자본 부족, 금리상승을 경험했다.

그러나 1980년대에 이르러 정부가 거시경제정책을 바로잡고 일본을 비롯한 해외로부터의 투자자금이 유입되면서 미국경제는 되살아나기 시작했다. 작은 정부, 즉 균형예산과 엄격한 통화관리로 물가가 안정되고 경제성장률이 회복된 것이다. 물론 가장 중요한 원인은 미시경제 차원에서 일어난 변화이다. 특히 근본적인 변화는 기업 지배구조에서 일어났다. 10여 년 전까지만 해도 미국기업의 전문경영자들은 어느 누구의 통제도 없는 가운데 소위 '경영자 천국'을 구가했다. 그 때문에 기업은 투하자본의 효율성을 극대화하는 것보다 경영자의 개인적 욕구를 달성하는 수단으로 사용되었다.

1980년대부터 자본시장과 소액주주들은 이러한 기업경영의 문제점을 깨닫고 전문경영자에 대한 감시기능을 강화했다. 이사회에서는 사외이사가 주도적인 위치를 차지하여 사장을 비롯한 내부 경영자들을 보다 적극적으로 감독하기 시작하였다. 경영자에 대한 보상역시 정액 연봉을 최소한으로 낮추는 대신 스톡옵션에 비중을 두어, 이들이 경영성과를 높이는 데 노력을 집중하도록 유도했다.

그 결과, 미국 경영자들은 생산성을 증대하기 시작했다. 품질을 개선하고 불량률을 줄이는 전사적 품질경영, 효율성이 낮은 근로자를 해고하고 조직을 슬림화하는 다운사이징 등이 도입되었다. 이로써 1979~95년 사이에 총 노동인구의 31%에 해당하는 4,300만 명이 직장을 잃었으나, 그로 인해 미국기업의 생산성은 일본 수준을 넘어 세계 제일의 위치를 차지하게 되었다.

이 과정에서 대기업에서 해고당한 근로자들은 창업을 시작했다. 한 기업의 감원에서 수십, 수백 개의 신규 기업이 생겨난 것이다. 치열한 다운사이징은 실업자를 양산한 것이 아니라 오히려 실업률을 낮추고 미국경제에 역동성을 부여했다.

그리하여 미국경제는 대기업으로부터 창업기업, 벤처기업, 중소기업으로 무게중심을 옮겨갔다. 사회에 첫발을 내딛는 대학졸업생들의 목표도 이제는 안정된 대기업에 취직하는 것이 아니라 자기 사업을 시작하여 30세가 되기 전에 백만장자가 되는 것으로 바뀌었다. 어느 경영대학원에서는 졸업 동기생 가운데 사업으로 가장 먼저 100만 달러를 버는 사람에게 상을 준다고 한다.

10년 전이던 1980년대 말만 해도 우리들은 미국경제와 한국경제가 다르다고 생각했다. 어떤 경제정책이 미국에서 효과를 나타냈다고 해서 이를 한국경제에 그대로 적용할 수는 없다고 믿었다. 그러나 이제 그런 말을 하는 사람은 없다. 한국기업은 세계시장에서는 물론, 한국시장에서도 미국기업과 1대 1로 치열한 경쟁을 벌이고 있다. 미국기업의 생산성 수준에 미달한 한국기업이 버틸 만한 시장은 어디에서도 찾아볼 수 없다. 더구나 IMF 긴급융자에 의존하는 오늘의 총체적 경제난국은 우리에게 내부로부터의 변화를 강요하고 있다.

한국은 세계 최고 수준의 경쟁력을 가진 미국을 벤치마킹해야 한다. 공평하면서도 자유로운 시장을 만들고, 과학기술로 탄탄한 기반을 갖추며, 정부를 작게 해야 한다. 투명한 기업지배구조를 확립하여 대주주나 경영자 개인이 아닌 모든 주주를 위한 기업, 생산성을 갖춘 기업을 만들어야 한다. 인력시장에 유연성을 도입하여 창업의 열기가 온 나라를 뒤덮는 신나는 기업환경을 만들어야 한다.

비록 한국경제가 IMF 구제금융을 받은 신세로 전락했지만, 그렇다고 해서 여기에서 주저앉을 수는 없지 않은가? 이제 다시 한 번

전세계를 무대로 우리의 창의력과 근면성, 신바람을 발휘해보자. 후손에게 선진조국을 물려줄 책임이 우리에게 있지 않은가?

‖ 한국경제신문, 1998년 2월 3일 ‖

4. 한국경제를 살리는 길

우리가 IMF에 긴급지원을 요청한 1997년 11월 23일 이후, 한국민들은 '국가 파산'이라는 누구도 감히 상상하지 못했던 미증유의 사태를 목전에 둔 채, 충격과 좌절 속에 하루하루를 연명하고 있다.

신문을 펼쳐보더라도 IMF 관련 기사로 도배해 놓은 듯한 느낌을 받게 된다. 특히, 지난 1997년 12월 24일자 모 일간지에는 전면광고 6면과 주식시세표 1면을 제외한 25면 중 무려 18면에 걸쳐 IMF에 관한 글이 나와 있을 정도다. 지난 한 달 사이에 각종 신문에 실린 IMF에 관련된 글들은 다음과 같이 세 가지 유형으로 나뉜다.

첫째는 마녀(魔女)사냥(witch hunting) 식의 글이다. IMF 구제금융은 국치(國恥)이고 민족 존엄성의 훼손이며 신탁통치에 버금가는 조치이므로, 이런 결과를 초래한 범인을 찾아내야 한다는 것이 이러한 글의 요지이다. 대개 범인으로 지목되는 사람들은 현직 대통령을 포함해서 전 부총리, 청와대 경제수석, 재경원 고위관료들이다.

둘째는 음모설(陰謀說: conspiracy theory)이다. 21세기에 미국이 구축하려고 하는 범세계적 헤게모니에 유일하게 도전할 수 있는 세력은 제조경쟁력을 앞세운 동아시아의 일본, 중국, 한국뿐이라는 기본 가정에서 출발하는 이 주장은 IMF 뒤에 막강한 미국정부, 기업, 금융세력이 있다고 믿고 있다.

국제금융가 소로스(George Soros)를 앞세워 올 여름 인도네시아, 태국에서 금융위기를 일으켜 동남아의 화교 경제력을 굴복시킨 이 세력은 한국을 다음 타켓으로 삼았다고 한다. 한국에서는 일차적으로 외환위기를 초래하여 환율을 순식간에 평가절하해 놓고 심각한 공황에 빠뜨려 주식을 휴지조각으로 만든 다음, 궁극적으로 한국의 주요기업을 헐값에 인수하여 경제력을 장악하겠다는 것이다. 그 다음에는 저평가된 환율로 무장한 한국상품에 비하여 수출경쟁력이 현저하게 약화된 중국경제를 휘저어 놓고, 궁극적으로는 한국과 중국이라는 대규모 시장에 의존해오던 일본을 바싹 조여 미국에 대한 도전을 차단해 버리는 시나리오를 가지고 있다는 것이 둘째 유형의 요지이다. 당연히 이런 글에서는 민족정신을 중심으로 국민이 뭉쳐야 하고, 내정간섭에 해당하는 외국의 무리한 요구에 굴복해서는 안되며, 수입제한이나 외환거래한도 축소 등의 조치를 내려야 한다고 주장한다.

셋째는 수원수구(誰怨誰咎: It is all our fault) 형이다. 오늘날 경제위기를 초래한 것은 우리 모두에 책임이 있고, 지금은 누가 누구를 탓할 때가 아니라는 것이다. 그러므로 국민들은 내핍생활로 과소비를 자제하고, 기업에서는 고통을 모든 구성원이 나누어지되 근본적으로는 자기 살을 도려내는 아픔으로 사업구조조정과 인력 감축을 각오해야 한다고 한다. 정부에서는 이번 사태를 계기로 경직되고 방만한 조직구조를 개편하고, 행정효율성을 높여야 한다고 주장한다.

이 세 가지 주장은 모두 일리가 있고 또 우리가 알고 대비해야 할 행동을 결론으로 제시하고 있다. 그러나 아쉽게도 이들 주장에는 우리가 당면하고 있는 경제적 재난을 일으킨 근본원인에 대한 철저하고도 체계적인 분석과 논리 전개, 그리고 문제를 근치할 수 있는 대책에 대한 합리적인 제시가 미흡하다.

우선 논리의 발단을 강경식 전 부총리가 즐겨 사용한 펀더멘털(fundamentals)이라는 단어에서 찾아보자. 이 단어에 대한 일반사전의 해석을 찾아보면 "근본, 기초, 원리"로 되어 있다. 이것만으로는 부족하니 전문용어사전을 찾아보자.

경제신어사전에는 이 용어를 "경제성장, 물가, 국제수지 등 국가경제 안정에 필요한 기초적인 조건으로서 지표상으로 본 실물경제 동향"으로 해석하고 있다.[2] 즉 장기간에 걸쳐 경제성장이 일정 수준 이상으로 성장하고 있고, 물가가 일정 수준에서 안정되어 있으며, 수출과 수입을 포함한 외환수급에 균형이 이루어져 있으면 펀더멘털이 건강하다고 볼 수 있다. 따라서 한국경제의 성장률이 6% 수준을 유지하고 있고, 무역수지가 개선되고 있으며, 물가상승률 역시 5% 수준으로 잡혀 있으니 일단 펀더멘털이 괜찮다고 할 만도 하다.

그러나 이러한 정부의 해석에는 '동향'이라는 추세와 '안정'이라는 조건이 빠져 있다. 한국의 무역수지는 계속 만성적인 적자를 나타내고 있고, 근래의 무역수지 개선은 작년부터 시작된 경기위축으

---

2) 매일경제신문사, 경제신어사전, 1995년

로 인해 나타난 일시적인 현상일 뿐이다. 경제성장률 6%는 과거 8% 이상의 성장률이 둔화된 수준이고, 5% 물가상승률 역시 안정적이던 물가가 생산성 하락, 환율 상승 등의 원인으로 인해 앞으로 더 나빠질 와중의 과도기 현상일 뿐이다. 따라서 이러한 거시경제지표만으로 한국경제의 펀더멘털이 건강하다고 하는 해석은 견강부회(牽强附會)일 뿐이다.

경영학에서는 펀더멘털에 대한 해석이 몇 가지로 세분화된다. 우선 재무관리에서는 기업으로 '미래의 꾸준한 현금유입(future stream of cash inflow)'이 있을 때 펀더멘털이 강하다고 본다. 즉 일시적인 현금 차입이 아니라 경쟁력이 있는 상품을 기초로 순이익을 올릴 수 있거나 환금성이 있는 고정자산, 상표, 기술 등 무형자산, 그리고 오랜 상거래에서 쌓아온 신용 등을 기초로 하여 그 회사에 대한 신인도(信認度)가 높을 때, 소비자와 금융기관에서는 기꺼이 그 회사에 대해 장기간에 걸쳐 꾸준히 자금을 제공해준다는 것이다.

마케팅에서는 '고객만족'이야말로 펀더멘털에 해당한다고 하면서, 재무관리보다도 펀더멘털을 더 좁게 해석한다. 즉 재무관리에서의 해석 중에서도 고객으로부터 인정받는 경쟁력 있는 상품만이 펀더멘털에 해당한다고 본다.

경영학의 여러 분야를 종합하는 동시에 그 원인을 규명하는 성격이 강한 경영전략의 틀로 펀더멘털을 해석해보면 '경쟁기업이 갖지 못한 그 기업만의 고유한 경쟁우위를 기업 내부에 가지고 있을 때' 그 기업의 펀더멘털이 강하다고 할 수 있다. 즉 경쟁자보다 우월한 제품과 서비스를 고객에게 제공하여 이들을 만족시켜 주되 그 원인이 되는 능력을 내부에 가지고 있어야 하고, 이로 인해 장기적으로 높은 수익을 올릴 수 있어야 하는 것이다.

이처럼 종합적인 시각에서 한국기업, 더 나아가 한국경제의 펀더멘탈을 분석해보면, 여러 곳에서 취약점이 보인다. 이를 보다 정밀하게 규명하기 위해 한국경제가 성장해온 지난 36년간의 과정을 되살펴보자.

한국경제는 1인당 국민소득 82달러라는 1961년의 지표가 보여주듯 한때 후진국 중에서도 가망성이 별로 없는 존재로 인식되었다. 정부가 이러한 한국경제를 일으키기 위하여 1961년 이후 채택한 성장정책은 해외자본에 의존하는 불균형 고속성장 방식이었다. 국내 저축이 보잘것없던 당시에 보릿고개를 넘기고 더 잘 살아보기 위해서는 피할 길 없는 대책이었다. 그리하여 우리는 대일 청구권 자금을 펌프질에 필요한 첫 바가지 물로 사용한 후, 수많은 공장 건설에 필요한 자금을 해외자본으로 조달하기 시작했다.

그러나 정부는 한국기업의 신용을 해외 금융기관이 인정해주지 않는 상황에서 해외차관에 대한 지급보증을 설 수밖에 없었다. 그후 지급보증 업무를 한국은행으로 이관하고, 점차 한국기업에 대한 국제적인 인식이 높아짐에 따라 직접적인 보증은 중단했지만, 한국기업에 대한 해외차관에 대해서는 기회가 있을 때마다 정부가 뒤에 있다는 운을 띄움으로써 해외 금융기관으로 하여금 한국기업, 특히 재벌그룹은 망하지 않는다는 인식을 갖게끔 조장해왔다.

이러는 가운데 몇몇 기업 경영자들이 "100억 원을 빌리면 망하고 1,000억 원을 빌리면 망하지 않는다"는 식의 '재벌놀음'을 자행하는 웃지 못할 사태가 발생하기도 한 것이다. 이를 관장하는 시중은행 경영자들도 총 여신의 40% 이상을 정책금융에 할애하고, 그 중

많은 액수가 부실채권으로 전락하는 모습을 바라보면서도 "정부가 저지른 일이니 해결도 정부가 해주겠지" 하는 그 동안의 타성과 "정부 지시를 우리가 어떻게 막을 수 있겠는가" 하는 무력증 속에서 속수무책으로 방관하고 있었던 것이다.

1995년의 WTO 가입과 1996년의 OECD 가입은 한국정부로 하여금 기업 – 정부의 관계에 대한 근본적인 수정을 요구했다. 한국은 이제 경제발전을 위한 정부 정책의 하나로 정부가 기업을 불공정한 방법으로 지원하는 그 동안의 방식을 지양하겠다고 전세계에 약속한 것이다. 한국정부에서는 이 약속에 대하여 주무부처인 재정경제원 장관의 철학에 따라 때로는 부분적, 간접적인 방법으로 혹은 전반적이고 직접적인 방법으로 인정하고 받아들이기 시작했다.

그 중 시장경제원리를 신봉하면서 직접적인 수사(修辭)를 주로 사용하는 경향이 강한 강경식 씨는 1997년 3월에 있었던 경제기획원 장관 취임식에서 시장경제철학을 역설하면서 "개방체제 아래서 인위적 부양책은 사용하기 어렵다"고 했다. 그 다음에도 그는 기회가 있을 때마다 우리의 개혁대상은 정부라고 한 뒤, 이제부터 기업활동을 시장메커니즘에 맡기고 일체의 지원이나 간섭을 하지 않겠다고 천명했다.

해외 금융기관에서도 이미 한국이 WTO와 OECD에 가입하면서 약속했던 새로운 정책을 잘 알고 있었다. 그러나 관행적으로 진행되어온 한국정부의 해묵은 기업 지원, 특히 "재벌의 파산은 곧 한국경제의 파산"이라는 등식에 대해서 별로 의심을 하지 않고 있었던 것이다.

그러나 450% 수준의 부채비율을 갖고 있는 한국 재벌의 계열기업들에게 그 동안 별 걱정 없이 차관을 해오던 해외 금융기관도 경제정책 담당자로부터 나온 강경발언에 대해서는 생각을 달리하지 않을 수 없게 되었다.

여기에 한국정부의 정책을 확인하는 계기가 된 것이 바로 지난 1997년 7월에 시작된 기아그룹 사태였다. 해외 금융기관에서는 1997년 초에 일어났던 한보그룹 부도사태때만 해도 현정권에 밀착된 것으로 인식되었던 해당 그룹에 대하여 대통령이 결백을 입증하기 위해 일부러라도 파산조치를 내렸겠거니 하는 정도로 생각했을 것이다. 그런데 전문경영자가 경영하는 자동차 전문화기업으로 국민들로부터 다른 어떤 재벌그룹보다도 긍정적인 평가를 받아온 기아자동차에 대해 정부가 법정관리 같은 초강경 조치를 취하는 것을 보고는 이제 모든 것을 시장메커니즘에 의존하겠다는 정부의 발언에 대해서 더이상 의심을 품지 않게 된 것이다. 기아자동차의 부도처리 과정에서 정부가 취했던 우유부단한 태도는 수많은 하청기업의 연쇄부도라는 모습으로 사태를 악화시켰고, 그 과정에서 한국경제가 필요 이상으로 후유증을 앓게 되었다. 그러나 적어도 해외 금융기관에 대한 정부의 경고 메시지로는 충분했던 것이다.

이제 해외 금융기관의 입장에서는 미국이나 다른 선진국의 기업에게 적용하는 여신 방식을 한국기업에도 그대로 적용해야 하는 시대가 왔다. 즉 여신 대상기업에 대한 평가를 한국정부의 지원정책에 의존하여 결정하는 것이 아니라 대상기업 자체의 신용과 자금상환 능력, 특히 부채비율(debt-equity ratio)을 기준으로 삼을 수밖에 없게 된 것이다.

일반적으로 미국에서는 어떤 은행이라도 부채비율 150%를 초과하는 기업에 대해서는 더이상의 여신을 제한할 뿐 아니라, 오히려 150% 수준으로 떨어질 때까지 기존 여신을 회수한다. 그리고 이러한 조치는 상대방이 IBM이나 제너럴 모터즈 같은 세계적인 기업이라고 해도 마찬가지이다. 물론 소위 블루칩(blue-chip)이라고 불리는 우량기업은 무디즈(Moodys)나 S&P 같은 신용평가기관이 메기는 자사의 신용등급이 떨어지지 않도록 하기 위해 은행 여신에 관계 없이 150%가 넘는 부채비율은 유지하지도 않는다.

현재 한국 30대 재벌 중 부채비율이 해외 금융기관이 원하는 150% 수준에 달하는 기업은 하나도 없다. 그 중에서 가장 부채비율이 낮은 롯데그룹이 1996년 말 기준으로 196%일 뿐, 그 외의 모든 재벌은 300%에서 3,600% 수준에 이른다. 사실 부채비율 3,600%라면 자기자본 2.7%에 부채 97.3%라는 얘기인데, 이 지경에 이른 기업이라면 한때 재벌놀음을 벌였던 정신 나간 기업인들과 무엇이 다르단 말인가?

이런 상황에서 해외 금융기관이 국내기업에게 더이상 대출해주지 않는 것은 물론, 만기가 도래하는 채무에 대해서 더 연장(roll-over) 조치를 취하지 않고 있는 것도 너무나 당연한 일이다. 최근 환율이 급상승한 것도 정부지원만 굳게 믿고 한국기업에게 방만하게 대출해주던 해외 금융기관들이 대출금을 한꺼번에 정리하게 되어 외환시장에 외화공급이 줄어든 결과이다.

이런 상황에서 태국, 인도네시아, 말레이시아에서 일어난 외환위기에서 위력을 발휘한 소위 핫머니(hot money)로 불리는 국제 금융 투기세력은 새로운 전단(戰端)을 찾다가 한국을 발견하게 되었다. 이들은 건실한 기업에 대한 장기투자보다는 시장불안 속에서 초단기

수익을 추구하는 전략을 채택하였고, 그 과정에서 환율은 급등락을 반복하는 모습을 보이게 되었다.

그렇다고 해서 이들 해외 투기세력을 일방적으로 비난하면 안 된다. 만일 한국경제의 펀더멘털이 건강하다면, 오히려 이들 투기세력은 건전한 투자가로 변하여 우량기업에 투자할 것이고, 이들 기업은 해외자본을 이용하여 기술개발 등 경쟁력을 강화하는 기틀을 마련할 터이기 때문이다.

그러나 부채비율 450% 수준의 재무구조를 가진 재벌그룹으로서는 정부지원 없이 자신의 능력만으로는 더이상 해외자금을 조달할 수 없는 상태에 와 있고, 앞으로 이들로부터 차관상환을 요구받는 과정에서 자연히 해외 핫머니 외에는 의존할 곳이 없는 신세로 전락하게 된 것이다.

여기에서 우리나라의 총 외채와 한국기업의 총 부채, 그리고 한국기업이 건전한 재무구조를 가지기 위하여 필요한 자본의 규모를 계산해보자.

1996년 말 기준으로 한국 30대 재벌의 총 자산은 약 411조 원, 총 부채는 336조 원, 총 자본은 75조 원이니 부채비율은 450% 수준이다. 그러나 한국재벌의 자본구조에는 자본규모를 부풀리는 동시에 대주주의 지분을 높이기 위한 편법인 상호출자 부분이 존재한다. 즉 재벌 계열사 간에 상대방의 지분을 일정 부분 소유하고 있는 것이다. 상호출자의 크기에 대해서는 정확한 분석이 불가능하지만, 모 재벌그룹에서 내부용으로 연결재무제표를 작성하는 데 참여했던 어느 공인회계사의 평가에 의하면, 총 자본의 30~40% 수준이라고 한다. 따라서 여기에서 총 자본 75조 원의 30%인 23조 원만 상호출자로 잡아도 총 자본은 52조 원으로 줄어든다. 즉 상호출자를 제외한 부채비율은 690%에 달하는 것이다.

30대 재벌의 총 자산이 11만 여 개에 달하는 모든 한국기업의 58% 수준이니, 한국기업 전체의 총 자산은 약 709조 원이고, 재벌그룹 이외 기업들의 총 자산은 298조 원인 셈이다. 그런데 재벌을 제외한 한국기업들의 부채비율은 이들에 대한 정책금융이 적고 은행의 문턱이 높은 탓에 300% 수준에 불과하다. 또 이들의 기업 간에는 상호출자가 별로 존재하지 않는다. 따라서 이들 기업의 총 자본은 74조 원, 총부채는 224조 원 정도로 추산할 수 있다.

이 계산에 의하면 재벌그룹과 비재벌기업을 합친 대한민국 기업의 총 자산은 709조 원, 총 자본 126조 원, 총 부채는 583조 원에 달한다. 즉 대한민국 기업의 평균 부채비율은 460% 수준인 셈이다.

한국기업이 이렇게 건실하지 못한 재무구조를 가지고 있다고 해서 그 경영자들을 싸잡아서 비난해서는 안 된다. 이미 살펴보았듯이, 오늘날 한국기업의 부채의존형 재무구조는 36년간 한국경제가 국내자본이 없는 가운데 인위적으로 고성장을 달성하기 위해서 기업과 금융기관에게 해외차관을 사용하게 한 결과이기 때문이다.

사실 그 덕분에 우리 국민은 1세대가 지나는 정도의 짧은 기간 안에 세계 최빈국에서 소득 1만 달러대의 중진국으로 올라섰고, 국민들의 소비수준도 이에 걸맞게 올라선 것이 아닌가? 그런 의미에서 볼 때 오늘 우리가 겪는 어려움은 우리 국민 모두의 자업자득이고 함께 책임을 져야 할 일이라고 보아야 한다.

우리는 이제 무엇을 해야 하는가? 우선 우리가 현재 착잡한 마음으로 대하고 있는 IMF 긴급자금이 문제해결에 어떠한 역할을 하는

지에 대해 분명한 이해를 할 필요가 있다.

현재 우리가 의존하고 있는 IMF 긴급융자금은 앞에서 논의한 한국기업의 재무구조 개선에는 전혀 도움을 주지 못한다. 우선 총 부채 중 자본금으로 전환해야 하는 최소한의 규모인 110조 원은 이번 IMF 지원금 550억 달러의 2배(1달러당 1,000원 기준)에 해당하는 금액이다.

그러나 IMF 자금의 한계는 그 규모가 작기 때문이 아니라 자금의 성격 때문에 생기는 것이다. IMF 지원금은 만기가 2년 정도인 중기 융자금으로서 그 중 1달러도 한국기업의 재무구조를 개선하는 데 쓰여지는 것은 아니다. 따라서 IMF 지원금이 지금 약속된 규모의 두 배, 세 배로 증액된다 할지라도 한국기업의 자본금은 조금도 늘어나지 않는다. 오히려 IMF 긴급융자는 한국기업들이 만기가 도래한 해외채무에 대한 연장 요청에 치명적인 문제점을 제기할 수도 있다. 만일 해외 금융기관들이 한국기업들에게 채무 변제능력이 전혀 없다고 판단한다면, 이들이 만기채권에 대한 회수를 지체하는 한이 있더라도 한국기업들로 하여금 사업을 계속해서 채무를 갚도록 그것을 연장해줄지도 모른다.

그러나 한국기업들이 IMF 긴급융자를 받게 된다면, 해외은행들은 다른 은행보다 먼저 대출금을 회수하려고 온갖 노력을 다할 것이다. 따라서 IMF 긴급융자의 순효과는 한국기업들에게 대출된 일반 해외 금융기관들의 융자금이 한국의 은행에 대한 IMF 융자금으로 전환되는 것에 불과하게 된다.

이런 상황에서 IMF 긴급융자가 한국경제에 도움을 주기 위해서는 다음과 같은 상황이 전개되어야 한다.

첫째, 한국정부는 IMF 긴급융자 중 초기 도입분으로 발등에 떨어진 불을 끈다.

둘째, IMF가 요구하는 대로 한국정부의 외환, 금융, 기업, 산업 관련 정책을 시장경제원리에 보다 가깝게 전환하고, WTO와 OECD 가입 당시에 약속했던 시장개방 등의 조치를 단행한다.

셋째, 한국기업들의 재무구조가 단계적으로 개선되도록 하는 가시적인 조치를 취하여 해외 금융기관들에 대한 신뢰를 높인다. 보다 구체적으로 재벌 계열사 간의 상호지급보증 관행을 해소하고, 경영 과정에 대한 투명성을 높이며, 사외이사제도 등 기업의 지배구조를 확립하게 한다. 결국 IMF 긴급융자는 이런 조치들을 통하여 한국정부가 한국경제에 대한 해외 금융기관들의 신뢰를 높이는 시발점에 불과한 것이다.

이런 조치 중 가장 핵심적인 과제는 역시 한국기업들의 재무구조 개선이다. 이제 평균적인 한국기업들이 해외은행으로부터 자신의 재무구조만을 가지고 차관을 얻을 수 있으려면 부채비율을 최소한 150~200% 수준으로 가져가야 한다. [3]

따라서 총 자산 709조 원은 총 자본 236조 원, 총 부채 473조 원으로 바뀌어야 하고, 이를 위해서는 총 부채 583조 원 중 110조 원이 자기자본화되어야 하는 것이다. 그리고 이러한 전환이 끝날 때까지 해외 금융기관에서는 정부의 지급보증이 없는 한국기업으로부터

---

3) 일반적으로 미국은행에서는 경기순환에 민감한(cyclical) 철강, 자동차, 전자 등의 산업에 위치한 기업에 대해서는 부채비율 100~150%, 전기, 통신 등 경기순환의 영향을 덜 받는(steady) 기업에 대해서는 부채비율 150~200%를 기준으로 대출 여부를 판단한다.

의 신규 융자 요청은 물론, 기존 채무의 만기가 도래했을 때 이에 대한 연장(roll-over) 요청을 승인할 리가 없다.

사실은 한국의 금융산업의 경우에도 마찬가지이다. 이제 국내은행도 재벌의 계열기업이라고 해서 모기업의 지급보증을 믿고 융자를 해주거나 부동산 담보 또는 정부 고위층의 말 몇 마디에 금고 문을 여는 시대는 지났다.

지금까지 부실채권에 대한 책임을 지고 사표를 쓴 수많은 은행장들을 기억해보라. 비록 선진국의 은행 수준으로 기업의 경쟁력과 미래의 현금 흐름, 그리고 신용을 평가하여 이를 기초로 여신을 관리하기에는 역부족이지만, 최소한 부채비율이 200% 이상인 기업에 대해서는 기존 대출금을 회수하기 위하여 상당한 노력을 기울일 것이다.

한국기업들의 재무구조 개선은 충분한 시간을 두고 느긋하게 접근할 수 있는 문제가 아니라, 최우선적으로 해결하는 자세를 보여줌으로써 해외 금융기관들이 한국기업들을 신뢰할 수 있게 해주어야 하는 초미의 과제이다. 이 문제가 해결되고 한국기업들이 국제경쟁력 있는 상품을 생산, 판매한다면 한국경제는 선진화되는 것이다.

우리는 20세기가 다 지나가기 전에 이 과제를 풀도록 하자. 이제 2000년 1월까지는 1년 남짓 남았다. 이 짧은 기간 안에 문제를 해결하는 데는 네 가지 방법이 있다. 다만 어느 방법을 택하건 간에 한국기업들은 총 자본의 증가를 적어도 일시적으로는 보류하여 더이상의 시설투자를 포기하지 않을 수 없다.

해결책 중 첫째는 해외자본가가 국내기업에 대규모로 투자하는 것이다. 이 방법은 이미 IMF 이행사항으로 해외자본가가 50%까지 국내기업의 지분을 보유할 수 있게 되어 사실상 시작되었다고 볼 수 있다. 다만 증시가 얼어붙은 현상황에서 해외자본가들은 주식의 매매차익을 얻기보다는 직접 대주주 지분을 갖고 경영에 참여하기를 원할 것이고, 그 과정에서 한국기업이 너무 싼값에 외국인 손에 넘어가는 것이 아닌가 하는 의구심을 국민에게 줄 가능성도 있다.

그러나 이러한 자세는 한국인의 국수주의적(國粹主義的) 성향의 발로라고 보아야 할 것이다. 주가가 크게 하락한 상태에서 우리가 외국인에게 한국기업의 주식을 파는 것을 싫어한다면, 외국 경영자 역시 비싼 값에 주식을 인수하고 싶어하지 않는다는 것도 인정해야 하는 것이 아닌가? 다만 해외투자가들의 투자규모는 한국증권시장의 크기에 좌우될 수밖에 없다.

1996년 말 종합지수가 600 수준이었을 때, 800여 개 상장기업의 시가총액 합계는 117조 원이었다. 1997년 12월 24일 종합주가는 360 수준으로 무너졌고, 시가총액은 68조 원 수준으로 내려갔다. 이런 시장의 상황에 해외투자가들이 전체 시장의 10% 수준까지 투자한다면 약 7조 원 정도의 자본금이 국내 자본시장으로 들어오는 셈이다.

둘째는 모든 국민이 자신의 개인재산을 기업에 투자하는 것이다. 이 방법은 확실하게 또 해외자본의 도움이 없이 우리 문제를 스스로 해결하는 길이다.

그러나 110조 원은 대한민국 국민 1인당 240만 원, 국민소득의 23%에 해당하는 금액이다. [4] 따라서 전체 국민소득의 5%에 해당하

---

4) 1996년 1인당 국민소득은 1달러당 1,000원으로 계산할 때 1,055만 원이다.

는 24조 원만큼 국민들이 증시에 참여할 수 있을 것이다.

셋째는 기업, 특히 재벌그룹에서 스스로 자구책을 모색하는 길이다. 여기서 가장 대표적인 방법은 사업구조를 조정하는 것이다. 재벌그룹에서는 수익을 내면서도 주력업종이 아닌 계열사들을 매각하고, 그 매각대금으로 주력기업의 재무구조를 개선해야 하는 것이다.

IMF 구제금융 이후 몇몇 재벌에서 한계기업을 정리한다고 발표하고 있으나, 이러한 행위는 평상시에도 당연히 있어야 했던 일로써, 이를 구조조정이라고 할 수는 없다. 나에게 쓸모없는 사업은 남에게도 마찬가지이다.

전자부문과 화학부문, 자동차와 전자 등 각 재벌그룹별로 산업별 특화가 가능하도록 재벌그룹 간에 대규모 교환을 통한 흡수합병이 일어나야 한다. 일반기업에서도 수익이 있는 부동산 등 매각할 수 있는 모든 것을 매각하여 채무를 갚아야 한다. 팔리지 않을 물건만 내놓고 아까운 것은 숨겨 놓는 자세로는 문제가 해결되지 않는다.

넷째는 부실화된 기업에 대해 장기채권을 보유하고 있는 은행들이 대출금을 주식으로 전환시키는 길이다. 이 방법은 은행 입장에서는 이자는 물론이고 원금상환마저도 불안한 융자자금을 쥐꼬리만한 배당금밖에 없는, 그것도 회사가 흑자로 전환한 이후에야 배당이 가능한 주식으로 전환하는 것을 의미한다. 다만 주식가격이 상승하는 경우에 주가차익을 얻는 기회는 생기는 셈이다.

사실 이 길은 기업의 대주주 입장에서는 경영권을 뺏기는 결과를 초래한다는 점에서 내키지 않는 방법이다. 그러나 가장 단기간에 가장 확실하게 채무를 투자로 전환하는 방법은 이 길밖에 없다. 더구나 오늘날처럼 하루에 하나꼴로 재벌그룹이 무너지는 상황에서는 다른 어떤 방법보다도 빨리 시행해야 할 방법이다. 독일에서는 전후 인 1948년에 이 방법을 채택함으로써 당시 무너지고 있던 대기업들을 파산에서 구하고 오늘날 경쟁력의 기틀을 잡았다고 한다.

이상 네 가지 방법 중에서 해외투자가들에 대한 문호개방은 IMF 긴급융자에 대한 후속조치로서 이제 곧 시행에 들어가게 되었다. 국민이 참여하는 둘째 방법은 장기적으로 접근해야 할 과제인 반면, 세 번째 방법은 기업들이 즉각적으로 시행해야 할 과제이다.

그러나 가장 효과가 확실한 방법은 넷째, 즉 정부가 주거래은행을 통해 상장기업 중 부도처리가 된 기업의 융자금을 투자로 전환하는 길이다. 이때 기업은 구주주의 보유주식 매각이 아니라 신주 발행을 통해서 은행융자를 자본금으로 전입해야 한다. 주가는 해당 기업의 부도가 발생한 시점의 주가를 기준으로 하여 이의 50% 수준으로 하면 될 것이다.

이제 세계금융시장을 무대로 한 한국경제의 전쟁은 시작되었다. 무릇 전쟁에서 살아 남는 지름길은 자신의 기본체력을 튼튼히 하는 것이다. 한국경제가 오늘의 난관을 극복하는 데 있어 가장 큰 과제는 한시바삐 한국기업의 재무구조를 개선하여 해외 금융기관이 정부의 지원 없이도 이들에게 자발적으로 융자해줄 수 있도록 하는 일이다. 우리 모두 이번 기회를 한국경제가 선진권으로 도약할 수 있는 계기로 활용하자.

‖ 서울국제포럼에서 발표, 1997년 12월 ‖

5. 미기업 사장 연봉, 한국의 80배
— 위험부담 큰 전략적 의사결정의 대가 —

기업의 운명을 좌우하는 대표이사 사장이 받는 보수는 과연 적절한 수준인가? 한국기업을 대상으로 대기업의 대졸 신입사원과 사장의 보수를 비교한 통계자료에서는 1996년 평균 연봉이 각각 1,500만 원과 1억 원으로 격차가 약 1:7 정도로 나타났다. 이에 비해 일본 정경연구소(政經硏究所)의 보고서에는 235개 일본 대기업의 신입사원과 사장의 연봉이 평균 280만 엔(약 3,080만 원, 1엔당 11원 기준)과 2,764만 엔(약 3억 404만 원)으로 한국보다 약간 큰 1:10이라는 격차를 나타내고 있었다.

미국의 경우는 어떠한가? 1996년도 미국 대졸 신입사원의 연봉은 3만 5,000달러(약 4,900만 원, 1달러당 1,400원 기준)로, 한국기업의 신입사원보다 3.3배 정도 많은 수준이었다.

그러나 1997년 4월 21일자 〈비즈니스위크〉에 나온 465개 미국 대기업 사장들의 연봉은 평균 578만 달러(약 80억 9,200만 원, 스톡옵션 포함)로, 신입사원과의 연봉 격차가 165배에 달했다. 특히 월트 디즈니 사의 마이클 아이즈너(Michael Eisner) 회장은 1억 8,970만 달러(약 2,656억 원), 인텔 사의 앤디 그로브(Andrew Grove) 회장은 9,760만 달러(1,366억 원)로 각각 신입사원 연봉의 542배, 279배를 받았다고 한다. [5]

나라에 따라 사장이 받는 연봉의 절대액 사이에도 상당한 격차가 존재한다. 한·일 간에는 일본 대기업 사장의 연봉이 한국 대기업 사장의 3.4배였다. 그러나 한·일 간의 물가 차이를 감안한다면, 실제 구매력에 있어서 두 나라 사장의 연봉에는 별 차이가 없다고 볼 수 있다.

반면에 한국, 일본기업과 미국기업을 비교해보면 엄청난 차이가 나타난다. 미국기업 사장의 연봉이 일본기업 사장의 24배, 한국기업 사장의 81배인 것이다. 즉 한국기업 사장 81명의 연봉을 모아야 미국기업 사장 한 사람에게 주는 연봉을 만들 수 있는 것이다. 과연 한국이나 일본기업 사장의 연봉과 미국기업 사장 연봉 중 어느 쪽이 더 적정한가? 이렇게 엄청난 차이가 나는 이유는 무엇인가?

이러한 차이가 나는 원인은 〈그림 2-1〉에서 보는 바와 같이 한·일기업의 경영자와 미국기업 경영자의 경영 스타일에 차이가 있기 때문이다. 이 그림에서 Y축은 품질의 효율성, 즉 회사에서 생산하는 제품의 품질이나 서비스 수준이며, X축은 원가의 효율성, 즉 원가 수준이다.

일반적으로 품질을 높이면 원가가 올라가고, 원가를 낮추면 품질이 떨어지는 반비례 관계를 갖기 때문에, 그림에서 보는 바와 같이 A선과 B선은 좌상에서 우하로 연결되는 모습을 보인다. 다만 A보다는 B가 더 효율적인 기업의 경영을 나타낸다.

이 그림에서 한·일 경영자들은 A에서 B 방향으로 기업경영의 효율성을 높이려는 노력을 한다. '일본의 경영자들은 바짝 마른 행

---

5) 1998년 4월 20일자 〈비즈니스위크〉에 의하면 트래블러즈 그룹(Travelers Group)의 샌포드 와일(Sanford Weill) 회장이 1997년에 2억 3,073만 달러를 받아 전년도의 기록인 아이즈너 회장의 1억 8,970만 달러보다 22% 높은 수치를 기록했다.

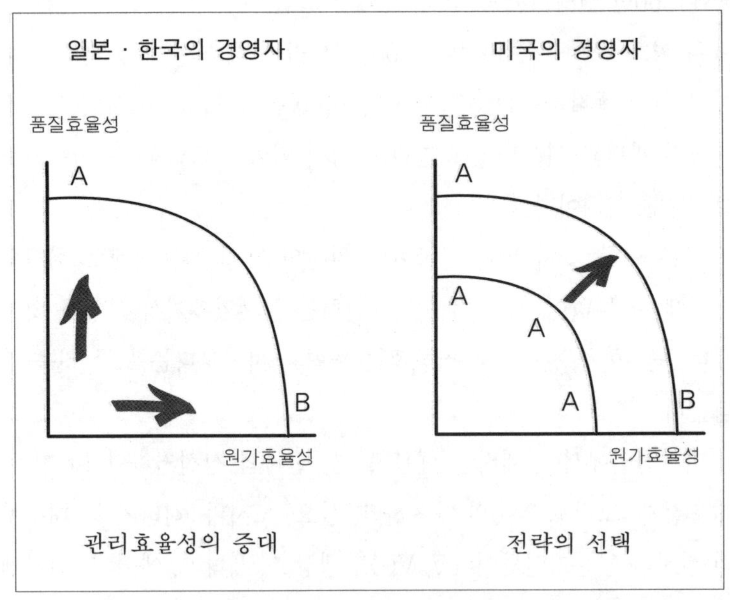

주를 쥐어짜서 물을 낸다' 는 표현에서 보는 바대로 일본, 그리고 한국의 경영자들은 원가와 품질 모든 면에서 끊임없이 효율성을 높이려는 노력을 하는 것이다.

그렇다면 미국 경영자들은 어떠한가? 한·일기업의 경영자들이 품질효율성과 원가효율성 중 하나를 선택하는 데 관심을 두기보다는 전반적인 효율성을 높이는 것을 더 중시하는 데 반해서, 미국의 경영자들은 품질효율성과 원가효율성을 놓고, 이리로 갈 것인가 저리로 갈 것인가 하는 전략의 선택에 경영의 초점을 둔다. 즉, 회사의 모습을 어떠한 방향으로 끌고 나가느냐에 관심이 있는 것이다.

극단적인 예를 든다면, 첫번째 전략은 청담동 로데오 거리에 한 벌에 500만 원짜리 옷을 파는 드레스 숍을 여는 것이고, 두 번째 전략은 평화시장에서 한 벌에 5,000원짜리 드레스를 파는 것과 같은 이치이다. 똑같은 의류사업이지만 이 둘은 전혀 다른 사업으로서, 사장의 판단과 의사결정에 따라 기업이 얼마나 달라질 수 있는가를 보여주는 사례이다.

다른 예를 들어보자. 한국이나 일본의 기업들은 대체로 회사의 규모에 관계 없이 모든 제품을 생산하는 구색맞추기식 사업을 하고 있다. 즉, 한쪽 방향으로 집중하는 노력을 하기보다는 모든 것을 다 다룬다.

가전산업에서 구체적인 예를 들면, 한국의 삼성전자와 LG전자, 대우전자, 그리고 일본의 마츠시타, 산요, 도시바, 히타치 등 대부분의 한국과 일본기업들이 TV, VCR, 냉장고, 세탁기, 에어컨, 전자렌지에서 전기밥통, 전기칫솔, 전기면도기에 이르기까지 모든 가전제품을 생산, 판매하고 있다.

이에 비해 미국회사의 경우는 일본이나 한국회사처럼 도에서 모까지 모두 것을 생산하는 경우가 거의 없다. 에어컨만 집중적으로 생산하는 캐리어(Carrier) 사가 있는가 하면, 전자렌지만을 집중적으로 생산하는 매직 셰프(Magic Chef) 사가 있다. GE가 아무리 큰 회사라고 하지만, 이 회사에서 생산되는 가전제품은 냉장고밖에 없다. 즉, 같은 전자기기 생산업체라도 한두 가지만을 집중적으로 생산하는 것이다.

미국의 인텔(Intel) 사를 예로 들어보자. 이 회사는 반도체 전문업체로 1960년대 후반에 설립되어 약 30년의 역사를 가지고 있다. 그러나 1980년대 중반까지만 해도 모든 종류의 반도체를 다 생산하는 반도체 잡화상이었다. 그러던 중 1986년 회장으로 갓 취임한 앤디 그로브(Andrew Grove)는 종업원들을 모아 놓고 폭탄선언을 한다.

"우리 회사는 오늘부터 비메모리 반도체, 특히 마이크로 프로세서에 전력집중하고 메모리 반도체 사업에서는 철수한다."

당시 인텔의 메모리 반도체는 전체 매출액 중 40%에 해당할 정도로 큰 비중을 차지하고 있었으며, 이익은 전체 회사이익의 30%, 소속 종업원의 숫자도 전체의 30%에 달했다. 따라서 앤디 그로브 회장의 결정은 인텔의 모습 자체를 바꾸는 것을 의미했다.

당연히 벌집을 쑤신 듯 인텔 종업원들의 불만이 쏟아져 나왔고, 다른 경쟁사들조차도 인텔이 왜 그러한 결정을 내렸는지 의아해했다. 한참 잘 나가는 메모리 반도체 사업에서 철수한다는 것은 한계사업은 물론 적자사업도 쉽게 포기하지 못하는 보통 경영자로서는 이해하기 힘든 결정이었던 것이다. 당연히 경쟁사였던 페어차일드(Fairchild) 사나 텍사스인 스트루먼트(Texas Instruments) 사는 인텔을 쫓아가지 않았다.

그러나 인텔은 메모리 반도체 사업을 매각한 재원으로 마이크로 프로세서를 중심으로 한 비메모리 반도체 부문에 집중투자를 해서 이 분야에서 누구도 도전할 수 없는 경쟁력을 확보함으로써 11년이 지난 오늘날 비메모리 반도체만 가지고 전세계 반도체시장에서 최고의 자리를 지키고 있다. 반도체 산업에서 2등인 NEC와 비교해도 인텔의 매출액이 약 60% 정도 더 높을 정도이다.

그러나 이것보다 더 재미있는 사실은, 이 회사의 매출액이 1997년 기준으로 251억 달러인데 비해 시가총액은 1,508억 달러라는 사실이다(1997년 말 기준). 회사의 가치는 매출액이 아니라 시가총액으로 나타난다. 시가총액이란, 그 회사의 주식이 증권시장에서 거래되는 가격에 발행주식 수를 곱한 액수로서, 그 회사를 증권시장에서 현금으로 살 때 필요한 돈이다. 시가총액은 이 회사가 지난해에 벌어들인 이익이 아니라 미래에 어느 정도 이익을 올릴 수 있는가를 나타내는 지표로서, 미래의 이익을 현가로 계산한 것이라고 볼 수도 있다.

1997년 말 기준으로 볼 때, 1,538억 달러로 전세계 1위의 매출액을 올리고 있는 GM의 시가총액은 483억 달러로 31%밖에 안 된다. 반면에 2,227억 달러로 전세계에서 가장 높은 시가총액을 자랑하는 GE의 경우, 실제 매출액은 908억 달러에 불과하다. 시가총액이 매출액의 245%인 것이다.

인텔의 경우에는 이 비율이 더욱 높아서 601%에 달한다. 참고로 1998년 5월 4일, 종합주가지수가 391.80인 상황에서 한국증권시장에 상장된 776개 회사 시가총액의 합인 77조 원(약 552억 달러)[6]은 GE 시가총액의 25%, 인텔의 37%에 해당한다.

결국 인텔 사는 1986년 당시 '마이크로프로세서를 중심으로 한 비메모리 반도체에 집중한다'는 앤디 그로브 회장의 결단에 의해 오늘날 한국 776개 상장기업의 시가총액 합계의 2.7배에 해당하는 시가총액을 가진 회사로 성장해 버렸다. 인텔의 사례에서 보는 바와 같이 미국기업의 최고경영자는 자신이 가진 미래에 대한 뚜렷한 비

---

6) 1998년 2월 말 기준으로 한국증권시장에 상장된 776개 기업 중 시가총액이 가장 많은 다섯 개 회사는 한국전력공사(13.6조 원), 삼성전자(10.5조 원), 포항종합제철(7.4조 원), SK텔레콤(3.6조 원), 대우중공업(3.3조 원)이다.

전과 냉철한 분석능력을 바탕으로 관리효율성보다는 전략을 선택하
고 실천하는 역할을 담당하는 것이다.

앞서 한국과 일본기업의 신입사원과 사장의 보수 격차는 각각
1:7, 1:10이라고 했다. 한국기업이나 일본기업 최고경영자의 역할
은 품질을 높이고 원가를 싸게 하여 효율성을 높임으로써 이익을 높
이는 것이다.

그렇다면 효율성 향상으로 인하여 발생한 이익은 어떻게 배분해
야 하는가? 효율성 향상은 사장 혼자만의 노력이 아니라 모든 종업
원이 다같이 노력한 결과이다. 따라서 일반직원과 사장은 서로 적절
히 나누어 가져야 한다. 물론 사장이 솔선수범하여 모범을 보이고
앞에 나서서 독려도 했으니 일반사원보다 7~10배 정도의 보수를
더 받을 수 있을지는 모른다. 그러나 미국의 경우처럼 일반사원보다
100배, 500배 더 많이 받는다는 것은 말이 안 된다.

반면, 미국기업에서 최고경영자의 역할은 일의 효율성을 높이는
것이 아니라 회사가 앞으로 나가야 할 방향, 즉 전략을 결정하는 것
이다. 바로 회사의 미래의 모습을 결정하는 역할인 것이다. 사실 이
러한 전략 결정은 모든 구성원들의 의견을 모아 얻어낸 결과가 아니
라 많은 사람들의 반대를 무릅쓰고 꿋꿋이 밀고 나가 자신이 생각하
는 미래의 비전을 실천하는 일이다. 따라서 결과가 잘못 된다면 최
고경영자는 미국 사회에서 매장이 되거나 웃음거리가 되는 반면, 결
과가 좋다면 그에 대한 대가를 정당하게 받는 것이 당연한 것이다.

인텔의 앤디 그로브 회장은 바로 그러한 전략결정을 내려 성공한
경우이다. 경쟁회사들이 100억 달러밖에 안 되는 시가총액을 가지
고 있는 데 반해, 시가총액 1,500억 달러가 넘는 회사를 만들어 낸

그에게 주주들은 어느 정도의 상여금을 주어야 하는가?

실제로 인텔의 앤디 그로브 회장은 1억 달러에 약간 못 미치는 9,760만 달러를 받았음에도 이 액수는 우리나라 사장들 연봉의 약 1,400배에 해당된다. 우리나라 기업 중 1,000억 원 이상의 이익을 남기는 회사가 5개 정도밖에 안 된다는 사실을 감안한다면, 미국의 기업에서 차지하는 최고경영자의 역할이 얼마나 중요한가를 알 수 있다.

앞의 〈그림 2-1〉은 이처럼 나라에 따라 최고경영자의 역할이 다르다는 것을 구체적으로 보여준다. 그렇다면 한국의 최고경영자들은 모두 이렇게 적게 받는가? 한국의 최고경영자 중에도 예외적으로 많은 보수를 받는 경우는 있다. 특히 정주영, 김우중 회장 같은 대기업 창업자들의 수입은 거의 무한대에 가깝다. 이들은 실제로 기업의 전략적 의사결정, 즉 새로운 사업을 일으키고 회사의 향후 모습을 결정하는 역할을 한다. 이처럼 우리나라라고 해서 전략적 의사결정을 내리는 사람이 전혀 없는 것은 아니다. 다만 일본이나 한국 기업의 사장들은 미국기업에서 전략적인 의사결정을 내리는 최고경영자 계층과는 좀 다른 전문경영자, 보다 구체적으로는 월급쟁이 사장 계층으로서 존재한다고 볼 수 있다.

여하간에 미국 경영자와 한·일 경영자들의 경영 스타일을 비교해보면, 관리효율성 면에서는 한국과 일본기업의 경영자들이 잘 하고 있는 반면, 전략적 선택능력 면에서는 미국기업의 경영자들이 탁월함을 알 수 있다.

〈그림 2-2〉는 〈그림 2-1〉을 약간 변형하여 한국, 일본기업이 잘 하는 관리효율성을 Y축, 그리고 미국기업이 갖고 있는 전략적 능력

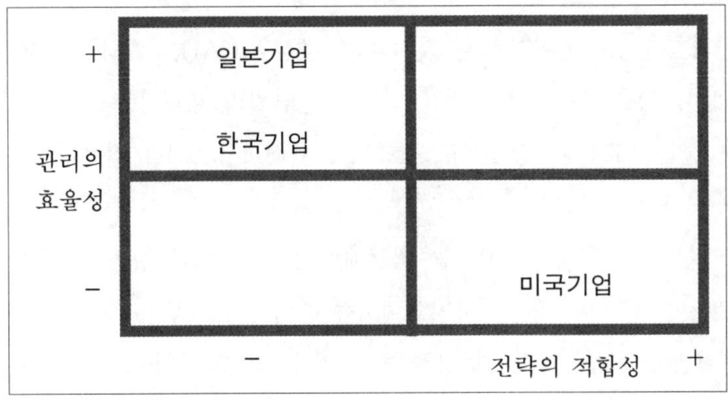

을 X축에서 보여주고 있다.

1980년대까지만 해도 관리효율성만을 가진 일본기업과 전략적 능력만을 가진 미국기업은 자동차, 전자 등 여러 산업에서 세계시장을 무대로 경쟁을 벌였다.

그런데 당시로서는 이 두 가지 능력 중 하나를 선택해야 할 경우, 관리효율성이 더 중요했다는 것을 역사가 설명해주고 있다. 즉 미국기업은 아무리 전략을 잘 세웠다 해도 시장에 내놓은 제품의 품질이 조잡하고 가격이 비싼 까닭에 소비자로부터 외면 당할 수밖에 없었던 것이다. 1980년대에는 효율성을 갖춘 일본기업이 미국기업들을 앞선 결과, 미국이 머지않아 2등 국가로 전락하리라는 비관론이 판을 쳤던 것이다.

이때부터 미국기업의 경영자들은 대오각성하였다. 그리하여 1980년대 중반부터 1990년대 오늘날까지 약 10년 사이에 엄청난 노력을 쏟아부었다. 미국기업의 경영자들은 기존의 전략적 선택능력에 정보테크놀로지를 광범위하게 응용하는 경영을 시작함으로써 관리효율성도 높이기로 한 것이었다. 공장에 CAD, CAM을 적용하고, LAN을 깔아 무인공장을 만들어 종업원의 효율성을 높이는 것은 물론이고, 사무실에서도 소프트웨어 테크놀로지를 적용하여 인력을 대폭 감축하였다.

일본이나 한국기업에서는 최근에야 1인 1대씩 컴퓨터를 지급하고 있는 실정이지만, 미국기업에서는 중역이나 간부가 아닌 신입사원에게도 사무실 안에 다양한 첨단 기계장치를 갖춰줌으로써 적은 인원으로도 효율적으로 업무처리를 할 수 있게 되었다. 결과적으로 미국기업들은 지난 10년 동안에 사무자동화, 컴퓨터화를 통해 정보화부문에서 확실하게 환골탈태를 했으며, 더 나아가 다운사이징과 노동계의 의식개혁을 전제로 한 '비자발적 퇴직(involuntary retirement)'[7]을 통해 1인당 생산성을 크게 올렸다. 이 과정에서 실업자의 누적숫자는 4,300만 명에 달했다. 미국 전체 인구 2억 6,000만 명 중 어린이, 노약자, 전업 가정주부 등을 뺀 근로인력(working population)이 약 1억 4,000만 명이라는 점을 감안한다면, 이 중 31%가 한 번씩 직장을 잃어보았다는 결론에 도달하게 된다.

미국기업들은 지난 10여 년 사이에 그 동안 알게 모르게 붙어나 있던 비효율성을 실직 등 사회적 문제를 각오하면서도 제거한 것이다. '비자발적 실업'이 더 높은 실업률을 가져왔어야 했음에도 미국

---

7) 회사가 도산함으로써 일자리를 잃는 경우와 정리해고과정에서 퇴직하는 경우로 나뉜다.

의 실제 실업률은 1986년 7% 수준에서 1997년 말에는 오히려 4.7%로 떨어졌다. 그 수많은 실직자들은 과연 어떻게 되었는가? 이들 중에는 새로운 일자리를 찾은 사람도 있겠지만, 대부분은 혼자서 또는 몇 사람이 모여 새로운 사업을 창업했다. 그로 인해 미국경제는 1970년대와 1980년대의 대기업 중심 경제에서 중소기업, 창업기업, 벤처기업 중심 경제로 완전히 바뀌었다.

실제로 요즈음의 미국 MBA과정은 기업에 들어가려는 직장인을 양성하기 위한 것이 아니라 창업자를 양성하는 과정이 되어 버렸을 정도이다. 학교 자체가 이러한 사업을 권장하고 교육하며, 벤처식 동아리도 상당히 활발히 움직이는 등 미국은 창업의 열기로 완전히 들떠 있는 분위기이다. 이런 결과로 1990년대의 미국기업 경영자들은 점차 관리효율성과 전략적 선택능력을 동시에 갖게 되면서 〈그림 2-3〉에서 보는 것과 같이 오른쪽 위로 움직여 갔다.

반면 일본은 1990년대에도 1980년대와 같은 경영을 하고 있다. 그에 따라 1990년대에는 관리효율성 하나만을 가진 일본기업과 전략적 선택능력과 관리효율성을 동시에 가지게 된 미국기업이 세계시장에서 경쟁하게 되었다. 일본기업은 이 경쟁에서 패한 결과 점차 무너지고 미국기업들이 전세계를 완전히 제패하게 된 것이다.

1980년대 한국기업은 전략적 선택능력은 워낙 없었으나, 관리효율성은 그런 대로 있었다. 비록 일본기업들보다는 못해도 미국보다는 나았기에 일본을 제외한 미국시장이나 제3국에서 나름대로 시장을 차지할 수 있었다.

그러나 1980년대 중반 이후 최근까지 미국이 관리효율성과 경쟁력을 높여가던 시기에 한국기업에서는 그나마 갖고 있던 관리효율

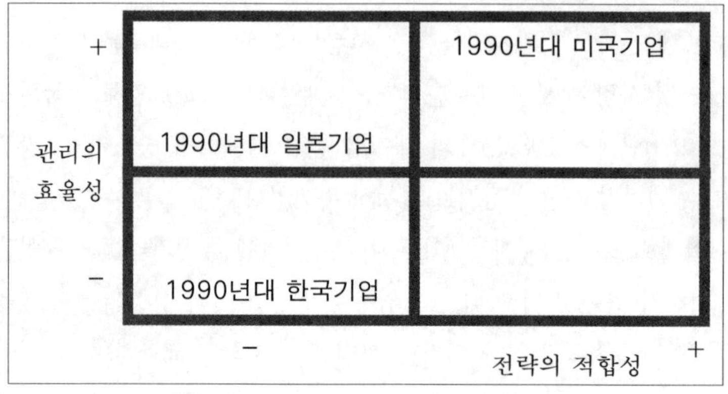

성조차 무너지게 되었다. 근로자의 생산성은 물론, 기업가의 투자의
욕도 떨어지고 정부의 효율성마저 떨어짐으로써 〈그림 2-3〉에서 보
는 바와 같이 1990년대 한국기업은 전략적 선택능력도 관리효율성
도 없는 상태에 놓이게 되었다. 이 두 가지를 모두 가지고 있는
1990년대의 미국기업, 관리효율성 하나라도 갖고 있는 일본기업에
비해 한국기업은 두 가지 모두 상실한 것이다. 그러니 한국기업이
해외시장에서 더이상 경쟁력을 갖지 못하게 된 것도 당연한 일이다.
여기에 덧붙여서 국내시장에서도 한국기업은 위기를 맞이하게 되었
다. 그 동안 국내기업을 보호하기 위해서 외국기업의 국내시장 진입
을 적극적으로 방어해준 정부가 더이상 개입하기 어렵게 된 것이다.
　이러한 상황임에도 1997년 말 '우리는 펀더멘탈은 튼튼한데 동
남아에서 외환위기가 불어닥쳐서 어려움을 겪고 있다'는 애기가 공
공연히 퍼졌다. 그러나 실제 경영현장을 보면 지난 10년 동안 펀더

멘탈이 완전히 붕괴되어 버렸다는 것을 알 수 있다.

이번에 주변나라들도 함께 붕괴되었다면 '외환위기'라는 말로 부르는 데 문제가 없었겠지만, 현실은 그렇게 단순하지 않다. 한국경제의 위기는 물론 외환위기에서 비롯되었고 금융위기로 나아가고 있지만, 실제로는 빙산의 밑을 버티고 있는 실물위기가 모든 문제의 근원이 된 것이다. IMF가 520억 달러를 융자해주었다고 해서 우리 문제가 당장 해결되지는 않는다. 바로 실물의 문제가 해결되지 않고 있기 때문이다.

결국 한국기업이 관리효율성과 전략적 선택능력을 동시에 증대시키지 않는다면 우리에게는 대안이 없다. 우리는 이 두 가지를 동시에 달성해야 한다. 그리고 이를 달성하는 수단이 바로 경영혁신이고, 경영혁신 중에서도 IMF에서 강력하게 요구하고 있고 한국정부에서도 적극 수용할 뜻을 갖고 있는 리스트럭처링(restructuring), 즉 구조조정이다.

‖ 월간 〈WIN〉, 1998년 6월 ‖

6. 재벌개혁에 한국의 미래가 달려 있다

1997년 말에 발생한 한국 경제위기의 원인을 파악하는 일은 한국이 경제위기를 극복하는 방법을 선택하는 데 있어 필요조건이다. 원인을 알아야 근치(根治)가 가능하기 때문이다. 한국의 경제위기를 보는 시각에는 크게 세 가지가 있다.

첫째는 '남의 탓이오' 라는 입장에서 출발한 것으로, 1997년 중반에 시작된 태국과 인도네시아의 '외환위기'가 한국경제를 어렵게 만들었다는 시각이다. 세계 외환시장에서 큰손으로 불리는 조지 소로스 등의 외환투기꾼들이 동남아시아에서 환투기로 재미를 본 다음(혹자들이 주장하는 음모설과 달리 소로스는 1997년도에 아시아에서 많은 손해를 보았다고 한다), 한국으로 눈을 돌려 외환위기를 발생시키고 그 와중에 큰돈을 벌고 있다는 것이다.

둘째는 '내 탓이오' 라는 입장을 택하고 있다. 그 내용은 '금융위기,' 즉 한국경제 속에 숨어 있는 문제점 중 특히 시중은행을 비롯하여 종합금융회사, 리스회사 등 여러 금융기관들이 경쟁력을 갖추지 못한 데서 경제위기가 발생했다고 본다.

이들 금융기관들은 국민경제에 필요한 자금은 제대로 공급하지 못하면서, 위험분산의 기본수칙도 지키지 않은 채 동남아, 중남미, 러시아 등 국가에서 발행하는 고수익 공채를 수백억 달러어치 인수하여 일확천금을 하려다가 돈이 묶여 버렸다는 것이다. 이와 동시에 외환관리의 주무부서인 한국은행에서도 금융기관에 대한 통제를 제대로 못 하여 1997년 11월 말에 보유외환 잔고가 30억 달러 수준으로 떨어지는 위기를 겪었다고 본다.

셋째는 둘째 시각과 마찬가지로 '내 탓이오' 라고 하면서도 문제의 원인을 금융위기가 아니라 '기업위기' 즉 한국기업, 특히 재벌그룹의 잘못된 제도, 조직, 관행, 전략 등에서 찾아보는 시각이다. 아무리 외환위기가 해외에서 불어닥쳐도 또 국내 금융산업의 여신관행이 잘못되어 있다고 하더라도 기업 하나 하나가 경쟁력 있는 상품과 서비스를 제공할 능력을 갖고 있다면 어려운 상황 속에서도 그 기업들은 오히려 기회를 찾을 수 있다는 것이다. 따라서 모든 경제위기는 기업이 경쟁력을 갖추지 못한 데서 비롯했다고 본다.

이 세 가지 시각은 나름대로 객관적 타당성을 갖고 있다. 그러나 어떤 것을 받아들이는가에 따라 경제위기에 대한 해결방안이 달라질 수 있다. 따라서 우리는 해결방안을 강구하기 전에 원인을 정밀하게 진단해야 한다.

이 세 가지 시각 중 어느 것이 맞는가를 확인하기 위해서는 수직적 접근방법과 수평적 접근방법을 쓸 수 있다.

수직적 접근방법은 과거로 거슬러올라가서 경제위기가 나타나게 된 배경과 조건을 치밀하게 분석하고 객관적으로 판단하는 것이다. 반면에 수평적 접근방법은 문제에 대한 해법을 수직적 접근방법의 반대편에서 시도하는 것이다. 예컨대, 컵에 10분의 9 가량 담긴 물의 양을 알아내기 위해서는 수직적으로 접근하여 컵에 담긴 물을 비이커에 담아서 부피를 잴 수도 있고, 수평적으로 접근하여 그 컵에 물을 더 부어 가득 채운 다음 컵의 총 부피에서 새로 채운 물의 부피를 빼서 계산할 수도 있다.

1) 원인 파악을 위한 수평적 접근

한국경제가 당면하고 있는 위기의 원인을 수평적으로 접근한다는 것은 다음과 같이 자문자답해보는 것이다. 일단 한국의 경제위기,

예컨대, 외환위기를 극복하기 위한 방법은 쉽게 생각해 낼 수 있다. 그리하여 이 방법을 썼을 때 한국경제가 모든 문제를 해결하고 정상 수준을 회복하게 된다면, 우리는 원인이 외환에 있었다고 추론할 수 있다. 그러나 정상 수준을 회복하지 못한다면, 우리는 경제위기의 원인을 다른 데서 찾아야 한다.

만일 한국의 경제위기가 외환위기였다면, 즉 국내에 외환이 부족해서 생긴 외부로부터의 문제였다면, IMF의 긴급융자와 세계 금융기관으로부터의 차관도입, 그리고 해외투자가의 국내자산 매입으로 외환위기를 해결할 수 있다. 실제로 한국경제는 1998년 한 해 동안 대통령을 비롯하여 대기업 최고경영자들이 적극적으로 노력하여 차관도입과 기존 차관의 만기연장, 그리고 자산의 해외 매각을 통하여 나름대로 가시적인 성과를 올리고 있다. 그리하여 바닥 수준에 있던 외환보유고가 1998년 10월 말에는 452억 7,000만 달러로 사상 최고 수준을 유지하고 있다. 그러나 이 같은 외환보유고에도 불구하고 한국경제가 위기를 극복했다는 주장은 누구도 못 하고 있다.

이번에는 한국의 위기를 금융위기로 가정해보자. 이 경우에 경쟁력이 부족한 국내 금융기관은 시티뱅크(Citibank), 도이체방크(Deutsche Bank), 홍샹뱅크(HSBC) 등 해외 유수의 금융기관에게 인수시키고, 이들로 하여금 국내 금융산업에서 효율적인 경영기법을 구사하게 하면 된다. 상품경쟁력이 충분히 있는 회사는 신용만으로 필요자금을 싼 이자로 제공해주고, 경쟁력이 약간 부족한 회사는 필요자금을 약간 비싼 이자로 제공해주며, 경쟁력이 없는 회사한테는 자금지원을 거절하는 것이다. 실제로 10만 여 개에 달하는 한국의 주식회사 중 상당수의 기업은 이러한 자금지원만으로도 위기에서 헤어나올 수 있다.

그러나 그 동안 정부의 인허가, 금융 및 재정지원, 국내시장보호 등의 특혜조치에 의존하여 독점이익을 내던 재벌그룹 계열사들은 금융기관의 효율적인 자금지원이 있다고 해서 없던 경쟁력을 만들어 낼 수는 없다.

반면 경제위기의 원인을 기업의 위기, 특히 재벌그룹의 위기라는 시각에서 바라본다면, 우리는 재벌그룹의 계열기업들이 세계시장에서 경쟁력을 가지지 못한 원인을 찾아내어 그 취약점을 보완할 수 있도록 조직, 구조, 제도, 관행, 전략 등 여러 가지 면에서 새로 판을 짜야 한다.

한국경제에 대해서 관심을 가지고 관찰해온 사람이라면 외환보다는 금융, 금융보다는 기업에서 위기의 원인을 찾아야 한다는 데 동감할 것이다. IMF, IBRD 등에서 외환 몇 푼을 더 빌려오거나 만기가 도래한 외채를 정부의 보증 아래 만기연장(roll-over)해준다고 해서 한국경제의 문제가 근본적으로 해결되는 것은 아니다. 은행의 대출관행이 효율화되어 기업에게 필요자금을 적정금리에 빌려줄 수 있다면 위기에 빠진 한국기업 중 살아 남을 회사는 제법 여럿 될 것이다. 그러나 경쟁보다는 독점, 고객보다는 정부에 의존해온 대부분의 재벌그룹의 계열사들은 어려운 상황을 좀처럼 극복하지 못할 것이다.

위에서 살핀 바와 같이 수평적 접근법에 따라 경제위기를 판단하면 비교적 쉽게 해결책을 찾을 수 있다. 이제 기업은 경제위기를 극복하기 위해서 구조조정을 해야 한다. 즉 전략적 판단을 통해 불필요한 사업에서 철수하고 집중해야 할 사업을 엄밀하게 선택하는 동시에, 선택된 각각의 사업에서 고도의 경영효율성을 발휘해야 하는 것이다. 이러한 수평적 접근법에 의하여 찾아낸 답변에 대한 신뢰도를 높이려면 다른 접근방법으로 같은 문제에 대한 답변을 구해 볼 필요가 있다.

2) 원인 파악을 위한 수직적 접근

자연과학의 세계와 달리 사회과학의 세계에서는 하나의 결과에 대해 수많은 원인이 영향을 미친다. 그리고 어떤 원인이 가장 큰 영향을 미치는가를 분석하기 전에 연구자는 영향이 있을 만한 원인을 찾아내야 한다. 이런 원인을 빠짐없이 찾아내기 위해서는 체계적인 틀로서 'ser-M 모델'을 사용할 수 있다.

〈그림 2-4〉에서 보는 바와 같이 네 가지 요소로 구성되어 있는 이 모델은 우리 주변 삼라만상의 모든 결과가 일어나게 된 근본원인을 규명하는 데 사용할 수 있는 방법론으로, 오늘날 한국경제가 처해 있는 위기의 원인을 찾아내는 데도 유효할 것이다.

'ser-M 모델'에서 's'는 주체(subject), 'e'는 환경(environment), 'r'은 자원(resources), 그리고 'M'은 메커니즘(Mechanism)을 의미한다. 따라서 이 모델은 어떤 결과가 나타나기 위해서는 '주체'가 주어진 '환경' 속에서 갖고 있는 '자원'을 이용하는 독특한 '메커니즘'이 필요하다는 것을 나타낸다. 그리고 이 네 가지 요소 중에서도 메커니즘이 가장 큰 영향을 미친다는 것을 나타내기 위하여 다른 요소와 달리 대문자로 표현하고 있다.

이 모델을 이용하여 지난 30여 년간 한국경제가 이룬 성공을 설

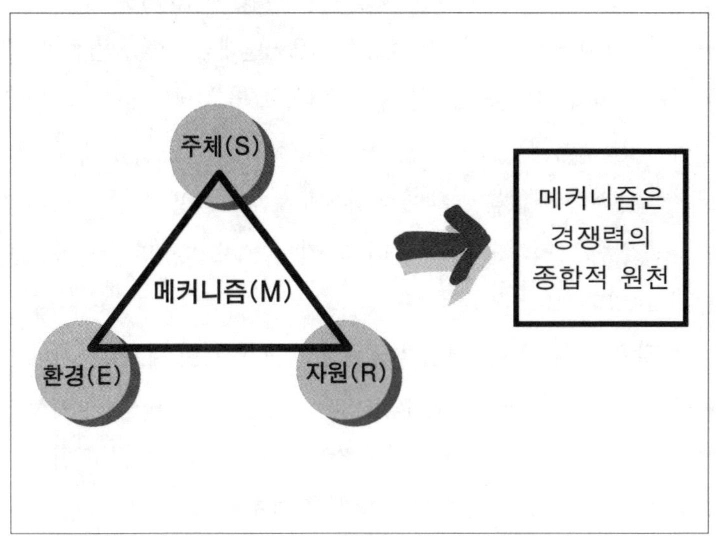

명해보자.

한국은 1960년대부터 1990년대 중반까지 다른 많은 나라들로부터 '한강의 기적'라는 칭찬을 받으며 무섭게 성장가도를 달려왔다. 그러나 이러한 상황을 단순히 기적이라고만 치부하는 것은 한국경제의 내부를 이해하지 못하는 외부인의 무지일 뿐이다.

구체적으로 그 내부의 성공요인을 들여다보면 이에 상응하는 원인이 있기 마련이다. 뚜렷한 철학과 미래에 대한 비전을 지니고 한국경제를 이끌어간 박정희 대통령과 그 밑에서 행정을 담당한 행정관료, 그리고 이병철, 정주영, 김우중 회장 등 창업 1세 기업인들이 경제의 지도자, 즉 '주체'의 역할을 수행한 데서 원인을 찾을 수도 있다. 또 북한과 대치하고 있는 절박한 상황과 미국, 일본, 중국 등 강대국의 틈바구니에 위치한 지정학적 입지, 그리고 1960년대의 월남전과 1970년대의 중동 건설경기, 1980년대의 서울올림픽 등 외적 '환경'에서 원인을 찾아볼 수도 있다. 그리고 국민 한 사람 한 사람이 가진 의욕과 높은 교육수준, 상대적으로 낮은 임금과 근면성 또한 국내저축이 없는 상태에서 해외로부터 도입한 차관, 선진국가에서 도입한 공정기술과 같은 내적 '자원'으로 성장의 원인을 설명할 수도 있다.

이 같은 주체, 환경, 자원 못지않게 중요한 것이 바로 '메커니즘'이다. 메커니즘은 주체가 환경 속에서 자원을 활용하는 과정에서 형성되는 루틴으로서, 한 번 자리를 잡게 되면 모멘텀을 갖고 어느 요소보다도 장기적인 효과를 내는 특성을 가지고 있다.

그 구체적인 예로는 한국정부가 채택한 외자도입을 전제로 한 불균형성장정책, 농촌의 근대화와 자립자조를 위한 새마을운동, 고성장을 달성하기 위해 전략산업을 매 5년마다 제시한 경제개발5개년계획, 그리고 이러한 계획을 달성하기 위해 형성한 대기업, 즉 재벌그룹이라고 불리는 그룹집단 등을 들 수 있다. 이런 메커니즘이 사전에 기대되었던 효과를 발휘하게 되면서 한국경제는 고성장이라는 소기의 성과를 거둘 수 있었던 것이다.

한국경제의 성장요인을 'ser-M 모델'로 설명한 것처럼 1997년 이후 한국경제에 불어닥친 위기 또한 똑같은 방식으로 설명할 수 있다. 즉, 현재와 같은 경제위기를 일으킨 주체로서 정치지도자와 행정관료 그리고 재벌그룹의 최고경영자를 들 수 있고, 환경요인으로는 아시아지역과 전세계에 나타난 경제위기와 경기침체 등을 문제점으로 들 수 있으며, 내부자원으로는 한국인의 기술 수준, 자본력 등을 문제점으로 들 수 있다. 마지막으로 이러한 위기를 발생시킨 요인인 메커니즘으로는 산업정책, 기업정책 그리고 시장정책의 문제점을 지적할 수 있다.

우선 경제성장의 '주체' 요인으로 큰 역할을 해온 정부, 특히 대통령은 1990년대에 들어와 미래를 밝게 내다보고 비전을 제시하는 일을 포기하고 어두운 과거를 들추는 사정행위만을 추구함으로써 방향감각을 상실한 모습을 보였다. 그 과정에서 능력과 힘을 두루 갖춘 행정관료들은 자기 부서의 이해관계만을 따지는 이익집단으로 전락했다. 또한 1990년대 중반까지만 해도 재벌그룹의 창업자들은 적극적인 자세, 과감한 모험정신으로 세계 구석구석에 한국의 경제력을 전파하면서 경제성장의 핵심적인 주역을 담당해왔다. 그러나 1990년대 중반 이후의 재벌 최고경영자들은 독점적 지위를 이용하여 정경유착, 부의 편중이라는 현상을 발생시키고, 이 과정에서 사회적 비판의 대상으로 전락하게 되었다.

한국경제의 성장요인을 '환경' 측면에서 고려해보자. 지난 20여 년간 아시아지역은 '전세계의 공장'이라는 표현이 어울릴 만큼 가장 높은 경제성장률을 달성했다. 전세계의 이목은 아시아에 집중되었으며, 전세계의 자금 또한 이 지역으로 몰리는 현상이 발생했다.

그러나 경기침체의 늪에 빠져 있던 미국과 유럽이 점차 되살아나면서 상황은 반전되었다. 즉, 1980년대 후반 이후, 미국은 단연 경제의 활력을 되찾게 되고 강한 경쟁력을 갖게 되었다. 또한 유럽의 각국들은 유럽공동체를 구축하면서 미국에 대항하는 저력을 과시하게 되었다. 그에 따라 1970, 80년대 아시아로 모아졌던 전세계의 이목은 미국과 유럽으로 다시 옮겨졌다. 이 과정에서 국제금융의 흐름 또한 아시아에서 미국, 유럽으로 옮겨가게 되고, 이 흐름 속에서 1997년 여름 동남아시아에 외환위기가 발생하게 되자 한국경제는 걷잡을 수 없는 외환위기에 휘말린 것이다.

한국경제의 성장요인을 세 번째 요소인 '자원', 즉 사람과 자본, 기술이라는 세 가지 자원 측면에서 고려해보자.

우선 1980년대까지는 높은 교육수준, 성공 지향적인 자세를 가진 우수한 인력이 한국경제의 성장에 가장 큰 원동력이 되었다. 그러나 1987년 이후 약 10년 동안에 강력한 노조가 출현하면서 임금은 연평균 14% 상승하는 가운데 생산성은 연평균 9% 증가에 그쳐, 상대적으로는 매년 5%씩 생산성이 하락하는 결과를 초래했다.

자본면에서도 1960년대 당시 부족했던 국내저축은 적극적인 해외차관 도입으로 상당 부분 메울 수 있었다. 정부는 이 과정에서 명시적, 묵시적으로 자본도입에 열을 올리는 기업들을 지원했다. 그러나 최근 환율이 평가절하되면서 기업들은 환차손과 높은 이자부담이라는 악재를 만났다.

기술면에서도 한국이 단순조립산업이나 저부가가치산업에 집중하던 시대에는 소위 가격경쟁력만으로도 충분히 경쟁할 수 있었고, 그나마 부족한 기술은 유학을 목적으로 미국에 갔다가 공부를 끝내고 유수한 기업에서 기술자로 근무하고 있던 우수인력을 유치하여 보충할 수 있었다(reverse brain drain).

그러나 단순한 공정기술에만 의존해온 한국의 생산시스템은 원천적인 제품기술력을 확보하지 못했고, 그 때문에 외형으로는 선진권 수준으로 나아가면서도 내실면에서는 원천적인 경쟁력을 획득하지 못했던 것이다.

이처럼 주체, 환경, 자원 등 각 요소들은 1960년대 이후 1990년대 중반까지 한국경제를 성장가도에 올려 놓은 성장요인으로 작용한 반면, 1990년대 중반 이후에 들어와서는 오히려 쇠퇴요인으로 변질하였다. 한국정부가 그 과정에서 산업, 기업 그리고 시장에 대해 어떠한 정책을 사용하였기에 이 세 가지 요소들이 처음에는 서로 잘 융합되어 발전하는 효과를 낳는 발전적 메커니즘으로 작용했다가 최근에 와서 퇴영적인 메커니즘으로 바뀌었는지 알아보자.

우선 산업정책 측면에 있어서 한국정부는 부족한 자원을 효율적으로 활용하기 위해서 5년에 한 번씩 전략산업을 집중적으로 육성하기로 하였다. 그리하여 1962~66년에 진행된 제1차 경제개발5개년계획에서는 수입대체산업 육성이라는 정책 아래 비료산업과 석유산업을 집중적으로 육성하였고, 1967~71년 사이에는 철강산업, 1972~76년에는 수출 중심의 경공업, 1977~81년 사이에는 중공업과 화학공업, 1982~86년 사이에는 전자산업과 자동차산업을 전략산업으로 선택해 집중투자하는 산업정책을 폈다.

그러나 1990년대에 접어들어 한국경제가 점차 선진국 대열에 가까워지면서부터, 특히 1995년에 WTO에 가입하고 1996년에 OECD에 가입하면서 특정 산업에 대한 정부의 지원은 적어도 명목적으로는 불가능하게 되었다.

또한 기업정책 면에서도 과거에는 해당 전략산업 안에서 특정 소수기업을 선정하여 해외차관을 집중적으로 배정하던 재벌육성정책을 인위적으로 써 왔으나, 이제는 그런 특혜를 특정 기업에게 더이상 줄 수 없는, 또한 주어서도 안 되는 국제적, 국내적 압력을 받게 되었다.

시장정책에 있어서도 정부는 해외차관에 대해 이자를 지불할 수 있는 정도의 수익성을 차관 도입기업에게 확보해주어야 했다. 만일 이들 기업이 이익을 내지 못한다면 외자에 대한 이자는 물론 원금도 갚을 수 없게 될 터이고, 그 경우 지불보증을 한 정부로서는 연대책임을 지지 않을 수 없었던 것이다. 정부는 해외기업과 국내 다른 기업의 국내시장 진입을 억제하는 동시에 외자를 도입한 기업의 이익을 보장해주는 가격정책을 허용함으로써 이들에게 독점적 이익을 보장해준 것이다.

그러나 1990년대 중반 이후 국내시장이 점진적으로 때로는 급진적으로 개방되면서부터 전략산업에 진출했던 한국기업이 누리던 독점적 이익은 사라지게 되었다.

1961년 이후 1990년대 초반까지 정부가 유지해온 산업정책, 기업정책, 그리고 시장정책의 산물이 바로 재벌그룹이다. 지난 수십 년 동안 한쪽 면에서는 정부 경제정책의 결과로서, 다른 면에서는 정부 경제정책의 동반자로서 재벌그룹들의 향방은 곧바로 한국경제의 현주소를 설명하고 미래를 가늠케 해주는 잣대였다. 따라서 재벌그룹이 어떻게 형성되었으며, 어떠한 배경과 과정 속에서 변화하고 있는가를 알아봄으로써 재벌그룹의 특징과 역할, 문제점을 파악할 수 있을 것이다.

한국정부는 1950년대 전쟁발발 후, 후진국에서 탈피하겠다는 일념 아래 1960년대 들어 외자를 활용한 정부 주도의 고속 불균형성장 정책을 쓰게 되었다. 특히 전략산업을 육성해 차관을 배정했고, 그 전략산업 안에서 우수기업을 육성하여 이들에 대한 차관지급보증 같은 지원정책을 썼다. 또한 해외기업의 국내시장 진입을 제한하여 이들 기업이 독점이윤을 창출하도록 함으로써 여기서 이자와 원금을 갚을 수 있도록 했다.

이 과정에서 차관을 배정받아 사업을 시작한 창업 경영자들은 두 가지 대안 속에서 갈등을 시작했다. 첫째 대안은 국내시장에서 올린 독점이익을 가지고 차관 원금을 조속히 갚아 부채비율을 낮추는 동시에 기술개발에 집중투자하여 경쟁력을 높이는 것이다. 단, 이 대안을 택하게 되면 여러 사업으로 다각화하는 전략은 포기해야 한다.

두 번째 대안은 처음 사업에서 올린 독점이익을 가지고 신규 사업에 진출함으로써 사업영역을 확장하는 것이다. 어차피 처음의 사업은 정부가 독점이익을 보장해주기 때문에 구태여 경쟁력을 강화할 필요가 없다. 신규 사업에 대한 업종 선택은 중요한 문제이지만, 기업 스스로 판단하려고 고민할 필요없이 5년에 한 번씩 정부가 경제개발5개년계획을 발표하면서 전략산업으로 제시하는 사업을 그대로 받아들이면 된다. 투자자본에 있어서도 정부는 해외차관을 들여와 전략산업에 투자하는 기업에게 시설자금과 운영자금 명목으로 융자를 해준다.

최근에 작고한 한국유리의 최태섭 회장처럼 첫 번째 대안을 선택하여 한 가지 산업에 집중투자한 기업가도 있지만, 대부분의 창업자들은 두 번째 대안을 선택하였고, 이 중에서 남보다 대 정부관계에서 앞서고 집행력이 강한 기업가들이 오늘날의 재벌그룹을 일군 것이다. 이 과정에서 재벌그룹은 이미 투자한 사업의 경쟁력 강화보다는 사업영역을 확장하는 데 더 큰 관심을 가지게 되었고, 영역 확장에 성공하게 되면 정부의 지원을 받아 또다시 대규모 해외부채와 정책금융을 활용하는 과정을 되풀이하게 된 것이다. 그 결과, 30대 재벌그룹은 1997년 말 기준 평균 부채비율 518%라는 취약한 재무구조를 보이게 된 것이다.

1970년대까지만 해도 한국경제와 한국기업의 규모는 보잘것없었다. 따라서 정부에서는 '파이를 나누는 것보다 파이의 크기를 키우는 것'이 더 필요하다고 믿었고, 기업에서도 내부 재무구조를 개선하는 것보다 신규 사업으로의 진출, 즉 다각화를 통해 매출액의 급격한 성장을 추구하는 편이 현금순환을 원활히 하고 이익을 높이는 데 훨씬 유리했다. 또한 해외기업과 국내 미진출(未進出) 기업의 시장진입을 정부가 규제하는 상황에서, 기존 기업은 국내시장에서 독과점적인 위치를 유지하면서 상당한 독점적 이윤을 누리고 있었기 때문에 대규모 부채로 인한 이자를 부담할 수 있었다.

해외 금융기관들도 경제성장률에서 세계 1, 2위를 다투던 한국에게 기회주의적으로 더 많은 차관을 제공했다. 게다가 명시적, 묵시적인 정부의 지급보증은 이들에게 가장 안전하고 확실한 방법으로 수익을 얻게 해주는 보증수표와 다름없었다. 결과적으로 해외 금융기관들은 한국에 대한 융자규모를 지속적으로 늘렸고, 이런 자원을 바탕으로 한국기업들은 꾸준히 성장해왔던 것이다.

그러나 1990년대에 들어오면서 이러한 메커니즘이 삐걱거리기 시작했다. 한국경제의 외형이 점차 선진국 수준으로 접근하는 것을 본 정치가들은 이러한 추세에 편승하여 선거가 있을 때마다 한국을 선진국으로 만들겠다는 공약을 제시하였다. 급기야 1992년 선거에 승리한 김영삼 대통령은 "나는 한국을 선진국으로 만든 대통령으로 역사에 남겠다"는 취임사와 함께 한국의 OECD 가입을 국정지표로 삼는 상황이 전개되기에 이르렀다. 이런 구호는 국민들을 매료시켰고, 부분적으로는 과잉소비에 젖게 해 해외 언론으로부터 "한국은 샴페인을 너무 일찍 터뜨렸다"는 비아냥을 듣기에 이르렀다.

그 동안 산업정책 노선을 선호하던 행정관료들도 김영삼 대통령의 취임과 함께 기존 궤도를 수정하기 시작했다. 전략산업을 지정하여 육성하던 기존의 산업정책을 포기하고 거시경제정책을 강조하는 방향으로 선회한 것이다.

기업정책에서도 여론의 압력과 경제구조의 왜곡 지양이라는 명분 아래 소수 재벌그룹에 대한 차별적 특혜를 중단하였다. 시장정책에 있어서도 국내시장을 단계적으로 개방할 수밖에 없게 되었다. 여기서 재벌의 구조적 취약점은 적나라하게 노출되었다. 즉, 정부의 특혜적 금융지원과 차관에 대한 지급보증이 사라짐으로 인해 해외금융기관에 대한 신용이 추락한 상황에서, 설상가상으로 해외차관에 대한 지급이자의 원천이었던 국내시장에서의 독과점적 이익이 물거품처럼 사라진 것이다.

결국, 재벌그룹들이 대규모 부채와 엄청난 이자부담, 경쟁력 없는 제품, 관련성 없이 기회주의적으로 다각화된 사업구성 등 부실요인만 갖고 있는 상태에서 정부가 손을 떼어 버린 것이다. 그 결과, 설령 경쟁력이 있는 사업이라 할지라도 사업 간에 상호출자, 상호지불보증으로 엮여진 구조 속에서 경쟁력 없이 자금만 축내는 사업에만 지원이 편중되는 바람에 경쟁력을 잃게 되었다. 재무구조면에서도 엄청난 부채를 안고 있는 상황에서 정부가 더이상 보증을 해주지 않게 되었고, 손익구조면에서도 그나마 국내시장에서 누려오던 독점이익이 시장개방과 함께 상실되었다. 한국기업들은 경쟁력 없이 껍질만 남은 기업으로 순식간에 전락해 버린 것이다.

엎친 데 겹친 격으로 해외 금융시장에서도 우선 그 동안 불황 속에서 허덕이던 미국이 갑자기 고성장하고, 미국의 증권시장 역시 지난 5년 동안 활황세를 구가했다. 한국증권시장의 시가총액은 지난 3년 동안 3분의 1로 떨어진 반면, 미국시장은 오히려 같은 기간 동안 두 배 가까이 올라간 것이다. 미국에 투자하지 않고 한국기업에게 투자했던 투자가들은 실제로 엄청난 기회를 놓친 셈이다.

그런 마당에 1997년 3월에 취임한 강경식 장관은 한술 더 떠서 기업에 대한 지원중단을 선언하고 나섰다. 이에 따라 해외 금융기관 입장에서는 한국에 대한 신규 융자를 회피하는 것은 물론이고, 기존의 융자금도 한국에 그대로 놔두는 것보다는 미국 월가의 증권시장에 투자하는 편이 더 나은 상황이 되었다. 미국의 고성장, 인근 동남아경제의 불황, 정부의 지급보증 종결이 진행되는 마당에 결국 해외 금융기관이 한국경제에 대한 기대감을 버리고 국내시장으로부터 썰물처럼 빠져나가 보다 수익기회가 큰 미국시장으로 옮겨간 것은 너무 당연한 귀결이었다.

'ser-M 모델'을 사용하여 지금까지 논의해온 이슈, 즉 1960년대부터 1990년대 중반까지 한국경제가 성장할 수 있었던 원인과 1990년대 초반 이후 한국경제의 문제점들을 대비시켜 보면 〈표 2-1〉과 같다.

이미 'ser-M 모델'의 논의에서 밝힌 바대로 s, e, r, M 중에서 장기적으로 가장 중요한 영향력을 행사하는 것은 M, 즉 메커니즘이다. 메커니즘의 중요성은 한국경제에서도 마찬가지이다. 그런데 한국경제가 그 동안 성장과정에서 의존해온 메커니즘 중에서 현재의

〈표 2-1〉 과거 경제성장과 현 경제위기의 원인

결정요소		1960년대~1980년대	1990년대 이후
주 체	정 부	구체적인 계획과 강력한 집행능력으로 경제성장 주도	방향감각을 상실하고 이익집단으로 전락
	재벌기업	적극적인 자세와 과감한 모험정신으로 경제성장의 핵심역할 담당	정경유착과 부의 편중으로 사회적 비판의 대상으로 전락
환 경	제 도	국내기업의 배타적 혜택 향유	OECD가입(96년)으로 모든 혜택 중단
	한 국	국내시장 보호로 국내기업에게 독점적 지위 허용	WTO체제출범(95년)으로 국내시장 전면개방
	아시아	아시아 지역이 전세계의 공장으로 가장 높은 성장률 달성	동남아 국가외환위(97년 여름 이후)
	세 계	미국, 유럽의 경기침체 계속	미국의 경제활성화와 유럽공동체 실현
자 원	사 람	높은 교육수준과 성공지향적 자세를 가진 우수인력	1987-96년 사이 임금 4배 인상으로 생산성 저하, 강력한 노조 출현
	자 본	부족한 국내저축(1960년대)으로 인한 대규모 해외차관 도입	환율평가절하로 환차손, 높은 이자부담
	기 술	적극적인 해외 고급두뇌 유치	단순한 제조기술에 의존한 결과 원천적인 제품기술에 대한 경쟁력 부족
메 커 니 즘	산업정책	부족한 자원을 효율적으로 활용하기 위한 전략사업 육성전략	특정산업에 대한 정부 지원 중지
	기업정책	전략산업에 투자할 수 있도록 소수 기업에게 해외차관을 집중적으로 배정하여 재벌 육성	재벌에 대한 특혜 중단
	시장정책	해외기업의 진입을 제한하여 국내 재벌기업에게 독점이익을 허용, 이들이 해외차관 이자를 갚을 수 있도록 함	국내시장 점진적 개방

위기에 가장 직접적인 역할을 한 것은 다름아닌 재벌이다. 재벌이 한국경제의 위기를 발생시킨 직접적인 원인으로서 화살의 과녁이

되어 버린 이유는 그 동안 한국경제가 재벌경제체제였기 때문이다. 바로 재벌의 경쟁력이 한국경제의 경쟁력이었기에 오늘날 재벌의 경쟁력이 무너지는 과정에서 한국의 경쟁력도 무너지게 된 것이다.

물론 재벌의 경쟁력이 무너진 원인은 지난 30여 년간 이들의 성장기반이 되었던 산업정책, 기업정책, 시장정책 등 3가지가 더이상 존립할 수 없게 되었기 때문이다. 한국정부는 더이상 산업에 대한 지원도 할 수 없고, 특정 기업에 대한 지원이나 국내시장에 대한 보호도 할 수 없게 된 것이다.

그러나 이제 와서 한국정부의 경제정책이 과거로 돌아가기는 어렵다. 따라서 한국의 경쟁력이 되살아나려면 이러한 정부 정책의 한계 속에서 재벌그룹이 환골탈태하여 새로운 모습으로 경쟁력을 회복할 수밖에 없다. 결국 재벌그룹이 리스트럭처링을 해야 할 시점에 다다른 것이다.

3) 수평적 접근과 수직적 접근의 종합

이와 같이 한국경제 위기의 원인에 대해 수직적인 접근을 해봐도 분석결과는 재벌그룹의 구조적 문제점으로 귀착되고, 이를 해결하기 위해서는 재벌그룹의 구조조정이 필요하다는 결론이 나온다. 그리고 이 결론은 같은 원인에 대한 수평적인 접근 분석에서 나온 결론과 일치한다. 따라서 재벌그룹에서 한국경제 위기의 원인을 찾고, 재벌그룹의 구조조정에서 그 해결방법을 찾는 분석은 그 신뢰도를 일단 인정받을 수 있을 것이다. 현재 재벌의 구조조정은 두 갈래로 나뉘어 있다. 6~64대 재벌그룹들은 금융권과의 워크아웃을 통해서, 그리고 5대 그룹들은 서로간의 빅딜을 통해서 진행되고 있다.

그러나 하위그룹의 구조조정이 가시적인 성과를 나타내고 있는데 반해, 5대 그룹의 빅딜은 강력한 정부의 의지에도 지지부진한 모습을 보여왔다. 이렇듯 재벌그룹의 구조조정이 제대로 진행되지 않는 이유를 알아내기 위해서는 구조조정에 대한 정확한 이해가 필요하다.

‖ 월간 〈WIN〉, 1998년 7월 ‖

구조조정 이렇게 하라

1. 구조조정 이렇게 하라
— 뿌리서 가지로 사업구조부터 개선 —

1) 구조조정의 어원과 배경

현재 한국에서 가장 인기 있는 화두는 '재벌그룹의 구조조정(restucturing)'이라 해도 과언이 아니다. 지금까지 한국경제는 재벌에 의하여 끌려왔다. 재벌그룹의 경쟁력은 곧 한국의 경쟁력이었고, 재벌의 취약점은 한국경제의 취약점이었다. 따라서 한국이 경제위기에서 벗어나기 위한 계기 역시 재벌에서 찾을 수밖에 없다. 보다 구체적으로 정부는 한국이 경쟁력을 회복하기 위해서 재벌그룹의 환골탈태, 즉 구조조정이 필요하다고 보고 있다.

그렇다면 구조조정이란 무엇인가? 이 단어가 경제, 경영분야에서 쓰이기 시작한 것은 1981년 레이건이 대통령으로 취임하여 '공급 중심의 경제정책(Supply Side Economics)'을 채택하면서부터이다. 이 정책은 공급을 늘려서 물가를 낮춤으로써 수요를 촉진하자는 것이었다. 특히 소득세율을 떨어뜨려 기업으로 하여금 이익을 더 많이 유보케 하고, 이것으로 생산시설에 투자하도록 하자는 것이 바로 이 정책의 골자였다.

그러나 미국기업들은 낮은 세율로 확보한 유보이익을 생산시설에 투자하지 않고 증권시장으로 가지고 가서 단기적이고 투기적이며 약탈적인 M&A를 시작했다. 한 예로, 재무구조가 양호한 어떤 회사의 자산가치가 1억 달러인데 반해 증권시장에서 이 회사의 주식을 100% 사는 데 필요한 돈, 즉 시가총액은 5,000만 달러밖에 안 든다면, 그 주식을 몽땅 사서 조각조각 팔아버림으로써 당장 5,000만 달러를 벌 수 있는 것이었다.

이러한 기업사냥꾼의 과녁이 된 회사는 스스로를 방어할 수 있는 대안을 찾아냈다. 일부러 은행차입을 늘려 부채비율을 증가시키고 불필요한 부동산을 매입하여 재무구조를 나쁘게 만든 것이다. 여기에서 '재무구조조정(Financial Restructuring: FR)'이라는 표현이 생겨났다. 그 중에서도 '부정적 재무구조조정(Negative FR)', 즉 해당 회사의 상황이 너무 좋아 M&A의 대상이 되는 경우에 이를 회피하기 위한 방법으로 구조조정을 한 것이다. 이렇듯 구조조정이란 단어는 부정적인 이미지가 다분히 담긴 역사를 가지고 있다.

M&A를 주도해서 타사를 흡수합병하는 회사도 기존 사업과 합병하는 과정에서 '상품구조'는 어떻게 조정하고, '시장구조'는 얼마나 변화시키며, '인력구조'는 어떻게 조정하고, '조직구조'는 어떻게 바꿀 것인가를 검토하지 않을 수 없게 되었다. 그 후, 1990년대에 들어와서는 M&A와 직접 관련 없는 기업에서도 경영을 혁신하는 수단으로써 구조조정이라는 단어를 쓰기 시작했다.

1997년 말 시작된 경제위기 속에서 IMF가 한국정부에 요구하고, 정부가 재벌그룹에게 요구하고 있는 구조조정도 바로 이런 시대의 흐름을 반영한 것이다.

2) 구조조정의 종류와 수순

구조조정은 기업의 모든 경영분야에 적용할 수 있다. 우선 손익계산서를 살펴보자. 경영자의 성과는 기업이 얼마나 큰 '이익' 또는 '손해'를 냈느냐에 의해 판가름난다. 여기에서 손해를 줄이거나 이익을 극대화하기 위한 노력이 '손익구조조정'이고, 그 중에서 비용 항목을 변화시키는 것이 '비용구조조정'이다.

조직도표에서도 구조조정이 일어나는데, '인력구조조정'은 채용규모 축소, 임금 삭감, 재교육, 전환배치, 계열사 파견, 명예퇴직, 정리해고 등을 통해 이루어진다. 다음으로 팀제를 도입하거나 유사한 부·과를 통폐합함으로써 조직의 효율성을 높이고, 사장과 사원 사이의 의사결정단계를 7~8단계에서 3~4단계로 줄이는 조직구조 재설계가 일어나는데, 이것이 '조직구조조정'이다.

여러 제품 중에 매출을 신장시키고 이익을 낼 만한 부문과 전망이 어두운 부문을 구분하여 제품 포트폴리오를 조정하는 것이 '제품 구조조정'이며, 수출입이나 현지생산 및 판매 등의 방법을 써서 무차별적으로 진출하던 해외시장 중에서 특화할 지역과 포기할 지역을 선택하는 것이 '시장구조조정'이다.

대차대조표상에서도 구조조정이 일어난다. 대변항목에 있는 부채와 자기자본의 비율을 건전하게 유지하기 위해서 또한 미래에 다가올 위험에 대비하기 위해서 부채를 줄이고 자기자본을 높여 부채비율을 개선하는 것이 '재무구조조정'이다. 그리고 차변항목에 있는 공장이나 기타시설 등 회사가 보유한 자산이 여러 산업에 투입되어 있을 때, 집중투자할 사업과 포기할 사업을 구별하는 것이 '사업구조조정'이다.

현재 우리나라에서 진행되고 있는 구조조정을 살펴보면, 상여금, 복리후생비, 교육훈련비 등 비용을 줄이지 않는 회사가 없고, 명예퇴직이나 정리해고 등을 통해 인력을 줄이지 않는 회사가 없을 정도로 비용구조, 인력구조를 조정하고 있다. 또한 부분적으로 조직구조와 시장구조, 제품구조를 조정하고 있다. 그러나 재무구조를 근본적으로 개선시키고 사업구조를 획기적으로 바꾸어 나가는 구조조정은 몇몇 기업을 제외하고는 시작할 엄두도 내지 못하고 있다.

그러나 구조조정에는 엄연한 수순이 있다. 올바른 수순은 비용, 인력 등 잔가지가 아니라 뿌리와 큰 줄기에서부터 시작하는 것이다.

먼저 큰 규모로 사업구조를 조정하고 한계사업을 정리하여 재원을 확보해야 한다. 그 다음에는 확보한 재원으로 재무구조를 조정하고 그 수준에 맞는 제품과 시장구조를 조정한다. 그리고는 새로운 사업구조에 맞는 조직형태를 갖추고 인력을 재조정해야 한다. 이렇

〈그림 2-5〉 구조조정의 종류와 수순

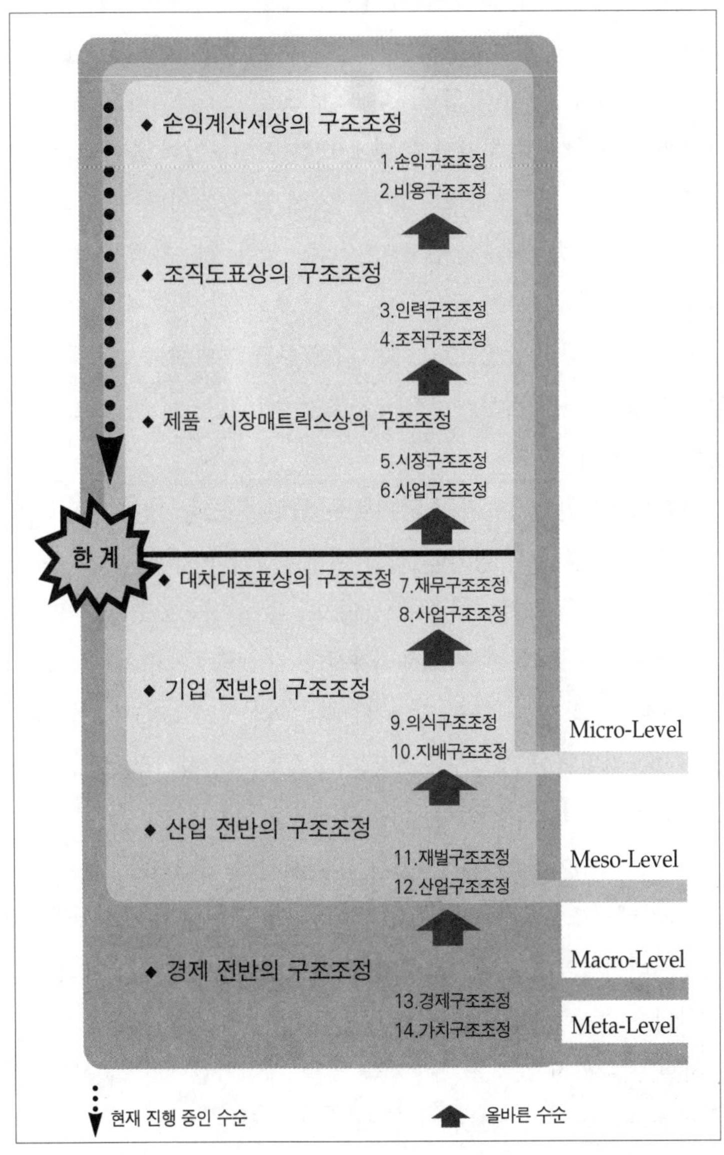
◆ 손익계산서상의 구조조정
1.손익구조조정
2.비용구조조정
◆ 조직도표상의 구조조정
3.인력구조조정
4.조직구조조정
◆ 제품 · 시장매트릭스상의 구조조정
5.시장구조조정
6.사업구조조정
한 계
◆ 대차대조표상의 구조조정
7.재무구조조정
8.사업구조조정
◆ 기업 전반의 구조조정
9.의식구조조정
10.지배구조조정
Micro-Level
◆ 산업 전반의 구조조정
11.재벌구조조정
12.산업구조조정
Meso-Level
◆ 경제 전반의 구조조정
Macro-Level
13.경제구조조정
14.가치구조조정
Meta-Level
현재 진행 중인 수순
올바른 수순

게 되면 비용구조와 손익구조는 자연스럽게 조정된다.

기업이 여행경비, 교육비, 연구개발비를 조금 줄인다고 해서 정부와 금융기관이 원하는 수준, 예컨대 부채비율 200% 수준을 달성하기는 어렵다. 먼저 사업구조와 재무구조가 조정되어야 불필요한 사업에 대한 낭비성 투자와 부채에 대한 이자부담이 줄어들게 되므로 근본적인 재무구조조정이 이루어지게 되는 것이다. 그러나 우리 기업들은 백년하청(百年河淸)격으로 너무 작은 것, 자질구레한 일에 매달려 있다.

바둑을 둘 때 수순을 그르치면 전혀 다른 결과를 초래하듯이, 사업구조조정에서 시작하여 손익구조조정에 이르는 이 과정도 순서를 정확히 지켜야 한다.

그런데 왜 한국기업의 경영자들은 틀린 수순을 택하고 있는가? 그 이유는 자명하다. 창업을 직접 이루어냈거나 옆에서 보아온, 소위 '오너'라고 불리는 대주주 경영자들은 사업구조조정을 원하지 않기 때문이다. 이들은 기업을 '자신의 것', 즉 '개인의 소유물'로 간주한다. 따라서 대주주 경영자들의 '의식구조조정'이 일어나지 않는 한, 기업들이 사업구조조정을 스스로 추진하리라고 기대하는 것은 연목구어(緣木求魚)이다.

대주주 경영자들의 의식구조를 변화시키기 위해서는, 정부가 기업의 '지배구조조정'을 통해 소액주주의 권한을 법적으로 뒷받침해 주고 사외이사제도를 활성화하여 대주주 경영자들의 독선을 견제해야 한다.

사실 지금까지 정부는 재벌, 즉 몇몇 대기업집단의 회장들을 통해 자동차, 반도체, 정보통신 등 정부가 원하는 정책사업을 추진해왔다. 따라서 대기업집단의 경영을 다양한 견해를 가진 소액주주들에게 공개하는 것보다는 대주주 경영자들에게 전권을 부여하는 편이 더 바람직하다고 생각했다. 따라서 투명한 경영을 지향하는 지배구조를 도입하려면 무엇보다도 먼저 정부가 '재벌구조조정', 즉 그동안 재벌그룹을 정책수단으로 하여 경제개발을 해오던 기존의 방식을 포기해야 한다.

그런데 이는 '산업구조조정'에 대한 정부의 개입이 축소되는 것을 전제로 할 때 비로소 가능한 일이다. 정부가 축구팀의 코치처럼 능동적으로 기업경영에 개입하는 것이 좋은가, 심판처럼 객관적인 자세를 유지하면서 기업경영에 대한 개입을 최소화하는 것이 좋은가에 대해서는 여러 가지 견해가 상충한다.

지난 30여 년간 한국정부는 기업에 대해 심판의 역할보다는 코치역할 쪽에 비중을 두고 국민경제를 앞에서 이끌어온 것이 사실이다. 따라서 정부가 재벌에 대한 정책을 변경하려면, 앞으로는 기업에 대해서 심판의 역할만 하겠다는, 산업 구조조정정책에 대한 자세변화가 선결조건인 것이다.

그러면 바람직한 정부의 역할은 심판과 코치 중에 어느 쪽이어야 하는가? 이에 대한 정답은 한국경제가 21세기에 어떤 방향으로 나아가야 할 것인가에 대한 국가지도자의 비전이 '경제구조조정'을 통해 가시화될 때 비로소 나타난다.

한국경제가 1970년대처럼 수출주도형 불균형성장을 선택한다면, 정부의 능동적인 개입은 필요할 뿐 아니라 큰 도움을 준다. 이와 달리 한국경제가 시장메커니즘 속에 존재하는 경쟁체제를 받아들이겠다면, 정부의 역할은 최소한으로 축소되어야 한다.

그러나 경제구조에 대한 정부의 선택도 보다 근본적으로는 국민의 '가치구조조정'에 좌우된다. 즉 주주가 기업의 주인인 미국식 자본주의, 모든 이해관계자가 같이 참여하는 유럽식 자본주의, 종업원이 주인인 일본식 자본주의, 그리고 대주주 경영자가 주인인 한국식 자본주의 중에서 국민이 어느 것을 선호하는가에 따라 경제구조가 결정되고, 그에 따라 산업구조와 기업 차원에서의 구조도 영향을 받게 되는 것이다. 결국 미시적 수준(micro-level)의 기업구조조정은 중간 수준(meso-level)의 산업구조조정, 거시적 수준(macro-level)의 경제구조조정, 그리고 초월적 수준(meta-level)의 국민가치구조조정을 모두 적절하게 달성한 다음에 시도해야 시행의 성공률과 궁극적인 효과를 높일 수 있을 것이다.

‖ 한국경제신문, 1998년 6월 15일 ‖

2. 경제구조조정

— 한국경제의 미래 비전에 대한 세 가지 시나리오—

1) 한국경제 위기의 세 가지 대안

한국경제가 단기적인 위기극복을 위해서가 아니라 장기적으로 바

람직한 미래상, 즉 비전을 달성하기 위해서 선택할 수 있는 정책에
는 세 가지 대안이 있다.

첫째는 재벌들이 선호하는 '수출촉진정책'으로서, 김우중 전경련
회장이 주장하는 대로 수출증대로 연간 무역흑자 500억 달러를 달
성해 단기간에 외채를 갚자는 것이다.

둘째는 주로 정부관료들이 선호하는 '경쟁력 강화정책'으로서 철
강, 조선, 자동차, 전자, 반도체, 석유화학산업 등 이미 한국기업들
이 큰 규모로 투자해 놓은 자본집약적 산업이 안고 있는 고비용, 저
효율 구조를 재벌들의 구조조정을 통해 저비용, 고효율 구조로 바꾸
어 경쟁력을 회복하자는 KDI 등 관변 연구기관의 주장이다.

셋째는 학계 및 언론계에서 선호하는 '정보산업화정책'으로, 지
식·정보집약산업이 중심이 되는 21세기에 대비하여 기존의 제조업
을 비롯하여 유통, 금융, 정보통신 등 서비스산업에서 올리는 부가
가치의 원천을 지식과 정보에서 찾자는 것이다.

이상 세 가지 대안은 나름대로 장단점을 가지고 있다. 첫번째 수
출촉진정책은 현재 한국이 처한 외환위기를 감안할 때 단기적으로
가장 필요한 대안이다.

그러나 한국은 이미 선진국으로의 진입과정에 있어 더이상 선진
국으로부터 특혜를 받을 수 있는 대상이 아니다. 또한 한국은 대부
분의 수출품목에서 중국, 말레이시아 등 후발개도국과 치열한 경쟁
을 해야 하는 입지에 놓여 있다. 그리고 이제 한국민의 생활방식은
1970년대 수출 지상주의 속에서 국가발전을 위하여 개인적인 욕구
를 희생하던 시절로부터 멀리 떠나 있다.

두 번째 경쟁력 강화정책은 이미 한국경제가 투자를 완료했고 또

조금만 더 노력하면 달성할 수 있음직한 대안이다. 그러나 고비용, 저효율 문제는 책상 위에서 계획하는 대로 단기간에 제거되는 간단한 것이 아니다. 또한 한국기업들이 투자해 놓은 철강, 자동차, 전자, 반도체, 석유화학산업은 대표적인 자본집약적 산업으로서, 1980년대 이후 국제금융의 발전으로 인해 대규모 자금조달이 쉬워지고 자본비용이 낮아지면서 전세계적으로 대규모 투자가 일어난 산업이다.

그런데 자본집약적 산업은 고정비가 높은 대신 변동비가 상대적으로 낮기 때문에, 경쟁력이 뒤진 기업들도 쉽게 퇴출하지 못한 채 가격경쟁으로 버티는 성향을 보인다. 따라서 경쟁력이 앞선 기업도 가격경쟁 속에서 이익을 내지 못하고 공멸의 길을 가게 될 가능성이 높다. 그 구체적인 예가 바로 일본이다. 일본은 한국이 진출한 산업 대부분에서 경쟁력을 가지고 있는데도 전세계적인 과잉투자 속에서 경기위축의 어려움을 겪고 있다.

세 번째 대안은 논리적으로 가장 정답에 가깝다. 그러나 정보·지식집약적 산업은 미래사회에 대한 비전과 깊은 이해심을 가지고 이를 실천할 수 있는 능력을 가진 국가지도자, 이런 산업의 추진주체인 기업, 그리고 이 분야에서 부가가치를 올리는 핵심 역할을 하는 국민들이 정보와 지식에 대해 충분한 역량을 가지고 있는가가 과제로 남는다.

어떤 사람들은 세 가지 대안 모두 실행에 옮기면 되지 않느냐고 한다. 단기적으로는 첫번째 대안을 추진하고, 중기적으로는 두 번째 대안, 그리고 장기적으로는 세 번째 대안을 도모하자는 식의 주장이다. 그러나 전략이란 그렇게 수립되고 추진되는 것이 아니다. 전략은 여러 가지 상충하는 대안 중 하나를 선택하는 것이고, 이를 위해서는 아깝더라도 다른 대안은 포기해야 하는 것이기 때문이다.

재벌그룹의 구조조정을 예로 들어보자. 정부가 제1안을 채택하여 수출을 독려하기 위해서는 종합무역상사를 다시 가동해야 하고, 이를 위해서는 소위 문어발식으로 여러 산업에 다각화되어 있는 현재 벌체제를 유지할 뿐 아니라 오히려 강화해야 한다. 반면에 제2안대로의 경쟁력 강화를 위해서는 재벌그룹별로 구조조정을 통한 업종전문화가 필수적이다. 제3안의 핵심산업은 재벌기업들이 할 수 있는 일이 아니므로 재벌 관련 정책 자체에 대한 논의가 무의미해진다. 아마도 재벌그룹은 제3안이 현실로 나타나는 세상에서는 존립할 수도 없을 것이다. 재벌을 키우면서 동시에 구조조정하고 없애는 것이 불가능하듯이, 위의 세 가지 대안은 모두 나름대로 의미가 있지만 그 중 하나만을 선택해야 하는 것이다.

유관기관의 성향을 보면 전국경제인연합회에서는 제1안, 재정경제부에서는 제2안을 지지하고 있다. 노동계에서는 심정적으로는 제1안을, 머리속으로는 제3안을 주장하고 있다. 학계, 언론계, 컨설팅 분야에서는 제3안을 주장하는 성향을 보인다. 산업자원부는 제1안, 2안, 3안을 동시에 추구하고 있다고 하지만, 세 가지 대안을 동시에 추구한다는 것은 이 중에서 가장 시급한 제1안을 추구한다는 것과 같은 말이다.

이렇듯 한국사회의 각 경제주체는 자신의 입장에 가장 충실한 대안을 주장한다. 그러나 정작 대통령의 정책의지에 따라 여러 견해를 조율하여 한국경제의 틀을 잡아야 하는 청와대 비서진 및 정치권에서는 입장정리가 안 되어 있는 듯하다. 김대중 대통령은 제2안에 대한 확신을 갖고 있으나 선거기간 동안에는 제1안을 지지하는 듯한 주장을, 해외에서는 제3안을 선호하는 듯한 언급을 하고 있다.

피해야 할 최악의 선택은 '충돌과 우왕좌왕'이다. 한 부서에서는 1안, 다른 부서에서는 2안 하는 식으로 상충하는 견해가 나오거나 같은 부서에서 오늘은 2안, 내일은 3안 하는 식으로 주장하면 재벌은 기회주의적인 태도를 보일 수밖에 없다. 예컨대, 정부부서 중 하나인 재경부가 요구하는 제2안에 따라 섣불리 구조조정을 했다가 나중에 정부의 입장이 1안으로 정리된다면 어떻게 되겠는가? 그러니 재벌들은 구조조정을 하라고 아무리 정부가 독려해도 진심과 의지가 결여된 보고서만 제출하면서 시늉만 내고 있는 것이다. 사실 1998년 한 해 동안 한국은 5대 재벌그룹의 구조조정에 관한 한 시간을 낭비했을 뿐이다.

세 가지 대안 중 차선책은 "어느 것이든 관계 없이 하나를 빨리 선택하고, 국민의 동의를 얻어 적극적으로 추진하는 것"이다. 세 가지 대안은 이미 언급한 대로 나름대로 장단점이 있기 때문에, 어느 하나라도 제대로 추진하면 한국경제가 선진권으로 진입하지는 못하더라도 현재의 경제위기를 극복하는 정도의 성과는 얻을 수 있을 것이다.

2) 한국의 선택

그렇다면 세 가지 대안 중 최선은 무엇인가? 정답은 국민경제를 구성하는 정부, 은행, 기업, 근로자 등 각 경제주체가 제각기 하나씩의 대안만을 추진하는 것이다.

그러나 여기에는 올바른 수순이 있다. 즉 변화의 첫번째 단추는 정부가 채우고, 그 다음 은행, 기업, 근로자의 순서에 따라 구조조정을 진행해야 한다.

정부는 무엇보다도 먼저 스스로의 개혁을 통해 국민의 신뢰를 회복해야 한다. 정부가 자기혁신을 통한 구조조정으로 국민의 신뢰를 얻는 것은 그 이후의 모든 구조조정에 절대적인 영향력을 미친다.

만일 정치인들과 공무원들이 자신의 기득권, 즉 '국가 행정에 대한 정치적 영향력"과 '행정명령에 입각한 공무원 개인의 자의적인 재량권"을 유지한 채 은행과 기업의 구조조정과 이에 따른 근로자의 희생을 요구한다면, 이들은 모든 방법을 통해서 정치인과 공무원이 가진 영향력과 재량권에 의존하여 자신의 손해를 최소화하려는 노력을 하게 된다. '자신이 가진 권력을 쓰지 않는 사람'은 디오게네스의 등불로서도 찾을 수 없듯이, 정치인과 행정관료는 자신이 가진 영향력과 재량권을 발휘하여 은행과 기업의 구조조정에 간섭함으로써 개인적인 이득을 추구할 것이다. 그에 따라 정경유착과 관치금융은 계속될 것이고, 그 과정에서 자신들만이 희생되는 것을 잘 아는 근로자들은 길거리로 나서는 방법 외에 스스로를 보호할 길이 없게 된다. 이러한 상황이 현실로 나타날 때, 한국이 후진국으로 추락하는 것은 명약관화(明若觀火)한 사실로 나타날 것이다.

한국이 진정한 선진국으로 도약하기 위한 첫 단추는 정부 스스로가 기업과 근로자에 대한 구조조정보다 한층 강도가 높은 개혁, 즉 한국판 '페레스트로이카'를 진행하여 국민의 신뢰를 획득하는 일이다. 이 과정에서 정부가 국민의 신뢰를 얻게 되면 은행을 중심으로 한 금융기관의 구조조정을 주도해야 한다. 반면, 기업의 구조조정은 은행의 몫으로 맡겨야 한다. 이 일을 끝낸 후 정부는 세 번째 대안, 즉 '정보산업화정책'을 주도함으로써 21세기 한국의 국가경쟁력을 위한 기반 확보에 주력해야 한다.

정부 다음으로 구조조정을 해야 하는 경제주체는 은행이다. 현재 경제위기의 원인 중 일각을 차지하고 있는 은행산업에서는 정부 주도의 구조조정을 통해 먼저 부실은행부터 퇴출해야 한다. 이 과정에서 생존하는 은행들은 다른 은행과의 흡수합병을 통해 그리고 여신 등의 업무에서 합리적 의사결정을 통해 스스로의 경쟁력 강화에 주력해야 한다. 경쟁력을 갖춘 은행들은 재벌그룹의 구조조정을 주도하여 퇴출기업을 정리하고 생존기업에 대한 적절한 금융지원을 해야 한다. 즉 앞서 든 두 번째 대안인 '경쟁력 강화'를 위한 재벌그룹의 구조조정은 은행이 책임지고 주도해야 하는 것이다.

은행 주도의 구조조정으로 재벌그룹의 부실부문이 정리된 후, 여기에서 생존하는 재벌그룹들은 전문화를 통한 경쟁력 강화에 노력해야 한다. 일단 경쟁력을 갖춘 다음에는 첫번째 대안, 즉 '수출촉진정책'을 추구해야 한다. 즉 경쟁력이 있는 제품으로 수출을 주도함으로써 세계시장에서 독자적인 위치를 구축해야 한다.

실업문제는 정부, 은행, 재벌그룹의 구조조정이 일어나는 과정에서 필연적으로 발생한다. 국민경제의 활성화를 막고 경제흐름을 왜곡시키는 방향으로 영향력을 행사하던 정치인과 행정관료, 문을 닫은 금융기관이나 파산한 기업의 임직원, 그리고 직장을 잃은 근로자들은 이러한 일신상의 변화를 빨리 받아들이고 재교육을 통해 새로운 사회를 주도하게 될 정보·지식집약적 산업에서 자신의 길을 찾아 나설 수 있도록 경쟁력을 길러야 한다. 특히, 앞으로 정부가 세 번째의 대안인 '정보산업화정책'을 추구하는 과정에서 나타나게 될 수많은 창업, 벤처, 소호(small office, home office: SOHO)의 주체로 거듭 태어나야 한다.

이처럼 이제 한국은 선진국으로 도약할 것인가, 아니면 후진국으로 추락할 것인가 하는 선택의 상황에 놓여 있다. 선진국으로 가기 위해서는 정부가 국민의 신뢰를 바탕으로 은행의 구조조정을 주도하고, 이로부터 살아 남은 은행은 스스로 경쟁력을 구축해서 재벌그룹의 구조조정을 주도하고, 여기에서 살아 남은 재벌그룹은 전문화를 통해 경쟁력을 구축함으로서 수출확대를 추구해야 한다. 그리고 이 과정에서 정리해고된 근로자는 재교육을 통해 경쟁력을 확보함으로써 스스로 고용창출을 함으로써 한국은 선진국의 대열에 올라서게 된다.

반면, 정부가 기득권을 유지하여 국민으로부터 신뢰를 받지 못한 상태에서 은행이나 기업의 구조조정을 주도하면 전혀 다른 결과를 초래할 것이다. 즉 겉으로는 같은 '구조조정'의 형태를 보이지만, 정부의 입김이 그대로 살아 있는 상황에서는 결국 은행이 정부의 눈치를 보는 관치금융이 유지될 것이다.

이러한 정부의 입김은 은행이 명목적으로 주도하는 기업구조조정에서도 그대로 나타날 것이다. 즉 이 과정에서 재벌그룹은 생존하기 위해서 경쟁력을 갖추는 것보다 로비를 통해 정부의 보호와 지원을 받는 편이 훨씬 낫다고 생각할 것이다. 여기에서 퇴출되는 근로자는 자신들만 희생되었다고 생각하기 때문에 노사분규를 일으키게 되고, 자연히 실업대란이 일어날 것이 자명하다. 결국 이런 과정을 통해 한국은 후진국의 나락으로 떨어질 수밖에 없다.

〈그림 2-6〉 선진국의 길과 후진국의 길

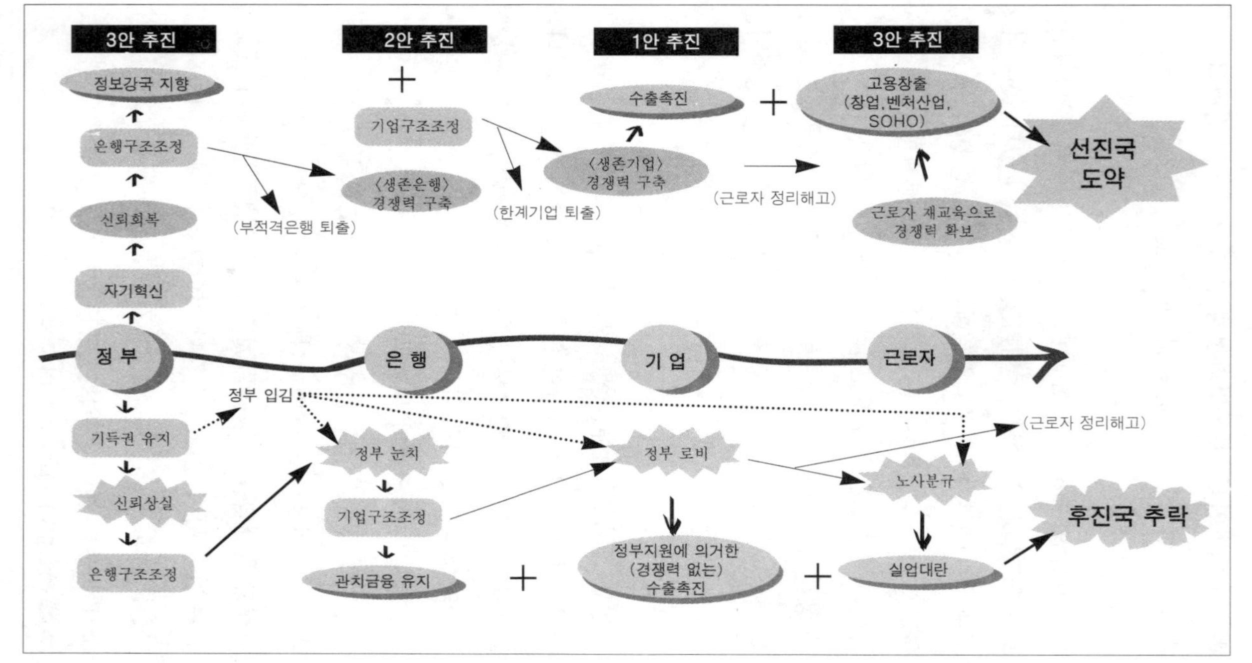

한국경제가 선택할 수 있는 선진국의 길과 후진국의 길은 〈그림 2-6〉에 대비되어 있다.

이처럼 정부가 처음 단추를 어떻게 채우는가에 따라 은행, 기업, 근로자는 자연히 쫓아가게 될 것이다. 앞에서 한국경제의 위기를 '외환·금융·기업위기'에서 찾았지만, 사실 기업의 위기는 '정부위기'의 산물이라고 볼 수 있기 때문이다.

'빅뱅(Big Bang: 시중은행 간의 흡수합병)'을 통해 은행이 구조조정을 하고, 빅딜(Big Deal: 5대 재벌그룹 간의 대규모 업종 맞교환)을 통해 기업이 구조조정을 한다면, 한국경제가 거쳐야 할 구조조정에서도 사회적 파장이 가장 큰 실업문제에 대해 노사정위원회에서는 '빅튠(Big Tune)', 즉 대화합을 충분히 끌어낼 수 있을 것이다.

이처럼 은행, 기업 그리고 근로자들이 겪어야 할 변화는 한국이 현재의 경제위기를 극복하고 도약의 길을 추구하는 데 핵심적인 요소이다. 이들은 한국경제라는 건물을 짓는 데 필요한 시멘트와 자갈, 물이라고 할 수 있다.

그러나 여기에는 한 가지 선결과제가 빠져 있다. 철근이 없이는 고층건물을 지을 수 없듯이 정부 자신의 개혁 없이 한국경제가 선진국 수준으로 도약할 가능성은 전혀 없다. 이러한 정부의 개혁은 정치인과 행정관료들의 국가와 민족에 대한 소명의식 없이는 불가능하다. 따라서 빅 콜(Big Call: 하늘로부터 받은 큰 소명의식), 즉 정부 스스로가 '나부터 구조조정을!'이라는 소명의식을 갖는다면, 한국은 다음 21세기(2000~2099년)와 제3순세기(第3旬世紀: 2000~2999년)에 틀림없이 선진국으로 도약할 것이다.

‖ 한국경제신문, 1998년 6월 15일 ‖

3. 의식구조조정
— 구조조정, 프로만이 할 수 있다 —

IMF는 1997년 말 한국정부에 구제금융을 주는 과정에서 경제 전반에 걸친 과감한 구조조정을 요구했고, 우리는 이를 수용했다. 구조조정의 대상인 정부, 기업 그리고 근로자 중에서 근로자는 이미 정리해고제도를 받아들였다. 그로 인해 실업자가 143만 명을 돌파했고, 실업률은 6.7% 수준으로 상승하였다.

정부의 구조조정은 말과 계획만 무성하여 한국이 NATO에 가입한 것 아니냐는 농담까지도 시정에 나돌 정도이다. 이때 NATO가 '북대서양방위조약' 이 아니라 행동은 없이 말만 하는 'No Action, Talk Only' 의 약자임은 물론이다.

정부의 구조조정이 안 되는 이유는 자명하다. 강요된 개혁보다 스스로의 개혁이 더 어렵기 때문이다. 앞으로 한국경제가 더 나빠지지 않는 한, 절대권력을 가지고 있는 정부가 자신의 몸에 칼을 대는 구조조정을 하리라고 기대하는 것은 연목구어(緣木求魚)나 다름없다.

구조조정에 있어 기업은 근로자와 정부의 중간쯤에 있는 듯하다. 기업의 사업내용과 경영성과가 정부의 정책결정과 행정개입에 의해 좌우된다는 점에서는 권력의 적용대상이지만, 경영자가 기업의 의사결정권을 가지고 있다는 점에서는 권력의 소유자이다. 1997년 말 IMF 구제금융 이후 6개월이 지났는데도 기업의 구조조정이 제대로 이루어지지 않는 이유는 바로 경영자가 의사결정의 주체이기 때문이다. 즉 기업이 본격적으로 구조조정을 시작하려면 계열사 중 일부를 매각해야 하는데, 최고경영자가 이를 거부하고 있는 것이다.

오늘날 한국의 기업환경은 성장을 위해 형평성을 포기하던 20년 전의 개발경제시대와는 판이하게 다르다. 이제 최고경영자는 '주주를 대신하여 선량한 관리자의 역할'을 담당하는 전문경영자이다. 그러나 창업자와 그 가족으로 구성된 우리나라의 최고경영자들은 기업을 자기 것이라 여긴다. 기업이 자기 것이라는 인식이 앞서면, 소액주주를 포함한 주주 일반에 대한 배려는 소홀히 할 수밖에 없게 된다.

과거에는 최고경영자가 소액주주를 배려하지 않은 채 자의적으로 기업을 경영할 수 있는 여건을 정부가 의도적으로 만들어 주었다. 경제정책을 원하는 방향으로 이끌어가려고 하는 정부로서는 소액주주보다 대주주 최고경영자가 더 나은 파트너였기 때문이다. 그러나 IMF의 요구로 기업경영의 투명성 확보는 피할 수 없는 과제가 되었고, 기업을 자기 것이라고 생각하는 경영자를 정부가 더이상 보호해 주기 어려운 시대가 된 것이다.

'기업은 내 것'이라는 논리를 더이상 주장하기 어려운 상황에서 최고경영자는 또 다른 항변을 하기 시작했다. 구조조정은 하겠지만, 시간도 많이 걸리고 기업을 살 사람도 없다는 것이다. 시간이 많이 걸린다는 점은 맞다. 자그마한 부동산 하나를 매각하는 데도 2~3개월은 쉽게 걸린다. 하물며 복잡한 채무, 채권관계가 얽혀 있는 기업의 매매에 오랜 시간이 걸리는 것은 당연한 일이다.

그러나 천리 길도 한 걸음부터라는 속담이 있듯이, 구조조정을 끝내는 데는 오랜 시간이 걸리겠지만 시작은 당장이라도 할 수 있다.

결국 기업의 구조조정이 지지부진한 원인은 '살 사람이 없다'는 최고경영자의 항변에서 찾을 수 있다. 그러나 이 세상에 살 사람이 없는 거래대상은 없다. 살 사람이 없다면, 그 이유는 가격이 맞지 않기 때문이다.

기업을 팔려는 대주주 경영자는 가급적 비싸게 팔고 싶고, 사려는 외국기업들은 가장 싸게 사고 싶은 것이 인지상정이다. 그러면 누가 부르는 가격이 옳은가? 기업의 가격은 자산가치, 수익가치, 경영권으로 구성되어 있다.

첫째, 자산가치는 부동산, 재고자산, 외상매출금 등을 일컫는다. 그런데 우리나라 기업이 보유한 부동산은 지난 1년간 반값 이하로 떨어져 버렸다. 재고자산은 기업의 부실요인이 고스란히 숨겨져 있는 곳이다. 외상매출금은 기업들의 연이은 부도로 상당 부분 대손처리할 수밖에 없는 지경에 이르렀다. 따라서 한국기업의 자산가치는 지난 1년간 크게 떨어진 셈이다.

선진국에서는 기업의 가치를 자산가치가 아니라 수익가치로 파악하는데, 수익가치는 제품이나 서비스를 통해 미래에 올릴 수 있는 기대이익의 현가를 말한다. 과거 우리나라의 기업은 정부의 극진한 보호 아래서 경영되었기 때문에, 이익을 올릴 수 있는 여지가 많았다. 그러나 최근에 국내시장이 전면 개방되면서 앞으로 독점이익을 향유할 가능성이 원천적으로 봉쇄되었다. 그 결과로 한국기업의 수익가치 역시 현저하게 떨어지고 말았다.

마지막으로 경영권을 보자. 경영권의 매력은 역시 비자금에 있다. 기업마다 정도의 차이는 있겠지만, 보통 매출액 기준으로 2~3% 정도에서 10% 정도까지의 비자금이 조성되어 있다. 이는 기업에만 잘못이 있는 것이 아니라, 왜곡된 조세제도나 좀처럼 손비를 인정하지 않으려는 정부의 정책 등에도 그 원인이 있다. 그러나 경영의 투명성이 강조되는 시대의 흐름 속에서 비자금을 조성해 사용할 수 있는 여지는 매우 줄어들었다. 경영권의 가치 역시 크게 줄어든 것이다.

최고경영자가 기업가치가 높았던 과거에 집착하여 현재 시장에서 평가되는 기업의 가격을 받아들이지 않는다면 절대 구조조정을 할 수가 없다. 어떤 투자가가 주식을 2만 원을 주고 샀는데, 현재 주식이 1만 원으로 떨어져 있고 상황이 더욱 악화되고 있다면 어떻게 해야 하는가? 이때 본전을 생각하며 벌벌 떨고 있는 사람은 아마추어다. 진정한 프로라면 과감하게 결단을 내려 주식을 팔아 버릴 것이다.

우리나라 경영자들은 지금까지 기업을 사고 파는 구조조정의 경험이 없다. 즉, 구조조정에 있어서는 아마추어인 것이다. 세계적으로 구조조정의 귀재라 불리는 GE 사의 잭 웰치 회장을 한국의 어떤 재벌그룹이 회장으로 선임한다면 어떻게 될까? 과연 잭 웰치도 시간이 없다느니 살 사람이 없다느니 하며 기업을 팔 수 없다고 버틸까? 절대 그렇지 않을 것이다.

잭 웰치가 구조조정의 귀재라 불리우는 이유는 구조조정 대상이 되는 기업을 샀던 장부가격에 연연하지 않고, 매수 희망기업이 부르는 시장가격으로 과감하게 팔아치우는 결단력을 가지고 있기 때문이다. 웰치 회장이라면 과감하고 신속하게 계열기업을 정리하여 기업의 집중력을 갖춘 후, 1~2년 내에 그 기업을 경쟁력을 가진 기업으로 변모시켜 놓을 것이다.

메이저 대회 우승을 일궈낸 박세리 골퍼가 승리를 거둔 원인은 일직선으로 깃대를 향하는 과감한 샷에 있다고 한다. 어려운 시기에

결단을 내려야 하는 우리나라 기업경영자에게 한 가지만 당부하고
싶다.

"일직선으로 목표지점을 정한 후 과감한 구조조정을 하여 진정한
'프로'가 되라."

‖ 세계일보, 1998년 6월 5일 ‖

4. 사업구조조정
— '전통' 보다는 '수익성'을 앞세운 전략 —

전세계적으로 사업구조조정의 전문가로 GE 사의 잭 웰치 회장을
꼽는다. 한국기업의 중역들 75%가 가장 존경하는 기업인으로 잭 웰
치를 들고 있을 정도이다. 그를 구조조정의 귀재라고 일컫는 이유는
기업을 특별히 비싸게 파는 재주가 있기 때문이 아니라 가능성 없는
사업을 과감히 포기할 수 있는 과단성을 보여주었기 때문이다.

기업은 비전을 달성해야 하고, 이를 위해서는 경쟁력을 가져야
한다. 경쟁력을 가지려면 전사적 차원에서 미래에 가장 바람직한 사
업구조를 구축해야 한다. 이런 이유 때문에 현재의 사업구조를 근본
적으로 재구축하게 되는데, 이것이 바로 웰치 회장이 주장하는 사업
구조조정이다. 사업구조조정에는 여섯 가지 요소가 포함되어 있다.

첫째 요소는 이미 앞에서 강조한 경쟁력 강화이다. 둘째 요소는 비전 달성이다. 즉 경영자가 원하는 미래(wanted future)를 실현해 내는 것을 의미하는 것으로, 가만히 있어도 다가오는 미래(expected future)가 아니라 모든 열정을 다해 노력할 때 비로소 달성할 수 있는 미래를 맞기 위해 과감한 구조조정을 실행에 옮긴다는 것이다.

셋째 요소는 전사적 차원의 혁신이다. 즉 기업의 본질 그 자체를 변화시키는 것을 의미한다. 넷째 요소는 근본적 노력이다. 즉 미래 사업구조를 구축하기 위해 일시적인 임시방편으로 시도하는 것이 아니라 바람직한 미래상을 기업 구성원 스스로가 그려 나가는 방향으로 구조조정을 실행에 옮겨야 한다는 의미이다.

다섯째 요소는 '재구축'으로, 조정 이전에 먼저 현재 모습을 분해해야 한다는 것을 의미한다. 새롭게 경영을 책임지게 된 경영자의 입장에서 아무 것도 없는 상태에서 새로 시작한다는 마음가짐으로 구조조정을 실행에 옮겨야 하는 것이다. 예컨대 '선대 회장이 만들어 놓은 것이니 이것만은 그대로 놔두어야지' '이곳은 우리 기업이 창업을 한 장소이므로 그냥 놔두어야지' 해서는 구조조정은커녕 아무 것도 할 수 없게 되고 만다. 여섯째 요소는 혁신기법의 적용에 필요한 체계적이고도 현실적인 방법과 절차이다.

과연 사업구조조정은 어떤 내용을 담고 있으며, 어떤 단계를 거쳐 이루어지는 것인가? 소니(SONY) 사의 구조조정을 예로 들어보자.

소니 사는 Digitalization, AV IT, Glocalization을 세 개의 축으로 하여 일본 최고의 인기기업으로 부상하였다. 다른 기업들은 '리스토라'(리스트럭처링의 일본식 표현)를 종업원 해고의 구실로 악용한 데 반해, 소니 사의 구조조정은 기업의 본질적 변화를 가져왔다는 점에서 좋은 본보기가 되는 사례이다.

일본의 증시가 지난 10년 동안에 일본경제신문(NIKKEI) 종합지수 기준으로 약 30%, 즉 2,000 수준에서 1,500 수준으로 떨어진 반면, 소니 사의 주가는 3,000엔대에서 지금 12,000엔대로 올라가 있다. 다른 기업의 주가가 떨어질 때, 이 회사는 반대로 주가가 4배나 올라간 것이다. 이러한 분석에서 주주들이 경영자로부터 과연 무엇을 바라고 있는가에 대한 분명한 대답이 나오지 않겠는가?

또한 모토롤라 사에 이어 전세계 통신업계 2위로 급부상한 핀란드의 노키아(Nokia) 사를 예로 들어보자. 1980년대까지만 해도 13개의 비관련 사업운영으로 시너지 효과를 전혀 누리지 못했던 이 회사는 세계화(globalization)를 위해서 사업들을 하나로 통합할 필요성을 절감하게 되었다.

그래서 노키아 사는 1990년대에 들어서 휴대전화(Mobile Phone)와 통신(Telecommunication)을 제외한 모든 사업을 정리하고(당시 통신 사업: 33%, 휴대전화: 54%) 세계화를 실시한 결과, 1986년 당시 41%에 달하던 내수시장 의존도가 6%로 줄어들었을 뿐만 아니라 유럽 전역을 포함하여 미주, 아시아지역까지 진출해서 각 지역 매출의 3분의 1을 차지하게 되었다. 결국 이 회사는 통신 관련 사업 하나로 세계시장을 주름잡게 되었다.

이처럼 사업구조조정이 이루어지려면 구조조정에 대한 필요성을 인식해야만 한다. "변화를 거부하고서도 우리 기업이 과연 살아 남을 수 있을 것인가" 하는 변화의 위기상황에 직면하여 기업경영의 가장 근본적인 물음을 자신에게 던져봄으로써 사업구조조정의 필요성을 인식하게 되는 것이다.

그 다음은 비전을 설정하고 장기계획을 수립하는 단계이다. 그 기준은 기업이 지니고 있는 경쟁력이며, 이를 기준으로 핵심사업을 선정하여 집중육성하고 불필요한 사업은 과감히 정리해야 한다.

그런 다음 새로운 기업의 모습에 걸맞게 시스템을 재구축해야 한다. 조직구조, 조직운영시스템, CI, 인적자원시스템, 재무회계시스템 등 새롭게 태어난 조직을 보다 효율적으로 움직여 나갈 수 있도록 지원할 수 있는 조직의 모든 것이 바뀌어야 한다.

잭 웰치를 이 시대 최고의 경영자로 만든 성공비법은 과연 무엇인가? 'GE의 반란자'. 바로 '전통' 보다는 '수익성'을 앞세운 그의 전략 때문에 붙은 별명이다. 그가 추구하는 1, 2등 전략, 즉 "세계에서 1등 혹은 2등을 할 수 있는 사업을 제외한 모든 사업을 과감히 포기한다"는 원칙의 핵심은 바로 현재가 아닌 미래, 즉 10년 후에도 1등을 차지할 수 있는 고성장, 고수익 사업분야를 향한 것이었다.

기업을 매각할 때 갖추어야 할 조건도 마찬가지다. 성공적인 외자유치에 있어서 외국인들에게 보여지는 매출액이나 자산은 이제 관심을 끌 만한 요소가 되지 못한다. 시장에서 독점력을 가지고 있느냐 없느냐가 관심의 초점이다. 즉, 매각할 기업의 시장가치를 높이는 것이 우리가 가장 먼저 해야 할 일이며, 기술이나 브랜드, 유통시스템, 인력, 고객 등 어느 한 부분에서라도 남이 지니지 못한 독점적 능력을 보유하도록 끊임없이 노력하는 것만이 기업의 시장가치를 높이는 유일한 길이다.

‖ 1998년 9월 ‖

5. 재무구조조정
— 부채비율 200% 이하의 탄탄하고 건실한 재무구조 —

기업이 경쟁력을 갖기 위해서는 '미래의 지속적인 현금 유입 (continuous stream of future cash inflow)'이 보장되어야 한다. 즉 기업이 성장하는 데 필요한 투자재원이 적기에 조달되어야 하고, 이를 위해서는 금융기관이 신뢰할 수 있는 재무구조를 가져야 하는 것이다.

그러나 우리나라 기업의 재무구조는 부채 의존도가 매우 높은 수준이며, 가격 위험관리를 위한 부채 포트폴리오 구성이 제대로 되어 있지 않은 경우가 많고, 적정 유동성을 유지, 확보하기 위한 유동성 위험관리가 제대로 이루어지지 않고 있다. 1997년 말을 기준으로 상장된 30대 재벌의 부채비율은 518%에 이르고 있다.

그러나 사실 이 기업들이 미국에 본사를 두고 있는 미국기업이라면 미국의 어떤 은행으로부터도 돈을 빌려 쓸 수 없는 그런 상황이다. 물론 산업마다 조금씩 차이가 있겠지만, 미국에서는 부채비율 100%를 초과하는 회사가 은행에서 자금을 조달하기 위해서는 먼저 자기자본을 늘린 후에 돈을 빌리는 것이 관행처럼 되어 있으며, 이제는 부채비율 100%도 벌써 10년 전 이야기가 되어 버렸다. 현재 미국의 우량기업은 부채비율이 50~70%로 떨어져 있을 정도로 자기자본의 비중이 엄청나게 커진 것이다.

최근 기업의 부채비율을 1999년까지 200% 이하로 낮추라는 정부의 요구에 기업들이 강한 불만을 내비치고 있다. 분명 기업의 부채비율이 200% 이하로 낮아진다는 것은 바람직한 일이며, 또 그렇게 되어야 기업은 탄탄한 재무구조를 바탕으로 세계무대에서 역동적인 기업활동을 할 수 있다. 그렇다면 기업은 왜 이 같은 요구를 거부하고 있을까?

부채비율이 낮을수록 기업은 건실해진다. 그러나 모든 기업의 부채비율을 획일적인 기준에 맞춰야 하는 것은 아니다. 기업마다 속해 있는 산업이 다르고, 산업마다 적정 부채비율이 다르기 때문이다. 전기가스산업처럼 경기순환이 없거나 사전에 예측 가능한 산업에서는 부채비율이 높아도 괜찮은 반면, 경기의 부침(浮沈)이 심한 산업에서는 부채비율이 일반기준보다 더 낮아야 한다. 항공, 해운 등 장기 리스가 관행인 산업에서는 부채비율이 큰 의미가 없다.

문제는 바로 정부가 기업에게 이를 강요해서는 안 된다는 데 있다. 지금과 같이 정부가 모든 기업으로 하여금 일률적으로 부채비율을 낮추라고 강요해서는 안 된다. 기업의 부채비율은 은행이 주도적인 위치에 서서 자율적인 판단에 따라 개선시켜야 한다. 보다 구체적으로 부채비율 및 관련 정보를 기초로 그 기업의 신용도를 평가하고, 이에 따라 이자율을 차등 적용하는 대출메커니즘을 갖추면 되는 것이다. 부채비율이 그 산업에서 적용되는 일정 한도를 넘어서는 기업은 신용도가 낮아져 은행으로부터 고금리를 적용받게 되므로, 스스로 부채비율을 낮출 수밖에 없게 된다.

그런데 한국기업의 현실을 보면 정부나 은행이 기업에게 강요한다고 해서 부채비율이 쉽게 내려가는 것은 아니다. 1997년 말 기준으로 30대 재벌그룹의 총 자산은 426조 원, 자본금 총액은 69조 원, 부채는 약 357조 원으로 부채비율이 518%에 달하는데, 자본금 69조 원 중 상호출자가 약 30% 정도로 추산된다. 이를 빼는 경우에 실제로는 부채비율이 약 800%에 육박한다는 결론이 나온다. 따라서 부채비율을 200%로 내리기 위해 필요한 자본금은 179조 원이고, 이를 위해서는 110조 원의 증자가 필요하다.

그런데 776개 기업이 상장되어 있는 한국증권시장의 시가총액은 68조 원 [8]에 불과하므로, 설령 외국자본이 30대 재벌기업만을 선호한다고 가정하더라도 그 투자규모는 전체의 10% 수준인 7조 원을 넘기 어렵다. 여기에 재벌기업들이 해외투자가에게 자산을 매각하여 받은 대금을 4조 원, 기업이 자산을 재평가하고 이익을 자본전입할 수 있는 규모를 6조 원, 국내저축이 증권시장에 유입되어 자본화할 수 있는 규모를 7조 원으로 볼 때, 이를 모두 합치면 약 24조 원이 나온다.

그러나 이 금액은 증자 필요액의 20%에 불과하다. 그러면 86조 원에 달하는 나머지 80%는 어떻게 조달해야 하는가?

한국증권시장을 통째로 외국 투자가에게 팔아도 안 되는 상황에서 부채비율 200%는 기업 스스로의 능력으로 해결할 문제가 아니다. 우리나라의 증권시장, 경제규모 등을 고려해 볼 때 부채비율 200%는 적어도 단기간에는 증권시장만으로 달성하기 어려운 목표인 것이다. 따라서 부채비율 200%를 달성하기 위해서는 정부가 나서야 한다. 이 때 정부가 은행 대출금을 출자전환(debt-equity swap)하는 방법을 쓰면, 앞에서 계산한 추가증자 필요액 86조 원을 57조 원만으로 해결할 수 있다. 그 이유는 57조 원이 자본을 나타내는 분

---

8) 1998년 7월 25일 종가 기준 한국증권시장에 상장되어 있는 776개 기업의 시가 총액 합계는 68조 6,530억 원이었고, 종합지수는 328.44였다.

모에 들어가는 것과 동시에 같은 액수가 부채를 나타내는 분자에서
빠지기 때문이다. 1948년의 독일과 1950년대 초반의 일본도 바로
이 방법을 통해서 극도로 악화된 기업의 재무구조를 해결해주었다.
그 결과, 이 두 나라에서는 아직까지도 주요 대기업의 경영권을 은
행들이 보유하고 있다. 한시바삐 정부는 공채 발행을 통해서 은행의
자본을 확충해주고, 은행은 이 자금으로 기업에 대한 대출금을 자본
으로 전환해주어야 한다.

이제 완전개방을 향해 치닫고 있는 세계무대에서 우리 기업들이
경쟁에서 이기기 위해서는 건전한 재무구조가 필수요소가 되어 버
렸다. 앞으로도 꾸준히 과도한 부채비율을 낮춰야 한다는 논의가 계
속 진전되어 내실 있는 재무구조가 갖추어지길 기대한다. 건실한 재
무구조를 가진 기업들이 주축이 되어 한국이 선진국 대열에 서서 강
력한 경쟁력을 가질 수 있도록 다함께 노력하자.

‖ 1998년 8월 ‖

6. 인력구조조정

— 분사, 아웃소싱, 창업지원 등 기업 주도 실업대책 최우선 —

한국경제가 성장의 길을 질주하기 시작한 1961년 이후 작년까지

만 36년이 흘렀다. 한국이 일본의 압제 밑에서 고생한 34년 11개월 반보다도 1년 반 더 긴 이 기간 동안, 한국은 절대빈곤의 후진국에서 개도국, 중진국으로 발전하면서 선진국으로 향한 길을 숨가쁘게 달려왔다. 경제규모는 GNP 기준으로 21억 달러에서 4,374억 달러로 208배 증가하였고, 1인당 국민소득은 82달러에서 9,511달러로 116배 증가했으며, 실질 성장률로는 연평균 약 8.3%씩 상승하였다.

이 기간 동안 한국경제의 성장률이 마이너스로 돌아선 해가 한 번 있었다. 1980년에 6.2%만큼 경제규모가 감소한 것이다. 이 당시 한국경제는 국내외에서 동시에 어려운 상황을 맞이했었다. 해외에서는 1979년 가을에 일어난 제2차 석유위기에서 비롯된 세계경기의 침체가 수출시장을 위축시켰고, 국내에서는 같은 해 부마사태에 이은 박정희 대통령 암살사건과 12.12 쿠데타 이후 발생한 정치적 불안이 결국 1980년에 들어와 5.18로 치달으면서 내수시장과 기업의 투자를 극도로 얼어붙게 만들었다.

그 후 한국경제는 성장률이 마이너스로 돌아간 해가 한 번도 없을 정도로 꾸준하게 성장해왔다. 다만 올해 들어 경제가 침체국면을 맞이하고 있고, 그 결과 5월 말 기준 경제성장률이 마이너스 3.8%로 떨어졌다. 정부에서는 올해 경제성장률을 마이너스 2%로 예측하고 있으나, 기업투자가 꽁꽁 얼어 붙어 있는 모습을 감안할 때 이보다 더 내려가리라는 예감이 든다.

그러나 GNP 기준 경제규모가 1981년의 671억달러에서 6.5배 커졌고, 수출규모는 212억 달러에서 1,361억 달러로 6.4배 증가했으니, 그 당시 경제보다는 지금 경제가 여러 가지 면에서 더 낫다고 볼 수 있다. 이렇게 1980년과 1998년의 경제지표만을 비교하면 이

번 경제위기가 18년 전보다는 훨씬 쉽게 극복될 수 있다는 해석이
가능해진다.

그러나 이번 위기는 그때 경험하지 못한 대량실업이라는 심각한
문제를 내포하고 있다. 1998년 5월 말 기준으로 우리 경제는 실업
자 143만 명, 실업률 6.7%라는 과거 어느 때에도 경험하지 못한 수
치를 보이고 있다. 물론 1929~33년의 대공황(the Great Depression)
당시에 미국에서 보였던 25%의 실업률이나 제2차 세계대전 직후
패전국인 독일과 일본에 나타났던 30%대의 실업률, 1980년대 초
IMF 구제금융을 받은 터키의 40% 실업률, 그리고 경기회복세에
있음에도 영국을 제외하고는 여전히 10~20%의 실업률을 나타내고
있는 서유럽국가들에 비한다면 이 수치는 그리 높은 편이 아니다.

그러나 경제위기에서 가장 고생을 많이 하고 희생을 감수해야 하
는 계층은 역시 일반대중이고, 특히 실업자이다. 앞으로 실업자가
지금 수준에서 얼마나 더 늘어날 것인가에 대해서는 여러 견해가 있
지만, 한국경제가 선진국 수준으로 발전하기 위해서 필요한 인력감
축을 계산해보면 현실적인 결론이 나온다.

미국기업은 경쟁력이 일본기업 수준보다 현저하게 떨어졌던 10
여 년 전에 생산성을 회복하기 위해 1979~95년 사이에 4,300만 명
의 직장인을 해고했다. 이 숫자는 미국 노동인구 1.4억 명의 30.7%
로서 공교롭게도 연초에 김대중 대통령이 국민들에게 30%의 고통
분담을 하자고 호소한 비율과 정확하게 일치한다.

만일 오늘날 한국의 경쟁력이 과거 미국의 경쟁력과 같은 수준이
라면, 한국이 선진국 수준으로 발전하기 위해서는 한국 노동인구인
2,100만 명의 30%, 630만 명이라는 정리해고 대상 인력이 나온다.

이 숫자는 현재 우리가 안고 있는 실업자 수의 4.3배에 달하는 규모이다. 물론 이 많은 해고 인력은 한꺼번에 쏟아져 나오는 것이 아니라, 각 기업이 생산성을 높이기 위해 인력구조조정을 해 나가는 과정에서 감축해야 할 연인원이다. 그러나 한국기업들이 생산성을 회복하고 경쟁력을 갖춘 선진국의 기업 수준으로 거듭 태어나기 위해서는 이렇게 엄청난 실업인구를 발생시키는 것 외에 다른 도리가 없다.

이렇게 많은 실업자를 수용해야 하는 상황에서 우리는 모든 가용자원을 동원하여 국가 차원의 대비책 마련에 만전을 기해야 한다. 그 첫번째는 농업부문의 실업자 흡수로서, 터키의 경우에는 이 방법으로 순간적인 어려움을 극복할 수 있었다고 한다. 그러나 한국의 경우에는 GNP의 7%밖에 차지하지 않는 농업부문에 종사하는 인구가 14%에 달하여 전체 산업 대비 생산성이 2분의 1밖에 안 된다. 따라서 농업에서 흡수할 수 있는 실업자 수에는 한계가 있다.

두 번째는 국가보험으로, 주로 서구 사회주의국가에서 사용하는 방법이다. 한국의 경우에 실업보험의 명목으로 배정된 액수가 8조 원에 달하지만, 이 액수를 630만 명으로 나누면 1인당 한 달분 수당에 해당하는 127만 원에 불과하다. 이 액수는 평균 실직기간을 2년으로 볼 때 필요한 규모의 4%밖에 안 된다.

세 번째는 사회보험이다. 이 부문에서는 한국이 다른 나라에서 찾을 수 없는 독특한 전통을 가지고 있다. 즉 가족, 친지, 친구 등 주변에서 특별한 상황이나 어려운 곤경에 처한 사람들을 도와주는 것이다. 예컨대 결혼이나 장례가 있을 때 주변에서 거두어 주는 부조금, 부의금은 재정적으로 당사자에게 큰 역할을 한다. 그러나 이 방법은 예외적인 상황에나 적용되는 것이지 주변에 수많은 실직자들이 있는 오늘날에는 적용되기 어렵다.

　네 번째는 가족보험이다. 한국에서는 불과 20여 년 전만 해도 대가족제도에 입각하여 2세대, 3세대가 같은 공간에서 주거해왔다. 그 후 어느덧 핵가족제도로 변화하여 20~30대 연령층에서는 부모를 모시는 가족을 찾기가 어려워졌다. 앞으로 실업자가 가장으로 있는 가족이 핵가족에서 대가족제도로 회귀함으로써 당장의 어려움은 극복할 수 있을 것이다.

　다섯 번째 실업대책은 기업이 주도하는 방법으로서, 한국에서는 이 방법을 다양하게 개발하는 것이 가장 중요하다. 특히 정리해고를 앞두거나 이미 진행하고 있는 회사에서는 기업 차원의 실업대책을 보다 능동적인 차원에서 개발해야 한다. 여기에는 크게 생산성 향상, 인건비 감소, 그리고 협력적인 윈-윈 방식의 세 가지를 들 수 있다.

　제1단계 기업대책은 '생산성 향상전략'이다. 즉 해고 이전에 '재교육'을 통해 각 구성원의 능력 향상을 지원하고, 그 과정에서 '재배치'를 통해 회사내에서 각자에게 맞는 일자리를 갖게 해주어 생산성을 향상시키는 것이다. '연봉제'도 주어진 보수에 대한 생산성 향상을 목표로 한다는 점에서 여기에 해당한다고 볼 수 있다.

　제2단계 기업대책은 '인건비 감소전략'으로서 '보너스 삭감', '봉급 하향조정', 그리고 보다 극단적인 방법으로 '일정 비율 인력 감축'을 들 수 있다. 이미 연초부터 공무원을 비롯해서 대부분의 국내기업에서는 보너스 반납, 임원 20%, 직원은 10%씩 임금을 삭감하는 등의 방법을 쓰고 있다. 이 방법은 인력감축이라는 보다 근본적인 인건비 감소전략에 비해서 미봉책이라는 한계를 가지고 있다.

또한 비록 순간적으로는 어려워도 장기적으로 기업의 경쟁력을 향상시키기 위해서는 인력 감축이 더 합당하다는 것은 기업과 당사자 모두가 잘 알고 있다. 다만 전자는 어려운 상황을 이해하고 고통을 분담한다는 사회심리적인 면을 고려한, 인력 삭감 전 단계의 일시적인 방책이다.

제3단계 기업대책은 '협력적인 윈－윈전략'이다. 이 방식은 인력 감축과 같은 결과를 가져오면서도 퇴직자를 위한 협력적인 지원이 존재한다는 점에서 큰 차이를 보인다. 보다 구체적으로는 '협력업체로의 전출' '분사(分社)제도' '아웃소싱(outsourcing)' 그리고 '창업지원'을 들 수 있다.

'협력업체로의 전출'은 주로 정부관리들이 산하기관이나 민간 유관기업으로 갈 때 애용하는 방식이다. 그러나 모든 조직이 인력구조 조정을 하고 있는 마당에 과거와 같은 인사청탁이나 정부의 압력으로 인한 타조직 전출은 바람직하지 않을 뿐 아니라 점점 어려워질 수밖에 없다.

'분사제도'는 예컨대 일본의 생선초밥가게에서 일정 기간 봉사한 구성원에게 체인점 형태의 가게를 만들어 주는 것과 같은 방식이다. 물론 그 가게의 주인은 분가해 나가는 퇴직자이다. 그러나 제품과 서비스의 품질 유지와 고객의 유치 등 다양한 경영지원을 통해 본점은 꾸준히 분사에 대한 관심을 가지고 운명공동체로서의 관계를 유지한다.

최근 한국에서도 분사제도가 도입되고 있다. 한 예로 경남 함안에 있는 삼영소재산업은 삼성중공업의 주강품 소재사업 분야에서 근무하던 김영식 이사를 비롯하여 기술, 영업, 생산부문의 30여 명이 퇴직하여 1997년 1월에 설립한 회사이다. 이들은 퇴직금을 출자하여 총 13억 원의 자본금 중 69.2%의 지분을 가진 대주주가 되었고, 나머지는 삼성중공업이 15.4%, 창업에 결정적인 역할을 한 신보창업투자가 15.4% 지분만큼 참여하고 있다. 모든 임직원은 경영안정과 자립을 위해 삼성중공업에서 받던 급여의 70% 수준만을 받고 있지만, 주인의식을 가진 이들의 사기는 과거 어느 때보다도 높다고 한다.

이 회사는 삼성중공업이 어차피 정리하려던 소재사업 관련 설비를 이관받았고, 미국 인닥터썸으로부터 최신 용해설비를 도입하여 최고의 생산성을 유지하고 있으며, 일본 JSW로부터 기술협력을 받아 소재부품의 국산화에 박차를 가하고 있다. 그리하여 창업 첫 해에 이미 흑자를 내고 2년째인 올해에는 수출 118억 원을 포함한 192억 원의 매출액과 35억 원의 매출이익, 11억 원의 순이익을 예상하고 있다. 이 회사는 비록 초기에 퇴직예정자들이 불안감으로 인해 참여를 망설이고, 첨단산업이 아니라는 이유로 창업투자사로부터의 자금지원에 애로가 있었다. 그러나 주인으로서 다시 태어난다는 구성원들의 자부심과 국가경제의 기초산업이라는 신보창투의 판단으로 어려움을 극복하고 이제는 주위에 있는 수많은 퇴직자들로부터 선망의 대상이 되었다고 한다.

'아웃소싱'은 기업이 내부에서 직접 담당하던 부품생산, 청소, 빌딩관리 등의 활동을 외부에서 조달하기로 결정하면서 그 일감을 기존에 기업 내부에서 담당하던 사람들에게 나눠주는 방식이다. 물론 그와 같은 계약을 맺을 때는 새로 세워진 회사가 일정 기간 후에는 자립할 수 있도록 일감을 첫해에는 75%, 다음 해에는 50%, 그 다음 해에는 25% 하는 식으로 삭감하는 내용을 삽입하여 자생력을 갖추도록 해주는 것이 필요하다.

'창업지원'은 가장 광범위하게 퇴직자들을 지원할 수 있으면서 큰 도움을 줄 수 있는 방법이다. 구체적으로는 기업이 퇴직 대상자에 대하여 일정 기간 동안 재교육의 기회를 제공하고, 창업지원센터를 두어 이들에게 창업에 관한 아이디어와 동업자 소개, 그리고 창업에 대한 행정지원 등의 도움을 주는 것이다. 이는 미국의 대기업에서 보편적으로 채택하고 있는 방법으로 일본의 몇몇 대기업에서도 시작하고 있다고 한다. 국내에서도 국방부 산하 국방대학원의 일부 교육내용은 퇴직 예정자에 대한 사회적응훈련을 포함하고 있다.

분사, 아웃소싱, 창업지원은 구체적 지원의 내용에서는 제각기 다르지만 효과면에서는 모두 퇴직 예정자에게 자립할 기회를 준다는 점에서 실업대책으로 가장 바람직한 방법이다.

미국의 경우 2000년대에는 SOHO가 GNP의 50% 이상을 차지하게 된다고 한다. 그래서 최근 미국에서는 기업에서 근무하고 있는 사람뿐 아니라 경영대학원을 갓 졸업한 젊은이들에게도 창업이 가장 매력적인 대안으로 떠오르고 있다. 그리하여 동기생들 중 사업으로 제일 먼저 100만 달러의 이익을 올리는 졸업생에게 상을 주는 대학도 있다고 한다.

한국에서도 퇴직자에게 이러한 기회를 제공해줌으로써 이들이 퇴직 이후에 오히려 더욱 성공적인 삶을 만들어 갈 수 있도록 한다면, 한국경제는 이들의 창업정신과 사업에 대한 열기로 손쉽게 경제위기로부터 벗어날 수 있을 것이다.

‖ 한국경제신문, 1998년 6월 17일 ‖

7. 비용구조조정
— 3K에 투자하라 —

건축자재를 생산하는 중소기업을 운영하면서 제법 쏠쏠하게 재산을 모은 동창을 며칠 전에 만났다. 그의 관심사는 단연 IMF시대를 살아가는 지혜.

친구가 먼저 질문을 던졌다. "IMF시대에는 재산관리를 어떻게 해야 하는가?" 그의 생각을 물어보니 "요즈음 같이 미래가 불확실할수록 가장 전통적인 3분법을 택해야 하지 않을까? 즉, 현금, 주식 그리고 부동산을 각 3분의 1씩 가지고 있어야 할 것 같네" 하고 대답하는 것이었다.

나는 반론을 제기했다.

"앞으로 물가가 얼마나 뛸지 모르는 상황에서 현금은 그대로 앉아서 손해 보는 것은 아닐까? 주식은 어느 방향으로 움직일지 아무도 모르는 럭비공이나 다름없지. 부동산을 보면 세계 주요 도시 중 지난 7~8년 사이에 가격이 절반 이하로 내려가지 않은 곳이 별로 없다네. 일본 도쿄의 지가는 예전의 50% 수준에 머물고 있고, 오사카에서는 3분의 1로 떨어졌다고 들었네. 이제는 고전적인 3분법이 아니라 IMF시대에 맞는 새로운 재산관리법이 필요할 듯하네."

"도대체 그것은 어떤 내용인가?"

친구의 호기심 섞인 질문에 나는 되물었다.

"현재 자네의 가장 큰 걱정거리는 무엇인가?"

"그거야 물론 지금 하는 사업을 계속할 것인가 말 것인가 하는 고민이지."

"자네가 고민하는 이유는 회사에서 생산하는 상품의 경쟁력이 없기 때문이 아닌가?"

"바로 그렇지!"

나는 다음과 같이 대답했다.

"가지고 있는 재산을 다른 데가 아니라 바로 자네 회사에 투자하게. 그 돈으로 연구개발을 해서 신제품을 만들어내고, 인재를 길러 경영효율성을 높여야 하네. 그렇게 되면 회사의 경쟁력이 높아져서 자네 회사도 살고, 한국경제도 살아나고, 자네 재산도 더 커지지 않겠는가? 부동산이나 증권, 현금 형태로 가지고 있어 보았자 결국 가치는 떨어질 것이고, 자네 회사 역시 언제 부도날지 모르니 무엇 재산으로 남겠나?

이번 IMF 구제금융을 계기로 우리는 한국경제에 대해 많은 걸 배웠네. 그것은 기업, 정부, 학계 할 것 없이 모두 기본원리에 충실하지 못했고, 그에 따라 한국경제를 구성하는 기업 하나하나의 경쟁력이 약화되었다는 사실이지. 경쟁력은 매출액 크기가 아니라 이익률로 나타나고, 총 자산의 크기가 아니라 자기자본률로 나타난다는 것은 우리 모두가 알고 있는 이론이 아닌가? 그러나 이런 이론에 충실해 가지고는 재벌그룹, 대기업이 될 수가 없었던 것이 지금까지 우리 현실이었지. 그 때문에 우리는 덩치만 키우고 내실은 우습게 아는 기업들만 양산해온 것일세.

이제 원론에 충실할 때가 왔네. 기업 내부에 경쟁자가 갖지 못한 핵심역량을 갖추어 세계 수준으로 경쟁력을 높이는 길만이 IMF시대를 극복하는 방법이네. 한 가지 사업으로 전문화하고 여기에 경영자가 가진 모든 시간과 돈을 집중투자하는 것은 너무나 당연한 전략이 아닌가?"

중소기업의 사장인 친구는 다음과 같이 말했다.

"자네 견해에 원론적으로는 동감하네. 그러나 각론으로 들어가면 사정이 달라지는 걸 어떻게 하나? 지금 같은 불황기는 투자할 때가 아니라 생존을 위해 절약할 때가 아닌가? 우리 회사에서는 원자재 비용과 인건비는 물론, 일반관리비나 연구개발비, 교육훈련비, 영업비 등 모든 분야에 걸쳐 10% 삭감 기준을 적용하는 등 초긴축을 하고 있다네."

"불황일수록 덜 써야 되는 부분과 오히려 더 써야 되는 부분을 구별할 줄 알아야 하네. 덜 써도 되는 부분은 회사의 경쟁력을 향상시키는 데 별 도움이 안 되는 비용항목이지. 반대로 더 써야 하는 부분은 바로 경쟁력에 직결되는 부분이지. 여기에는 3K, 즉 (연구)개발비, 교육비, 그리고 광고비가 해당된다네.

어려운 때에도 경영자가 회사를 포기하지 않고 이끌어나가는 이유가 무엇이겠나? 한때의 어려움을 극복하면 좋은 시절이 오리라고 믿기 때문이 아닌가? 그런데 막상 어려움을 벗어나니까 정작 회사에 남은 능력이 아무 것도 없다고 생각해보게. 어려움을 버텨낸 보람을 찾지 못한다면 생존이 무슨 의미가 있겠는가?

연구개발비는 불황이 걷히고 새로운 기회가 왔을 때 고객에게 팔 수 있는 제품을 지금부터 준비하자는 것이고, 교육비는 우수한 경영인력을 키워서 회사를 어려운 상황에서 구출해내고 이끌게 하자는 것 아닌가? 광고비도 마찬가지이지. '고객이 왕'이라는 문구에서 보듯이 고객 없는 회사가 어떻게 살아 남겠나?

　홍콩에서는 불황일수록 쇼윈도의 네온사인이 밝아진다고 하네. 사실 호황일 때는 광고가 별 효과가 없지 않겠나? 광고 없어도 잘 팔릴 테니까. 오히려 요즘처럼 어려운 때야말로 소비자들에게 회사 상품을 널리 알리는 것이 더욱 필요하네. 경쟁기업들이 소극적일 테니 광고비용도 싸고 효과도 높을 것은 말할 것도 없겠지?

　최근 대기업에서 발표하는 경비절약 리스트를 보면 대부분 연구개발비, 교육비, 광고비를 우선적으로 줄이더군. 그러나 이렇게 3K를 중심으로 예산을 줄인다는 것은 '우리 회사에는 미래에 대한 비전이 없습니다' 하고 고백하는 것과 다를 바가 하나도 없네.

　최고경영자의 자질은 어려울 때 나타나는 법이네. 단순히 살아 남기 위해 모든 것을 절약하는 경영자와 살아 남은 후에 진정한 보람을 찾기 위해 어려움을 무릅쓰면서 3K부문에 투자하는 경영자 중 자네는 어느 편을 택하겠는가?"

‖ 조선일보, 1998년 2월 2일 ‖

8. 손익구조조정
― 기업생존의 새 전략을 짜자 ―

　기업은 이윤창출이라는 목표를 가진 조직이다. 그런데 이윤은 수익에서 비용을 뺀 것이므로, 이윤을 창출하려면 수익을 높이거나 비용을 줄여야 한다. 따라서 기업의 목표를 달성하는 수단인 기업전략 역시 수익을 늘리는 '성장전략'과 비용을 줄이는 '생존전략'으로 나눌 수 있다.

성장전략이란 수익, 즉 매출액을 높이는 전략으로 시장심화전략, 다양화전략, 국제화전략, 다각화전략 등이 있다. 반면에 생존전략은 비용을 줄여서 이익을 도모하는 전략으로 성장전략만큼 이론적인 틀이 형성되어 있거나 구체적인 방법론이 제시되지 못하고 있다. 단지 기업 구성원 모두가 열심히 일하고 절약해야 한다는 캠페인적인 표현 이외에는 찾아보기 어렵다.

사실 경영전략을 전공하는 학자들은 성장전략을 중심으로 해서 학문을 발전시켜 온 반면, 생존전략에 대해서는 관심을 가지고 집중적인 연구를 해본 적이 없다. 그 이유는 자명하다. 그 동안 세계경제는 1945년 이후 꾸준히 성장세를 유지해왔고, 한국경제 역시 지난 30여 년간 줄기차게 성장해왔기 때문이다. 학문은 시대가 필요로 하는 이론을 제시하기 마련이고, 경영전략 역시 예외는 아니었던 것이다.

그러나 한국경제가 성장의 시대에서 생존의 시대로 옮겨가고 있는 오늘날 경영전략은 새롭게 태어나야 한다. 이제 당분간 한국기업의 경영자가 풀어야 할 숙제는 얼어붙어 있는 시장 속에서 어쩔 수 없이 매출액이 줄어들더라도 이익을 내고 살아 남을 수 있는 전략을 찾아내는 것이다. 이 새로운 전략을 우리는 생존전략이라고 일컫는다.

그렇다면 생존전략이란 과연 무엇인가? 생존전략이란 한 마디로 손익분기점을 매출액 이하로 낮추는 전략이다. 생존전략에는 3가지

단계가 있다.

생존전략의 제1단계는 모든 부분에서 비효율성을 제거하는 것이다. 이는 고정비와 변동비를 포함한 모든 비용을 절약함으로써 가능해진다. 기업이 흑자를 내다가 적자상황으로 바뀌게 되면, 고정비를 줄이거나 생산단위당 변동비를 줄여서라도 원가를 절감시켜야 한다. 기업은 이 과정에서 매출액이 아무리 낮더라도 원가절감을 통해 손익분기점을 낮춤으로써 흑자를 발생시킬 수 있다. 현재 대부분의 한국기업들은 제1단계 생존전략을 추구하고 있다. 그리고 많은 경영자들은 제1단계 생존전략이 생존전략의 전부인 것으로 착각하고 있다. 그러나 진정한 생존전략은 제2단계부터 시작한다.

제1단계를 거쳐 비용항목에서 불필요한 거품을 모두 뺀 기업들은 생존전략의 제2단계로 비용구조조정전략을 시작해야 한다. 이 단계의 핵심은 고정비를 변동비로 변환하는 것이다. 즉, 모든 비용항목이 각기 효율적으로 사용되고 있을 때, 그러니까 더이상의 효율성 제고가 불가능한 때에도 기업은 고정비를 변동비로 전환함으로써 손익분기점을 더 낮추어 더 많은 이익을 남길 수 있다. 구체적으로는 부품을 직접 생산하는 대신 외부로부터 구매하거나 유통경로를 직판시스템에서 대리점으로 옮기는 방법이 있다. 또한 임금을 기본급 대신 상여금 형식으로 바꾸고, 부채비율을 낮추어 고정비 성격인 이자부담을 줄일 수도 있다.

생존전략의 3번째 단계는 경쟁력 향상전략으로서 생존 이상을 추구하는, 말하자면 생존 플러스 알파를 얻자는 전략이다. 생존전략은 기업이 생존에 성공한 후에 본래의 목적으로 돌아가 진정으로 추구하는 비전과 기업이념을 달성하기 위해서 필요한 것이지, 단순히 살아 남는 데 초점을 맞춰서는 안 된다. 따라서 생존전략의 제3단계에서는 기업의 비전을 장기적으로 추구하기 위한 준비작업으로서 경쟁력을 갖추는 과정이 포함되어 있어야 한다.

만약 기업이 오로지 원가절감에만 초점을 맞춰 1, 2단계를 거쳐 모든 것을 정리한 결과 아무 것도 가진 게 없는 상태가 된다면, 시장의 상황이 다시 좋아지더라도 이를 활용할 수 없게 된다. 따라서 진정한 생존전략을 이루기 위해서는 3K, 즉 교육비, (연구)개발비, 광고비 등 기업의 장기 경쟁력 강화를 위한 투자성 비용을 증대시켜 가야 한다.

생존전략의 제1, 2단계를 통해 얻은 작은 흑자를 3K에 투자한다면 총 비용을 높게 하여 일시적으로는 적자를 낳게 될지도 모른다. 하지만 꾸준한 연구개발투자로 고객이 제품의 수준과 품질을 인정하게 되면 단위당 가격을 높일 수 있으며, 꾸준한 광고로 소비자의 인지도를 높임으로써 시장을 개척할 수도 있다. 따라서 기업은 단기적인 적자상황을 다시 큰 흑자로 전환시킬 수 있다.

미국 자동차회사인 아메리칸 모터즈(AMC) 사를 예로 들어보자. AMC는 1954년 여러 군소 자동차회사들을 합병하여 만든 회사로서, 당시 사장으로 취임한 조지 롬니는 제3단계 과정을 걸쳐 큰 성공을 거두었다. 먼저 제1단계에서는 화장실 휴지를 갱지로 바꾸는 등 모든 비용을 절감했다. 제2단계에서는 부품자급률을 감소, 직판점의 판매대리점 전환, 고정급을 보너스로 지급하는 등 고정비를 변동비로 전환하는 작업을 했으며, 마지막 제3단계에서는 상당한 부담을 감수하면서도 축소형 자동차를 개발하고 꾸준하게 광고비에 투자했다. 그 결과, AMC는 생존확보 후에 축소형 자동차를 가지고 시장점유율을 1%에서 6.4%로 증가시켰다.

그러나 1962년 롬니 사장의 후임으로 취임한 애버내티 사장은 중대형 자동차 생산으로 제품다양화를 시도했다. 그로 인해 이 회사는 1964년, 파산지경에 이르게 되었다. 그 후 새로 취임한 경영자가 다시 생존을 위한 제1, 2단계 전략을 구사했으나, 제3단계 전략을 결여한 비용절감 일변도 전략으로 인해 인력, 제품, 소비자면에서 경쟁력을 잃고 말았고, 결국 1972년 프랑스 르노(Renault) 사에 흡수합병 당했다. 이 사례는 생존전략은 반드시 3가지 단계를 모두 추구했을 때에만 의미를 가진다는 것을 보여주고 있다.

한국기업에게는 더이상 '다각화'나 '국제화'가 최선의 전략이 아니다. 이들은 기업과 시장환경이 좋을 때나 쓰이는 전략대안이다. 이제는 새로운 시대에 맞는 전략, 구조조정시대에 맞는 경영전략을 구축해야 할 때다. 한국기업들은 그 동안 추구하던 성장전략으로부터 생존전략으로 초점을 바꾸어 1, 2, 3단계를 효과적으로 연계하는 새로운 전략적 틀을 짜야 한다.

‖ 내외경제신문, 1998년 5월 11일 ‖

제 3 장

빅딜은 과연 성공할 것인가

1. '필요충분'한 안전장치

아이비엠 재팬(IBM Japan) 사는 미국회사인가 일본회사인가? 혼다 아메리카(HONDA America) 사는 일본회사인가 미국회사인가? 미국의 노동부장관을 지낸 로버트 라이히(Robert Reich) 교수는 외국회사가 떠나더라도 공장은 남는다는 전제 아래, 아이비엠 재팬 사는 일본회사이고 혼다 아메리카 사는 미국회사라고 주장한다.

그러나 이 두 기업은 일본기업도 미국기업도 아닌 자신의 이익극대화가 유일한 목적인 세계기업이다. 세계적인 다국적기업이었던

'걸프오일(Gulf Oil Corporation) 사'의 예를 들어보자.

　1976년 한국경제가 1차 오일 쇼크를 극복하고 높은 경제성장을 구가하게 됨에 따라, 걸프오일 사가 50% 지분을 갖고 있던 대한석유공사는 3,600만 달러라는 높은 순이익을 올렸다. 걸프오일 사는 자기 지분 1,800만 달러의 반에 해당하는 900만 달러를 배당금으로 본사에 송금하였다. 그러나 이 액수가 걸프가 투자한 2,500만 달러의 36%에 해당한다는 사실이 일반에 공개되자, 각 신문에는 걸프에 대한 공개적인 비판기사와 한국측 50% 지분의 대표권을 행사하던 산업은행 총재가 국회로부터 질책 당하는 사진이 실리기도 했다.

　그런데 당시 40여 개 나라로부터 대외비로 보내오는 영업자료를 가지고 경영성과를 분석하고 향후 전략을 개발하던 역할을 담당하던 내게 한국측 매너저가 보내온 1976년도 경영성과 보고서 내용을 보면, 걸프오일 사는 배당금 송금 외에 오히려 아무에게도 알려지지 않은 수송, 원유판매 등의 부가사업으로 무려 9,600만 달러를 한 해 동안에 한국에서 벌어들였다는 내용이 담겨 있었다. 어떻게 보면 걸프오일 사는 너무나도 우직했는지도 모른다. 쉽게 노출되는 배당금 송금을 차라리 실제 투자액의 5~10% 수준으로 낮추는 대신 부가사업에서 더 높은 이익을 올리는 식으로 이익을 재구성했었다면, 한국민들을 자극하지 않으면서도 원하는 이익을 맘껏 얻을 수 있었을 것이다.

　이렇듯 다국적기업은 모든 수단과 방법을 동원해서 투자대상국으로부터 철저하게 이익을 가져간다. 그리고 다국적기업의 수뇌부에서 세워지는 투자대상국에 대한 전략은 기업의 생리에 대한 경험이 없는 정부관리나 학자들이 제대로 알 도리가 없다.

그러면 한국기업이 미국에 가서 투자하더라도 미국경제를 수탈할 수 있겠는가? 이에 대한 대답은 '아니오'이다. 왜냐 하면 미국의 기업환경은 외국기업이 들어와서 제 마음대로 사업을 하도록 놔두지 않기 때문이다. 다시 말해서 라이히 교수의 주장은 미국처럼 외국인 투자기업이 다른 생각을 하지 못하게 하는 조건이 갖춰진 곳에서만 해당하는 특수론이다.

최근 정부에서는 54개 공기업을 조속히 해외투자가에게 매각하여 150억 달러에 달하는 외화를 확보하겠다고 발표한 바 있다. 이들 공기업을 인수하는 해외투자가들은 정부가 기대하는 대로 외화를 들여올 것이다.

그러나 이들 기업이 라이히 교수의 주장대로 한국기업으로서 한국경제에 대한 공헌을 할 것이라고 낙관적으로 보아서는 안 된다. 돈은 한 번 들어오고 마는 것이지만, 일단 한국에 들어온 기업은 앞으로 수십 년 동안 한국에서 사업을 하면서 매년 돈을 벌어 해외로 가져갈 것이다. 그렇다고 해서 국제화 수준이 미약한데다 외화가 부족한 우리 입장에서 외국투자가들의 한국기업 매수를 거부해서도 안 된다. 말하자면 외국인이 앞으로 매수할 한국기업을 통해서 한국의 경제력을 잠식하지 않도록 안전장치를 갖추어야 하는 것이다.

여기에는 무엇이 필요한가?

첫째, 외국기업의 생리를 정확하게 이해하고 이들의 행동을 소상하게 파악하는 능력을 갖고 있어야 한다. 만일 걸프오일 사가 쿠웨이트에서 한국까지 원유를 수송하는 비용이 얼마고, 판매에서 어느 정도 이익을 내는지 알고 있는 사람이 한 명이라도 정부에 있었다면 그 회사가 그렇듯 천문학적인 이익을 낼 수는 없었을 것이다.

둘째, 소액주주의 권한을 강화하고 경영의 투명성을 제고해야 한다. 외국투자가들은 한국기업의 1% 지분만 가지고도 주주로서의 모든 권리를 행사하며 경영진을 감시한다. 마찬가지로 한국회사의 대주주권을 외국인에게 넘겨주더라도 한국주주들이 소액주주로서 경영내용에 대한 공개를 요구한다면, 이들 기업도 한국경제에 반하는 행동을 하지는 못할 것이다.

셋째, 정부는 환경, 자원, 안전문제 등 기업의 사회적 책임에 관한 관련 법규를 정비하여 한국기업과 마찬가지로 외국기업에게도 이를 철저히 지키도록 요구해야 한다.

그러나 위의 세 가지 사항은 필요조건에 불과하다. 외국인 투자기업이 이익을 함부로 뽑아가지 못하게 하는 충분조건은 시장에 경쟁체제를 구축하는 것이다. 그리하여 본사 이익보다 한국내의 고객을 위하고 기술투자에 집중하는 기업만이 경쟁에서 살아 남을 때, 외국인 투자기업은 한국기업으로서의 역할을 수행하게 될 것이다.

‖ 국민일보, 1998년 7월 14일 ‖

2. 대기업 혁신, 안전판을 먼저 만들라

흔히 경제학은 비관적인 학문(blue science), 경영학은 낙관적인 학문(rosy science)으로 대비한다. 그래서인지는 몰라도 경영학도인 필자는 지난 20여 년간 한국경제를 전망하면서 미래에 대해서 어두운 평가를 해본 적이 한 번도 없다. 그런데 올해 하반기에 대해서만은 밝은 전망을 할 근거가 보이지 않아 우울해진다.

흔히 정부의 정책담당자나 학자들은 비관론의 근거로 국제금융시장의 불안과 자금난, 그리고 수출감소현상을 든다. 그러나 필자가 걱정하는 것은 경제가 어려운 국면으로 돌입하고 있다는 물리적인 상황이 아니다. 경제란 고무줄같이 탄력이 있어서 헤어나기 어려운 국면으로부터 순식간에 빠져나오기도 하고, 반대로 잘 나가던 경제가 하루 아침에 나락으로 떨어지기도 하기 때문이다.

필자를 진정으로 비관적으로 만드는 것은 우리 경제가 나빠지는 속도에 비해서 정부, 기업 그리고 국민들이 실상을 객관적으로 파악하면서 이에 대한 대비를 하는 속도가 늦다는 점이다.

1998년 8월 수치로는 실업자가 150만 명을 돌파하여 7%대의 실업률이라고 하지만, 전문가들의 견해로는 문을 닫은 자영업자들과 빈사상태에 빠진 중소기업들을 포함할 때 이미 실업자가 300만 명을 돌파했다고 한다. 이제 워크아웃 프로그램을 기다리고 있는 재벌그룹들이 본격적으로 인력구조조정을 시작하면 실업률 20%는 초읽기 상태에 들어갈 것이다. 한국경제가 이 지경에 이르렀는데도 정부와 재벌그룹, 그리고 근로자들은 아직도 상대에 대한 불신 속에서 서로 반목과 사보타지를 일삼고 있다. 이런 상황이 계속되는 한 한국경제의 미래에는 희망의 싹이 움틀 수 없다.

우리는 한국경제를 다시 살려내야 한다. 이제 경제위기를 극복하기 위해서 쓸 수 있는 대안에는 두 가지가 있다. 하나는 경제위기로 인해서 나타난 높은 실업률과 막대한 외채부담 등의 증상을 없애주는 단기적인 대증요법(對症療法)이고, 다른 하나는 이러한 증상을 근본적으로 해소해주는 근치요법(根治療法)이다.

높은 실업률을 회피하는 대증요법으로는 근무시간 단축, 임금 삭감 등의 질적 고용조정을 들 수 있다. 반면 근치요법을 쓴다면, 과감한 정리해고로 기업, 정부 등 경제 관련 조직의 경쟁력을 강화하는 과정에서 퇴출된 실직자들에게 자립할 수 있는 교육과 창업지원 등의 서비스를 제공해야 한다.

외채부담을 경감하기 위해서는 해외기업의 국내투자와 한국기업의 수출증대를 고려할 수 있다. 해외기업의 국내투자에 대해서도 대증요법으로는 국내기업을 저평가하여 싼 값으로 매각하는 것이고, 근치요법으로는 국내시장의 잠재력과 국내기업의 수익가치를 높여 해외투자가들로 하여금 한국의 미래에 대해 투자하게 하는 것이다.

수출증대에도 두 가지 방법이 있다. 하나는 수출기업에게 국가의 모든 지원을 제공하는 대증요법이고, 다른 하나는 수출기업이 먼저 경쟁력을 갖추도록 도와주고 그들이 경쟁력에 입각해서 수출을 촉진하도록 하는 근치요법이다.

전자를 택한다면 수출증대를 위해 수단과 방법을 가리지 말아야 한다. 필요하다면 외국에서 인정하는 범위내에서, 경우에 따라서는 정부가 외국이 알아차리지 못하도록 수출촉진을 위한 각종 지원을 제공하고, 근로자는 열악한 근무조건을 감내하고 희생하며, 소비자는 설령 품질이 낮고 가격이 비싸더라도 국산품을 애용해야 한다.

그러나 후자를 택한다면 정부가 택하는 수출진작정책은 우리나라 기업이 경쟁력을 구축하는 데 도움이 되는 범위내에서 이루어져야 한다. 근로자와 소비자들도 한국경제가 선진화하는 방향으로 힘을 합쳐야 한다. 경우에 따라서는 자극을 주기 위해 법의 테두리 안에서 건전한 노사협상도 해야 하고 소비자의 권리를 주장해야 한다.

어느 길을 선택하는가에 따라 가장 큰 변화를 보이게 될 대상은 기업, 특히 재벌그룹의 구조조정 여부이다. 재벌그룹은 정부의 산업정책의 산물이다. 정부는 제한된 자원을 전략산업에 집중투자하는 방법으로 재벌을 육성했고, 이들에게 국내시장에 대한 독과점적 지위를 허용했으며, 높은 부채비율을 지탱할 수 있는 신용을 제공해주었다. 또 매 5년마다 전자, 자동차, 반도체, 정보통신 등 신규 전략산업을 육성하는 과정에서 대규모 자본동원능력과 우수한 인재 풀을 가진 재벌그룹을 활용함으로써 이들의 사업다각화를 조장했다. 이러한 재벌그룹의 다각화전략과 부채의존전략은 정부의 지원에 입각한 수출촉진에는 이바지했지만, 홀로서기를 전제로 하는 경쟁력 강화에는 역행하는 결과를 초래했다.

한국경제가 전자의 길, 즉 대증요법을 선택한다면 재벌은 구조조정을 할 필요가 없다. 오히려 그 동안의 다각화전략을 계속 유지하면서 새로운 수출품목을 개발하고 종합상사를 활용하여 수출시장을 확대해야 한다. 이 경우 5대 재벌그룹 계열사에 대한 무역금융은 허용해야 할 뿐 아니라 오히려 집중지원해야 한다.

반면에 한국경제가 후자의 길, 즉 경쟁력 강화를 통한 근치요법을 선택한다면, 재벌은 구조조정을 통해 전문화된 기업으로 다시 태어나야 한다. 5대 재벌그룹의 계열사에 대한 무역금융도 구조조정이 끝난 기업에 대해서만 허용한다면 구조조정의 일정을 단축하는 효과가 생긴다. 사실 이러한 '선구조조정 – 후수출지원'이라는 수순은 5대 재벌그룹 이하의 재벌그룹에 대해서도 동일하게 적용해야 한다.

한국경제는 대증요법보다 근치요법을 선택해야 한다. 실업자 문제에 있어서 궁극적으로 그들을 도와주는 방법은 임시변통적인 취업이나 실업수당에 의존하게 하는 것보다 비록 일시적으로 어려운 시기를 맞더라도 장기적으로 떳떳한 근로기회를 갖도록 해주는 것이다. 외국기업의 국내기업 인수에 대해서도 싼 값으로 이들을 유혹할 것이 아니라 이들에게 국내시장에 참여하여 국민생활의 향상에 이바지하는 동시에 장기적으로 투자수익을 올릴 수 있도록 여건을 마련해야 한다. 수출에 있어서도 수출지원보다는 경쟁력을 통해 장기적으로 해외시장을 확대하는 것이 바람직하다.

바둑의 고수는 형세 판단과 수순 선택의 전문가이다. 경제정책의 담당자도 마찬가지이다. 현실의 상황에 대해 객관적인 판단과 함께 정책의 우선순위를 적절하게 선택해야 한다. 한국경제에 있어 선결 과제는 역시 재벌그룹의 구조조정이다.

현재 5대 재벌그룹의 구조조정은 지지부진한 모습을 보이고 있다. 그 이유는 재벌그룹의 경영권을 가진 재벌 개인들이 계열사에 대한 경영권을 유지하고 싶어하기 때문이다. 그런 까닭에 재벌들은 경쟁력 강화를 추구하는 후자의 정책보다 수출의 육성을 강조하는 전자의 정책을 선호하는 것이다. 그리고 수출촉진과 함께 현재 진행 중인 기아자동차 입찰 사례에서 보듯이, 재벌을 앞세워서 특정 산업을 육성하는 기존의 산업정책을 정부에게 종용하고 있다. 따라서 정부가 재벌그룹, 특히 5대 재벌그룹이 구조조정을 필연의 과제로 받아들이도록 하기 위해서는 이들에게 의심의 여지가 없이 분명한 신호(시그널)를 보내야 한다. 즉 정부가 재벌그룹을 통해 특정 산업을 육성해온 기존의 산업정책을 포기하고 경제발전의 초석이 되는 경제 하부구조에 대해서만 참여한다는 정책의지를 구현해야 한다.

보다 구체적으로는 국가정보시스템의 구축, 사회간접자본의 확충 등 정부투자가 필요한 내용과 함께 독과점적 시장구조의 개선, 부당 내부거래 근절, 기업 투명성 제고를 위한 사외이사제도, 소액주주의 권리 강화, 경영자의 경영책임 추구 등 경제활동에 대한 원칙을 확립하게 한다. 그리고 기업 흡수합병(M&A)시장의 활성화, 부채비율이 높은 기업에 대한 차등이자 적용 등 시장효율성의 제고를 위한 시스템을 도입해야 한다.

정부는 이러한 시장경제적 메커니즘을 도입하되, 각 재벌기업이 추구해야 할 구조조정의 내용에까지 간섭해서는 안 된다. 정부는 각 기업의 고충을 이해하고, 이들이 구조조정을 추구하는 데 걸림돌이 되는 요인들을 제거해주는 역할을 담당해야 한다.

이 과정에서 정부의 정책의지가 뚜렷하다는 것을 보여주고, 구조조정에 앞장서는 기업이 커다란 수확을 얻을 수 있도록 시장경제체제를 갖추어 주면, 재벌그룹들은 스스로를 위해서 능동적으로 구조조정에 임할 것이다.

대증요법은 쉽고 근치요법은 어렵다. 의사의 능력이 부족한 경우에 허약한 환자라면 죽을지도 모른다. 그러나 겁이 난다고 해서 대증요법에만 의존할 때, 한국경제는 선진권으로의 도약을 기대할 수 없다. 그리고 한 나라의 경제는 생명력이 끈질기기 때문에 쉽사리 무너지는 것도 아니다. 더구나 한국민은 근면하고 교육열이 높다. 이 두 가지 능력을 가진 국민이 있는 한 한국경제는 건강하다. 이번

기회야말로 우리가 과거의 잘못된 부분을 치유하고 건강하게 다시 태어날 절호의 기회이다.

정부가 기업의 구조조정을 통해 단기처방보다 근본을 치유하는 목적을 추구하되, 정확한 형세 판단과 적절한 우선순위에 따라 합리적으로 정책을 펴 나간다면, 재벌그룹이 정부의 경제정책과 산업정책, 그리고 재벌정책이 변했다는 상황인식을 분명히 하여 구조조정을 적극적으로 실천한다면, 우리는 한국경제의 경쟁력 강화와 시장경제체제의 수호라는 두 마리 토끼를 동시에 잡을 수 있을 것이다.

‖ 한국경제신문, 1998년 8월 24일 ‖

3. 빅딜은 목표가 아니다

최근 빅딜(Big Deal), 즉 5대 재벌그룹 간의 계열기업 주고받기식 구조조정이 화두로 떠오르고 있다. 정부에서는 이들이 여타 재벌그룹만큼 구조조정에 열의를 보이지 않고 있고, 그에 따라 한국경제 전체의 구조조정이 지지부진하고 있으며, 그로 인해 해외투자가들이 한국기업의 경쟁력 강화 가능성에 회의를 느끼고 발길을 돌린다고 생각하고 있다.

그리하여 정부는 설사 과정이 졸속하더라도 직접 개입해서 단시

일에 가시적인 성과를 올리겠다고 결심을 한 듯하다. 반면에 재벌 당사자들과 시장경제를 신봉하는 학자들은, 구조조정은 해당 기업들이 결정하고 행동에 옮겨야 하고 정부가 인위적으로 개입하면 왜곡과 효율성 상실이라는 결과를 초래할 것이라고 비판한다.

이처럼 양쪽의 견해가 팽팽하게 엇갈린 가운데 일단은 칼자루를 잡은 정부가 원하는 대로 구조조정이 진행되는 듯하다. 그러나 5대 재벌측에서는 앙앙불락하는 모습을 보이고 있어, 과연 정부가 원하는 대로 구조조정이 이루어질 것인가에 대해 반신반의하게 된다. 정부와 재벌 간에 이러한 불협화음이 나오게 되는 원인은 무엇인가?

최근 미국의 경영 관련 백과사전인 IEBM(International Encyclopedia of Business and Management)으로부터 재벌(Chaebol)의 개념을 1,500단어 내외로 정의해 달라는 요청을 받고 다음과 같이 정리해서 보냈다.

재벌이란, 여러 산업으로 크게 다각화되어 있는 한국의 주요 기업집단에 대해 경영권을 가진 특정 개인이나 그 가족을 말한다(Chaebol refers to an individual or his/her family clan that has management control over a cluster of Koreas major business firms that are highly diversified into various industries). 그리고 재벌기업과 재벌그룹은 재벌이 경영권을 행사하는 기업과 그 집단을 지칭한다(Chaebol firms, and chaebol group would therefore indicate the firms and the group that chaebol controls).

이렇게 재벌은 자연인으로, 재벌기업과 재벌집단은 법인으로 개념을 정리하면 구조조정을 놓고 정부와 재벌 간에 벌어지고 있는 의견충돌의 원인이 극명하게 드러난다. 즉 정부에서는 재벌기업, 즉 재벌그룹 내의 각 기업이 경쟁력을 갖추도록 구조조정하려는 데 반해서, 정부가 상대하고 있는 재벌들은 그 동안 자신이 행사해온 경영권을 유지하는 데 더 관심을 갖고 있다. 따라서 앞으로 정부가 재벌그룹의 구조조정을 끌어내려면 대화상대, 구조조정에 포함되는 기업 그리고 구조조정을 실천하기 위한 정책대안을 전면 재검토해야 한다.

첫째, 정부는 현재 대화창구로 선택한 전국경제인연합회 대신 구조조정의 대상이 되는 재벌기업의 대표이사와 직접 대화해야 한다. 전경련은 비록 몇몇 재벌그룹의 창업자와 그 후계자가 회장단을 구성하여 주도적인 역할을 하고 있지만, 사실은 355개의 대기업과 65개의 경제단체가 회비를 부담하는 단체이다. 따라서 전경련은 5대 재벌그룹의 구조조정을 논의하는 데 적합한 상대가 아니다.

둘째, 정부는 5대 재벌그룹을 그 이하의 재벌그룹과 별개로 취급하면서 이들 간의 빅딜을 검토하고 있는데, 이것도 잘못된 일이다. 산업별로 보면 이들 5개 재벌그룹의 계열기업들이 포함된 경우도 있고 아닌 경우도 있는데, 이들만을 상대로 해서 빅딜을 추구하는 것은 실효성이 없다. 그리고 5대 재벌그룹 간에도 규모와 사업내용, 어려움의 정도가 제각기 다른데도 이들을 한데 묶어 대화상대로 삼게 되면, 5대 재벌은 자연히 공동전선을 만들어 정부에 대응하게 된다. 따라서 현재 6대 재벌그룹 이하의 구조조정을 담당하고 있는 금융감독위원회가 5대 재벌그룹의 구조조정까지 맡아야 한다.

셋째, 정부는 각 재벌기업이 추구해야 할 구조조정의 내용까지 간섭해서는 안 된다. 정부는 각 기업의 고충을 이해하고, 이들이 구조조정을 추구하는 데 걸림돌이 되는 요인들을 제거해주는 역할을 담당해야 한다. 그리고 정부는 비용이 적게 들면서도 구조조정에 능동적으로 참여하는 기업에게 큰 이익이 돌아가게 하는 정책변수를 찾아내어 이를 제도화해야 한다. 구체적인 방법으로는 독과점적 시장구조의 개선, 부당 내부거래 근절 등 공정거래위원회의 활동 강화와 기업의 투명성 제고를 위한 사외이사제도, 소액주주의 권리 강화, 경영자의 경영책임 추구, 부채비율이 높은 기업에 대한 차등이자 적용 등을 들 수 있다.

정부는 대화상대의 선택과 조정대상 기업의 선정, 그리고 정책대안의 선택을 합리적이고 효율적으로 해야 한다.

‖ 조선일보, 1998년 8월 27일 ‖

4. 빅딜, 투명해야 한다

현재 재벌그룹의 구조조정은 두 갈래로 나뉘어 진행되고 있다. 하위 재벌그룹들은 금융권과의 워크아웃 작업을 통해서, 그리고 5대 재벌그룹들은 서로 간의 빅딜을 통해서 진행되고 있는 것이다. 하위 재벌그룹들의 구조조정이 가시적인 성과를 보이고 있는 데 반해, 5대 재벌그룹들의 빅딜은 정부가 강력한 의지를 보이고 있음에도 지지부진하다. 빅딜이 확실한 구조조정 효과를 가져올 수 있는데도 5대 재벌그룹들이 외면하고 있는 이유는 빅딜에 내재하는 구조적인 한계 때문이다.

빅딜은 재벌그룹이 사업구조를 조정하기 위한 여러 방법 중 하나이다. 사업구조조정이란, 기업이 기존 사업에서 퇴출하고 신규 사업으로 진출하는 방법을 통해 가장 바람직한 방향으로 사업구성을 바꾸어 나가는 작업이다. 이 때 기업이 기존 사업에서 퇴출하려면 기존 사업을 폐쇄하거나 타인에게 매각하면 되고, 신규 사업으로 진출하려면 신규 투자를 하거나 타인이 가진 사업을 매수하면 된다.

그런데 미국처럼 사업을 매매하는 시장이 발달해 있는 곳에서는 사업을 대상으로 하는 거래가 쉽게 일어나지만, 한국에서는 그러한 시장이 형성되어 있지 못하다. 따라서 한국에서는 시장이 없는 곳에서 물물교환이 일어나듯이 대형 재벌그룹 간에 사업을 물물교환하는 빅딜이 유력한 방법으로 등장한 것이다.

그런데 물물교환에서는 판매자와 구매자 간에 돈이라는 객관적 가치평가수단이 없기 때문에 정확한 계산이 쉽게 되지 않는다. 따라서 협상능력에 따라 거래당사자들 간에 이해관계가 달라진다. 손해 보는 쪽에서는 거래조건에 대해 불만을 가지게 되므로 실제 거래는 생각만큼 잘 성사되지 않는다. 물물교환은 시장이 형성되기 이전에는 나름대로의 의미가 있지만, 시장을 대체할 수 있을 정도의 효과가 나는 것은 아니다. 따라서 정부는 빅딜이 가진 물물교환적 특성을 이해하고, 빅딜을 통해 재벌그룹의 구조조정을 일거에 달성하겠다는 조급함을 버려야 한다. 이보다는 빅딜을 장기간에 걸쳐 진행될 구조조정의 시발점으로 삼아서 앞으로 사업을 매매하는 시장이 형성될 수 있는 기초를 마련하겠다는 단계적 접근법을 써야 할 것이다.

정부가 재벌그룹에게 구조조정을 강요하는 이유는 재벌그룹이 가진 자원을 특정 사업에 집중함으로써 그 사업에서의 경쟁력을 강화하자는 것이다. 그리하여 경쟁력이 없는 경쟁기업을 물리치고 독점이익을 확보함으로써 기업가치, 즉 기업의 시가총액을 상승시켜 궁극적으로 국부를 증가할 수 있는 것이다. 따라서 빅딜의 궁극적 목적은 재벌그룹들이 그 동안 벌여온 다양한 사업을 정리하여 전문화하는 것이다.

그러나 현재 5대 재벌이 진출해 있는 수많은 사업을 고려할 때, 빅딜만으로 이들이 전문화의 길로 접어들리라고 기대하기는 어렵다. 그보다는 과잉시설과 경기불황으로 심각한 경영위기에 처해 있는 재벌그룹의 사업 중에 외부시장에서 원매자를 찾기 어렵거나 대주주 경영자의 자존심이 걸린 사업들을 빅딜로 처리함으로써, 이들 사업의 퇴출을 가능하게 하는 것이 빅딜의 단기목표라 할 수 있다.

따라서 빅딜을 통해 원하는 목표를 달성하기 위한 필요조건은 빅딜에 참가하는 각 재벌그룹의 경제적 효익이 증가하는 것이다. 이를 위해서는 규모의 경제와 범위의 비경제가 동시에 존재하는 사업을 빅딜의 대상으로 삼아 특정 재벌그룹에게 집중시켜야 한다. 규모의 경제가 있는 사업은 한 경영주체에게로 통합할 필요가 있고, 범위의 비경제가 있는 사업은 한 경영주체가 전업화해야 하기 때문이다.

빅딜이 성공하기 위한 충분조건에는 세 가지가 있다. 첫째, 재벌 개인들은 사업구조조정에 대한 필요성 및 긴박성을 인식해야 한다. 둘째, 정부는 빅딜 시행을 가로막는 제도적 규제를 철폐 또는 완화해야 한다. 셋째, 빅딜의 내용을 다루는 실무자들은 빅딜의 내용을 객관적이고 공평한 방법으로 만들어냄으로써 모든 참여재벌이 원 -

원 결과를 끌어낼 수 있도록 해야 한다.

빅딜은 항상 좋은 결과만 가져오는 것은 아니다. 빅딜이 기업으로 하여금 자원을 집중하여 경쟁력을 향상케 하는 긍정적인 측면이 있는 반면, 그 과정에서 막대한 비용이 발생하고 결과적으로 경쟁적인 시장구조가 독과점적인 모습으로 바뀔 가능성이 생긴다.

또한 정부가 빅딜을 이끌어내기 위하여 채택하는 지원조치에 균형감각이 결여되어 있으면 국내로부터 사회적 비판이 나타나고, 객관성이 없으면 국제기관과 외국 정부들이 압박을 가해올 것이다. 특히 빅딜이 정부가 재벌에게 세제, 금융면에서 막대한 지원을 제공하기 위한 편법으로 사용되어서는 안 된다. 빅딜은 국내에서는 물론, 모든 해외투자가들이 관심을 갖는 세계적인 사건이다. 이들은 한국 기업의 경영시스템이 글로벌 스탠다드에 맞는 방법으로 기능하고, 이 과정에서 나오는 결론이 투명할 것을 요구한다.

이러한 빅딜의 문제점을 해결하기 위해서는 정부가 빅딜을 유도하기 전에 국가의 장기 비전을 국민에게 제시하고 이에 대한 공감대를 확보해야 한다. 또한 빅딜에 대해 정부가 개입하는 범위와 한계를 분명히 하고 대외적 투명성을 확보할 필요가 있다.

빅딜의 효과를 극대화하기 위해서는 여기에 참가하는 재벌그룹들이 빅딜의 내용, 즉 사업구조(structure)의 변화뿐 아니라 빅딜의 과정(process)에 대해서도 철저한 대비를 해야 한다. 즉 빅딜 과정에서 필연적으로 일어나게 될 여러 가지 문제, 즉 기존 조직의 정비, 기존 기업문화와 신규 문화의 갈등 해소, 기업의 비전 제시 등에 대해 사전에 철저한 준비를 해야 하는 것이다. 정부 역시 빅딜의 과정에서 필연적으로 일어나게 되는 근로자의 정리해고, 일시적인 경제침체

등에 대한 대비를 철저히 함으로써, 이러한 후유증이 발생했을 때 우왕좌왕하지 않고 신속하게 대처해야 한다.

‖ 한국일보, 1998년 9월 25일 ‖

5. 빅딜, 재벌 자신을 위해서도 필요하다

우리의 경제위기는 해외에서 불어닥친 외환위기도 아니고 국내 은행이 취약해서 생긴 금융위기도 아니다. 한국의 경제위기는 기업, 특히 재벌그룹의 기존 구조, 관행, 전략이 새로운 시대에 적응하지 못하는 데서 나온 기업의 위기이다. 우리 경제는 후진국에서 중진국으로 발전하는 과정에서 산업정책과 재벌정책을 효과적으로 활용했다. 그러나 한국이 중진국에서 선진국으로 변신하는 과정에서는 기존 정책이 오히려 제약요소로 바뀌고 말았다.

산업혁명의 초기단계에서는 부족한 자원을 동원해서 그 효율성을 극대화하는 것이 관건이고, 이 목적을 달성하기 위해서 영국, 미국, 일본 등 여러 나라에서 사용했던 정책은 자본, 인력 등의 생산요소 시장에서 독점적인 지배력을 가진 재벌그룹을 몇 개 형성하는 것이었다. 그런 점에서는 한국도 예외가 아니었다. 그러나 경제가 선진권으로 향하는 과정에서는 치열한 경쟁 속에서 싸워 이기는 능력을 갖추는 것이 새로운 관건이 된다. 문제는 재벌이 정부의 보호 속에 제한된 자원을 독점하는 속성상 경쟁보다는 독점에 안주하려는 경향을 보인다는 것이다.

경쟁력은 경쟁 속에서만 나온다. 한국경제가 선진화하기 위해서는 경쟁적인 시장이 형성되고 그 경쟁에서 이긴 기업이 시장을 선도해야 한다. 이제는 재벌그룹도 정부가 친 독점의 울타리 속에서 왜곡된 승자가 되기보다는 경쟁시장에서 공정한 규칙을 준수하며 정정당당하게 싸워 이겨야만 수명을 오래 유지하고 한국경제의 선진화에 공헌할 수 있다.

재벌그룹이 새로운 시장규칙과 제도 안에서 새로운 방식으로 경영해 나가기 위해서는 기존의 가치관, 제도, 구조, 전략, 관행 등을 버리고 새로운 모습으로 거듭 태어나야 한다. 기업이 이렇게 기존의 틀을 버리고 판을 새로 짜는 것을 구조조정이라고 부른다. 기업의 구조조정대상에는 손익, 비용, 인력, 조직, 시장, 제품, 재무, 사업 등 여러 종류가 있지만, 그 핵심은 사업구조조정이다.

재벌그룹 입장에서 볼 때 사업구조조정은 정성껏 키워온 계열사를 포기해야 하는 아픔을 수반한다. 그러나 구조조정의 대상이 되는 사업은 삼국지에 나오는 조조의 계륵(鷄肋), 즉 먹기 어려운 닭갈비에 해당한다. 조조의 참모인 양수가 간파했듯이 계륵의 처리에 대한 정답은 포기이다. 재벌그룹이 사업구조조정을 통해 평소에는 정리하기조차 어려웠던 계열사를 포기하고 특정 분야에 능력을 갖춘 전문화기업으로 다시 태어난다면 오늘의 경제위기는 하늘이 준 기회로 변할 것이다.

정부의 실질적인 주도 아래 진행되고 있는 5대 재벌그룹의 빅딜

작업은 사업구조조정을 실현하기 위해 사용하는 방법 중 하나인 물물교환방식이다. 이 방법은 화폐라는 객관적인 가치판단의 기준을 사용하지 않기 때문에, 규모와 가치가 비슷한 사업 간에만 적용된다는 한계와 그 결과로 성공률이 낮다는 약점이 있다. 특히 정부가 빅딜의 내용에 실질적으로 개입하고 참여하는 재벌그룹에 대한 압박을 통해 조속한 실천을 강요하면, 경제원리에 반하는 내용으로 꾸며지고 졸속으로 처리될 가능성이 높아진다.

이런 약점에도 빅딜은 나름대로 효용성을 가지고 있다. 재벌그룹이 잘못된 의사결정으로 인해 심각한 부실요인을 안고 있는 사업을 빅딜 이외의 다른 방식, 특히 객관적인 자산평가를 전제로 한 흡수합병으로 정리하게 되면 투자에 대한 손실의 규모가 명백히 드러나고, 이 과정에서 잘못된 의사결정을 내린 최고경영자가 감수해야 하는 피해가 엄청나게 커진다. 수많은 임직원 앞에서 최고경영자의 권위가 손상되는 것은 물론, 앞으로 그룹경영에 중요한 결정이 있을 때 그의 발언권이 현저하게 약화될 것이다. 경우에 따라서는 몇몇 은행에서 보았듯이 최고경영자가 소액주주의 재산권에 대한 피해를 보상해야 할 수도 있고, 기아자동차에서 보았듯이 형사책임을 져야 할지도 모른다.

반면에 빅딜은 재벌그룹 간에 부실요인을 안고 있는 사업들을 맞교환하는 것이기 때문에, 각 사업의 내부에 숨어 있는 문제점을 노출하지 않은 채 거래를 성사시킬 수 있다. 그런 의미에서 엄격한 기준을 적용한다면, 빅딜은 재벌그룹 경영자의 도덕적 해이가 또다시 나타나는 잘못된 방식이다. 그러나 5대 재벌그룹의 총수가 가진 사회적 힘을 생각할 때, 이 정도의 도덕적 해이는 눈감아주어야 하는 것이 한국의 현실이라면 빅딜을 대승적 자세로서 받아주어야 할지도 모른다. 그럼에도 현재 5대 재벌그룹의 최고경영자들은 빅딜에 대해서 미온적인 태도를 취하고 있다. 이런 태도는 빅딜을 통해서 얻을 수 있는 혜택, 즉 잘못된 투자결정이 노출되는 경우에 짊어져야 하는 부담에 대해서는 그 동안 직접 경험을 한 적이 없기 때문에 심각하게 생각하지 않는 반면, 빅딜을 통해 잃게 되는 사업에 대해서는 미련을 갖고 있기 때문이다.

그러나 5대 재벌그룹 최고경영자의 빅딜에 대한 소극적 태도는 앞으로 소액주주의 경영참여와 경영자의 잘못에 대한 사법적 처리가 본격화되면서 바뀔 수밖에 없다. 그런 의미에서 기업지배구조 도입과 소액주주의 주주권 회복은 한국경제의 건강한 발전과 한국기업의 경쟁력 강화를 위해 행정부와 사법부가 적극적으로 추진해야 할 국가적 과제이다.

‖ 한국일보, 1998년 10월 31일 ‖

6. 대기업 빅딜의 해법
― 경영권보다 '주주이익' 중시 ―

최근 미국 하버드 경영대학원에서 개최한 'Breaking the Code

of Change(변화암호의 해독)' 세미나에 참석하였다. 다소 묘한 주제를 내세운 이 세미나에는 저명한 경영학자와 주요 컨설팅회사의 사장, 그리고 대기업의 대표이사들 100명이 한 자리에 모여 21세기를 위한 전략과 조직변화에 관한 이론을 도출해내는 연구작업을 진행하였다. 참가자들은 오늘날 같은 변혁기에 기업이 생존하려면 구조조정이 필수 불가결하다는 전제 아래, 이를 성공적으로 수행하기 위한 비결을 찾아내는 작업을 벌였다.

세미나 첫 날 학교에서 준비한 자료에는 사례가 두 개 있었고, 모든 참가자들은 학생 신분으로 돌아가 전날 밤에 읽은 이 사례를 가지고 토론을 벌였다.

첫 사례는 챔피온 인터내셔널(Champion International) 사라는 제지회사에 관한 것으로, 리차드 올슨(Richard Olson) 회장이 직원을 한 명도 줄이지 않으면서 산하 제지공장의 생산성을 최고 수준으로 가져가는 피나는 과정을 묘사하고 있었다. 그러나 미국의 제지산업이 가지고 있는 과잉시설로 말미암아 치열한 가격경쟁이 벌어지는 가운데, 이 회사는 높은 경쟁력에도 불구하고 이익을 내지 못했기 때문에 주가는 바닥권을 헤어나지 못하고 있었다.

두 번째 사례는 스코트 페이퍼(Scott Paper) 사라는 또 다른 제지회사에 관한 것이었다. 이 회사는 최고경영자가 미래에 대하여 지나친 낙관을 한 탓으로 시설확장과 기업인수를 통해 삼림, 펄프사업으로 수직적 결합을 이루는 동시에 세계에서 시장점유율이 1등인 화장지에서 인쇄용지로 사업다각화를 시도했다.

그러나 이 과정에서 자금난에 봉착함으로써 회사의 신용도는 최하의 수준으로 떨어지고 말았다. 그리하여 이사회에서는 최고경영자를 퇴임시키고 알버트 던랩(Albert Dunlap)이라는 구조조정 전문가를 영입하였다. 던랩 회장은 삼림, 펄프사업, 인쇄용지사업 등을 매각해서 확보한 돈으로 부채를 상환하여 금융권으로부터 신용을 되찾은 후, 화장지사업에 특화하였다. 이 과정에서 기존 임직원의 80%가 해고되었으나, 화장지 시장에서 이 회사가 차지한 점유율은 꾸준히 상승했다. 그러는 가운데 화장지 시장을 장악하려는 킴벌리클라크(KimberlyClark) 사와 협상을 벌여 높은 프레미엄을 받고 회사 전체를 매각하였다. 그 결과, 던랩 회장 취임 전에 14억 달러에 불과하던 이 회사의 시가총액은 불과 2년 후에 단행된 기업매각의 시점에 46억 달러로 상승하였다. 주주들은 32억 달러에 해당하는 이익을 얻었고, 던 랩 역시 사전에 치밀하게 작성한 계약에 따라 8,700만 달러를 받았다.

둘째 날에는 세미나에 참석한 모든 학자, 컨설턴트, 최고경영자들이 두 회사의 경영자들 중에서 누가 더 사회에 공헌을 했는가 하는 주제를 놓고 난상토론을 벌였다. 챔피온 인터내셔널 사의 올슨 회장은 종업원을 해고하지 않은 채 공장의 생산성을 최고 수준으로 가져간 반면, 주가는 조금도 상승시키지 못했다. 스코트 페이퍼 사의 던랩 회장은 화장지 사업에 특화한 후 경쟁사에 의한 인수합병을 통해 주주들에게 32억 달러라는 이익을 준 반면, 회사는 없어지고 여러 공장이 문을 닫았으며 수많은 종업원이 직장을 잃고 말았다.

여러분은 두 사람 중에 누구를 더 바람직한 경영자로 평가하겠는가? 필자가 전공하고 있는 전략경영에 의하면 최고경영자의 역할은 생산, 마케팅, 인사, 재무 등의 활동을 유기적으로 조정하면서 기업 내부의 핵심역량을 구축하여 경쟁력을 강화하는 것이다. 따라서 전

략이론대로 한다면 챔피온 인터내셔널 사의 경영자를 바람직하다고
볼 수밖에 없다.

그러나 세미나에 참석했던 경영학자, 컨설턴트, 그리고 기업의
대표이사들은 이론과 전혀 다른 결론을 끌어냈다. 즉 챔피온 인턴내
셔널 사보다는 스코트 페이퍼 사의 경영자가 주주들에게는 물론 사
회에 대해서도 훨씬 큰 긍정적 역할을 한다는 것이었다. 참석자들의
이런 태도는 필자에게 엄청난 충격을 주었다. 그리고 주주만이 기업
의 주인이라는 미국식 경영의 현주소를 피부로 이해하게 되었다.

필자는 세미나를 끝내고 귀국하면서 미국의 경영 전문가들이 내
린 결론이 한국기업에도 그대로 적용될 것인가 하는 문제를 놓고 고
민에 빠졌다. 아마도 손쉬운 답변은 미국과 한국은 다르다는 것이리
라. 그러나 이 답은 냉정한 분석에 따른 합리적 결론이 아니라 다분
히 국수적인 태도에서 나온 감정적인 반응이라고 볼 수밖에 없다.

그러는 가운데 과연 미국에서도 던랩 회장식의 경영이 항상 옳은
것인가 하는 데 생각이 미쳤다. 사실 올슨 회장의 경영은 주가가 침
체하고 있다는 사실만 빼면 누가 보기에도 바람직한 모습이다. 다만
과잉시설이 만연한 제지산업에서는 산업의 구조조정, 즉 생산시설
과 시장규모 간의 균형이야말로 개별 기업이 전략경영을 통해 이익
을 내기 위한 필요조건이었던 것이다. 그러나 자본집약적인 제지산
업의 성격상 투자를 끝낸 경쟁자 중 자신의 시설을 줄여 산업내의
수요공급을 조정하려는 선도적인 회사가 없었던 것이다.

반면에 던랩 회장은 전문화를 통해 화장지라는 한정된 사업에서
시장지배력을 갖춘 후 자신의 시설을 경쟁사로 하여금 인수케 함으
로써 산업내 수급을 조절하는 역할을 감당하였다. 그리고 그 과정에

서 시장지배자로서의 높은 협상력을 이용해 자신이 책임지고 있는 회사의 주주에게 높은 투자이익을 안겨 준 것이다.

이 분석을 통해 필자는 커다란 교훈을 얻었다. 즉 경영자가 선택하는 기업전략의 잘잘못은 진공상태에서 판단할 것이 아니라 그 기업이 속한 산업구조의 특수성을 감안하면서 이루어져야 한다는 것이다. 이를 한국기업에 적용해보자.

한국의 경영자는 한국은 미국과 다르니까 미국식 경영을 받아들이면 안 된다고 무조건 배타적인 자세를 가질 것이 아니라, 우선 해당 산업의 수급상태를 분석해야 한다. 이 분석에서 기업의 어려움이 산업의 과잉시설에 기인한 것이라는 결론이 나오면, 먼저 구조조정을 통해 산업내의 수급균형이라는 필요조건을 갖추어야 한다. 그 다음에 생산성 향상을 통해 경쟁력을 구축하면 자연히 시장지배력이 생기는 것이다. 그러면 수급이 균형상태인 해당 산업 안에서 시장을 지배하는 기업의 이익은 자연히 올라갈 것이고, 증권시장에서도 독점이익을 올릴 수 있는 기업의 경쟁력이 높이 평가되어 주가를 상승시켜, 결국 기업의 시가총액이 높아지는 것이다.

필자는 이 세미나에 참가하고 온 이후 한국에서 진행되고 있는 빅딜, 즉 재벌그룹 간의 사업 맞바꾸기 작업을 새로운 시각으로 보게 되었다. 현재 우리나라 기업들의 가치를 보면 700여 개 상장회사의 시가총액을 다 합쳐도 마이크로소프트 사라는 한 회사의 20%도 안 되는 한심한 수준이다. 이는 기술집약적인 산업에서 시장지배력을 가지고 높은 시가총액을 구가하고 있는 많은 미국회사들과는 달리 한국회사들이 자본집약적인 산업에서 중복, 과잉투자를 한 탓에 세계시장에서는 물론 한국내에서도 시장지배력을 가지지 못하고 있기 때문이다.

그런데 퇴거장벽이 높은 자본집약산업의 특징상 어느 기업도 자진해서 퇴출하지 않고 있기 때문에 서로 힘겨루기만 계속하면서 출혈경쟁을 하고 있는 것이다. 그런 의미에서 정부가 주도하고 있는 재벌그룹의 빅딜은 자본집약적 산업에서 시장메커니즘만으로는 수급조절이 안 되는 구조적 취약점을 보완하는 작업이라고 볼 수 있다.

다만 정부가 고려해야 하는 것은 빅딜에 포함시킬 산업의 성격이다. 산업은 크게 다지역산업(multidomestic industry)과 세계산업(global industry)으로 나눌 수 있다. 전자는 각국 시장을 제각기 별개로 취급해서 지역전략을 세워야 하는 산업이고, 후자는 세계를 하나의 시장으로 보고 체계적이고 포괄적인 세계전략을 세워야 하는 산업이다. 산업구조조정을 하는 경우, 다지역산업에 대해서는 한국내의 시설과잉 여부만을 판단하면 된다. 그러나 세계산업에 대해서는 세계적으로 과잉시설이 있더라도 해외 경쟁기업들이 어떤 방향으로 구조조정을 하는가를 치밀하게 관찰한 후에 한국의 비전과 전략적 위치를 고려하면서 장기적으로 구조조정 여부를 결정해야 한다.

앞으로 우리 경제가 선진경제를 향한 궤도에 올라서기 위해서는 재벌그룹을 비롯한 한국기업들의 경쟁력이 강화되어야 한다. 이를 위해서는 이미 논의한 대로 빅딜을 위시한 사업구조조정이 순조롭게 진행되어 각 기업이 경쟁력을 가진 만큼의 시장지배력을 갖고 독점이익을 올려야 한다. 이러한 기업의 전략이 독점시장의 폐해를 시정하려는 정부의 공정거래제도 범위내에서 이루어져야 한다는 것은 물론이다.

재벌, 재벌그룹의 대주주 경영자야말로 빅딜의 성공 여부에 관건을 가진 주체이다. 그런데 재벌들이 계열기업에 대한 경영지배권에 집착하는 한, 이들은 재벌그룹 간에 사업교환을 통해 기업의 수를 줄이고 시설을 축소하는 정부 주도의 빅딜을 받아들이려고 하지 않을 것이다. 따라서 빅딜이 성공하기 위해서는 재벌들이 기업의 시가총액을 올려 얻어지는 주주의 이익을 가장 중요한 기준으로 삼고, 이것이 시장지배력에 의해 결정된다는 사실을 빨리 이해해야 한다. 이 때 주주의 이익을 중시한다는 의미는 주주만을 위한다는 뜻이 아니라, 주주가 추구하는 기업의 시가총액 증가야말로 산업구조조정, 인력구조조정 등 선진화를 향해서 우리가 실천해야 하는 모든 경영활동의 결과이기 때문이다.

재벌들이 외형보다 내실을, 매출액보다 이익, 그리고 기업의 의사결정과정에서 행사하는 권력보다 의사결정의 결과로 발생하는 기업의 가치증가를 먼저 생각할 때, 재벌그룹 간의 빅딜은 한국경제의 구성원 모두가 기대하는 방향으로 진행될 것이다.

‖ 한국경제신문, 1998년 10월 31일 ‖

7. 구조조정, 예정대로 진행될까

5대 재벌그룹 회장들은 1998년 12월 7일 김 대중 대통령이 직접

주재한 정재계 간담회에서 합의한 구조조정에 승복하고 이를 받아들이겠다고 약속하였다. 그러나 지금까지 과거 정부가 일방적으로 강요했던 합의문 중에 내용대로 진행된 것은 별로 없었다. 이번 합의문은 국민여론이 긍정적이라는 점에서 과거 합의문과 다르다고는 하지만, 정부의 주도로 이루어졌다는 점에 있어서는 큰 차이가 없다. 이번에는 재벌그룹의 회장들이 과연 합의사항을 지킬 것인가.

지금 한국정부가 추구할 수 있는 미래 비전은 두 가지로 압축된다. 첫째 대안은 보수적인 입장에서 기존 산업정책과 재벌육성책을 유지하면서 국민들에게 중진국 수준의 생활을 보장하는 것이고, 두 번째 대안은 혁신적인 입장에서 경쟁력에 기반을 둔 선진형 경제체제를 추구하는 것이다.

두 진영에 가담하고 있는 세력을 비교해보자. 보수진영에는 전경련으로 대변되는 5대 재벌그룹, 표면에 드러나지는 않고 있지만 보수적 성향을 갖고 있는 정치인들과 대부분의 행정관료, 그리고 자신의 경쟁력에 대해서 자신감이 없는 실업자를 포함한 상당수의 국민이 포함되어 있다. 반면, 혁신진영에는 개혁성향의 일부 정치인들과 소수 행정관료, 그리고 경쟁력에 자신감을 가지고 있는 일부 국민들과 대다수의 소비자가 포함되어 있다. 이러한 상황에서 1997년 11월 말에 IMF가 혁신진영에 가담하여 재벌그룹의 구조조정이라는 구체적인 방법론을 제기한 것이다.

그러나 전경련을 앞세운 보수진영은 경제가 무너진 다음에는 구조조정을 해봐야 소 잃고 외양간 고치기 격으로 아무 소용이 없다고 주장하면서 선경기부양, 후구조조정을 주장했다. 반면 금융감독위원회를 앞세운 혁신진영은 재벌그룹의 구태의연한 모습이 변하지 않으면 한국경제가 경쟁력을 가질 수 없다는 전제 아래 선구조조정, 후경기부양을 주장했다. 두 진영의 이러한 주장이 팽팽하게 맞선 가운데 6대 재벌 이하의 그룹에 대해서는 혁신진영이 더 큰 힘을 발휘하여 구조조정이 적극적으로 일어난 반면, 5대 재벌그룹은 최근까지만 해도 구조조정을 거부했다.

김대중 대통령은 5대 재벌그룹의 구조조정이 부진한 모습을 개탄하면서 12월 초에 직접 개입할 것을 선언하였다. 그리하여 김 대통령이 혁신진영에 가담한 상황을 객관적으로만 보면 혁신진영이 우세한 듯하다.

그러나 한 가지 유의할 것은 김 대통령의 남은 임기가 4년밖에 안 된다는 사실이다. 더구나 1999년 6월경이면 2000년 4월에 있을 총선 준비를 시작해야 하기 때문에 대통령이 국민들의 눈치를 안 살피고 소신 있게 행동할 수 있는 기간은 불과 6개월 남짓하다. IMF 역시 캉드쉬 총재의 예측대로 한국이 2000년 초에 IMF 관리체제로부터 벗어난다면, 그 이후의 기간부터는 영향력을 행사할 수 없다. 이에 반해 재벌그룹 회장들은 자신이 원하는 바를 추구하는 데 있어 임기의 제한이 없다. 또 육체노동자가 지식노동자로 변화하기 위해서는 장기간에 걸친 노력이 필요하다. 따라서 시간이 지날수록 혁신진영은 힘을 잃어가고 보수진영은 득세할 것이다.

재벌그룹이 주도하는 보수진영이 원하는 바를 달성하기 위해서는 세 가지 전략을 택해야 한다. 첫째는 지연작전이다. 즉 김 대통령의 잔여임기 4년을 버티는 전략으로서, 이를 위해서는 현정부와의 투쟁을 각오해야 한다. 그리고 이를 위해서는 정부가 재벌그룹을 압박해올 수 있는 카드인 자금면에서 독자적으로 생존할 수 있는 능력을 갖추어야 한다. 둘째는 설득작전으로서, 김 대통령에게 재벌구조의 장점을 부각시키고 다국적기업을 비롯한 외국세력들이 한국경제의 경쟁력을 약화시키기 위하여 재벌구조를 붕괴시키려고 한다는 음모설을 강조할 만하다. 셋째는 지원작전으로, 정부가 필요로 하는 변화를 재벌이 미리 집행하여 점수를 따는 것이다.

반면, 김 대통령이 주도하고 있는 혁신진영에서는 원하는 바를 실현하기 위해서 다음 세 가지 전략을 실천해야 한다. 첫째, 재벌그룹의 대주주 가족들이 소유지분 이상으로 경영권을 행사하고 있는 관행을 바꾸어 이들의 권력기반을 약화시켜야 하고, 이를 위해서 선진국형으로 기업지배구조를 바꾸어야 한다. 둘째, 기득권을 가지고 있는 보수적 정치인들과 재량권을 가진 행정관료들의 저항을 극복하기 위해서는 하루 빨리 규제를 철폐하여 정부의 재량권을 축소하고, 정치권과 정부조직의 구조조정을 실시해야 한다. 셋째, 경쟁력에 대해 자신감을 가지지 못한 국민들의 불안을 해소시키기 위해서 단기적으로는 국민들에 대한 실업대책을, 그리고 장기적으로 이들이 경쟁력을 가질 수 있도록 교육훈련을 제공해야 한다.

보수진영과 혁신진영 어느 편이 더 대한민국의 국익을 위해서 노력하고 있는가에 대해서는 각자의 가치관에 따라 판단이 다를 것이다. 단 어느 진영이든 자신의 주장을 실천하기 위해서는 상대방의 논리와 주장을 면밀하게 판단해서 이에 적극적으로 대응해야 한다는 점만을 밝힌다.

‖ 매일경제, 1998년 12월 24일 ‖

8. 기업구조조정의 진정한 의미

지난 1998년 한 해 내내 한국경제의 화두는 단연 '구조조정'이었
다. 30대 재벌그룹 중에 10여 개 재벌그룹이 혹독한 구조조정을 거
치면서 과거와 전혀 다른 모습으로 변하였고, 나머지 재벌그룹들 중
에도 구조조정으로부터 자유스러운 곳은 없었다. 구조조정은 한국
경제에 극심한 실업난과 소비위축을 가져왔고, 이로 인한 불경기 속
에서 수출업체를 빼놓고는 대부분 적자를 벗어나지 못한 결과를 보
였다. 잠정적인 집계로는 작년도 한국기업의 평균 적자율이 3.3%에
달하는 것으로 나타나고 있다. 그렇다고 이러한 어려움을 구조조정
탓으로 돌릴 수는 없다. 암환자에게 수술은 큰 통증을 가져오지만,
그렇다고 해서 수술을 포기할 수는 없기 때문이다.

한국정부는 지난 30여 년 동안 연평균 경제성장률 8.8%라는 세
계 초유의 고성장을 계속해오는 과정에서 기업들에게 시장원리에
맞지 않는 정책을 적용했고, 기업들은 그러한 정책적 혜택을 받으며
재벌로 커 나가는 과정에서 이로 인한 노폐물을 여기저기에 누적시
켜왔다. 이러한 정부의 정책 중 하나가 이익보다 성장을 추구하기
위해 제공된 정책금융이었고, 이것을 정부로부터 받는 데 큰 역할을
한 재벌그룹 총수는 기업경영에서 전횡을 일삼게 된 것이다. 그리고
이 때 발생한 노폐물이 바로 경쟁력 없는 사업다각화였다. 이제 노
폐물의 크기가 기업이 감당할 수 있는 규모를 벗어나 수술할 때가
왔을 뿐이다.

흔히 구조조정은 경쟁력은 없이 다각화된 재벌그룹의 사업구조를

전문화된 모습으로 바꾸는 것으로 인식되고 있다. 그러나 이미 앞에서 보았듯이, 다각화된 사업구조는 그룹 총수들의 전횡과 정부의 정책자금을 수혜한 결과이기 때문에 그 원인을 제거하지 않은 상태에서 시도하는 구조조정은 언제든지 원위치로 돌아갈 수밖에 없다. 따라서 사업구조를 변화시키기 위해서는 이미 다각화되어 있는 기업의 사업내용을 우격다짐으로 고치려고 할 것이 아니라 그 원인을 제거해야 하는 것이다. 기업은 원인이 제거된 상태에서 더이상 다각화된 모습을 유지할 수도 없고 유지할 필요도 없게 되기 때문이다. 그런 의미에서 정부가 1990년대 중반에 정책금융을 중단한 순간, 구조조정은 이미 시작된 것이라고 보아야 한다. 그리고 1997년 말 IMF의 구제금융 이후 기업의 구조조정에 대한 책임은 정부로부터 기업으로 넘어왔다.

앞으로 기업이 추구해야 할 구조조정은 총수의 전횡을 막고 경영의 효율성을 극대화하는 것이다. 그리고 이러한 작업의 궁극적인 목표는 한국기업의 경쟁력 강화이다.

기업의 자원을 단 한 푼이라도 효율성 증대, 즉 이익의 극대화에 쓰기 위해서는 기업의 경영권을 전문경영자의 손에 맡겨야 한다. 전문경영자가 아닌 재벌그룹 회장이나 가족은 해당 기업의 이익보다는 자신들의 영향력 강화나 개인적 이득을 추구하는 성향이 강했고, 그로 인해 투명하지 못한 경영관행에 의존하면서 경영권을 독점해왔다. 그리고 이 과정에서 철저한 분석 없이 총수의 육감만으로 다각화를 추구했던 여러 재벌그룹은 무모한 투자로 인해 결국 구조조정의 대상이 된 것이다. 물론 창업자나 그 가족이 전문경영자가 되지 말라는 법은 없다. 이들 중에서 미래에 대한 멋진 비전과 전문적인 경영능력을 가지고 회사를 이끌어 나갈 수 있는 사람은 대주주이기 전에 전문경영자이기 때문이다. 그런 의미에서 기업의 구조조정은 5대 재벌그룹 사이에 진행되고 있는 빅딜과 같은 사업구조조정이 이루어진다고 해서 완성되는 것이 아니다. 이보다는 전문경영자가 경영권을 갖고 투명한 의사결정체제 아래 경영의 선진화를 이루는 것이 구조조정의 요체라고 할 수 있다.

이러한 관점에서 볼 때 구조조정은 전문경영체제로 기업경영권의 전환이 이루어지는 것을 의미한다. 그리고 최근 재벌구조의 변화를 감안할 때, 앞으로는 상당수의 기업에서 전문경영자가 자기의 책임 아래 의사결정을 하는 모습을 많이 볼 수 있을 것이다.

1999년 한국경제의 화두는 무엇으로 귀결될까? 여기에는 여러 후보가 있을 수 있다. 구조조정이 계속 가장 큰 이슈가 될 수도 있고, 공기업의 민영화가 관심사로 떠오를 수도 있다. 그러나 필자의 견해로는 '기업의 경쟁력 강화'가 무엇보다 큰 화두가 될 듯하다.

자본주의 경제체제를 기반으로 한 한국경제에 있어 경쟁력 강화는 오늘날과 같은 국제경쟁시대에 필수적인 조건이고, 이를 위해서 기업은 한시바삐 전문경영자체제로의 구조조정을 끝내야 한다. 그리하여 전문경영자는 전세계 소비자가 필요로 하는 제품을 개발해야 하고, 이들이 소비욕구를 느끼도록 고도의 마케팅 능력을 발휘해야 한다. 이런 기업은 경쟁력을 갖추어 한국경제를 지금보다 한 단계 높은 선진국 수준으로 올려 놓게 될 것이다. 우리 국민은 이처럼 경영권에 관한 구조조정을 완료한 한국기업들이 1999년의 한국경제를 이끌어 갈 수 있도록 높은 관심을 가지고 큰 성원을 보내자.

‖ 1999년 1월 ‖

경제위기 이후, 선진경제를 위하여

이제 21세기라는 새로운 시대가 도래했다.

이 새로운 시대는 2000년에서 2099년까지

진행될 21세기의 시작일 뿐 아니라,

2000년에서 2999년까지 진행될

새로운 1000년, 제3순세기(旬世紀)의 시작이다.

한 시기가 끝나고 다음 시기가 다가올 때

우리는 항상 무엇인가 준비한다.

대나무의 '마디'는 그 동안의 순조로왔던 성장에

마지막으로 반항하는 결정체이자,

다음의 나아갈 길을 위한 방향을 제시해준다.

IMF시기가 우리에게 도래했던 것 또한

한 세기를 마무리하면서

그 동안 나태했던 우리 자신을 속이 훤히 들여다보이는

거울 앞에 서도록 만들어 준 것이 아닐까.

자 이제 우리는 어디를 향해 나아가야 할 것인가?

제 1 장

위기를 기회로

1. 위기를 기회로

우리가 현재 겪고 있는 경제위기를 빨리 극복하고 다시 정상궤도로 진입하기 위해 다음 세 가지 자세를 취하자.

첫째, 오늘의 위기는 과거에 거두었던 성공의 반증이다. 긍정적으로 생각하자. 우리가 현재 괴로움을 겪는다고 해서 경제위기를 불길한 재앙으로 생각할 필요는 없다. 산이 높으면 골도 깊다는 속담이 있듯이, 오늘날 우리가 겪는 경제위기는 지난 30여 년간 세계 제1의 속도로 진행해온 경제성장의 후유증이다. 만일 우리 경제가 성장의 경험 없이 후진국 수준에서 헤매고 있다면 경제위기가 나타날 리도 없다. 지금이 어렵다고 해서 그 동안 우리가 일궈낸 경제성장을 잘못된 것으로 치부하겠는가?

둘째, 위기가 어려울수록 빨리 극복할 수 있다. 신중히 판단하되 신속히 행동하자. 누군가 일본과 한국의 경제를 비교하면서 물 속의 개구리를 비유로 들었다. 일본은 미지근한 물 속에서 느긋하게 있다가 자기도 모르는 사이에 삶아져 죽는 개구리이고, 한국은 뜨거운 물에서 앗, 뜨거 하고 튀어나오는 개구리라는 것이다. 이 비유를 교훈으로 삼아 지금의 어려움을 비껴갈 생각은 하지 말고 전면으로 승부수를 던진다면 단기간에 경제위기를 극복할 수 있다.

셋째, 위기가 클수록 기회도 커진다. 도약의 계기로 삼자. 반동이 큰 총일수록 총알은 멀리 나가는 법이다. 우리가 함께 겪는 어려움을 디딤돌로 삼아 거국적인 공감대를 형성하고 국민적 화합을 끌어낼 수 있다면, 불과 1년여 앞으로 다가온 21세기, 제3순세기(旬世紀)에는 더 큰 추진력을 가지고 선진권으로 도약할 수 있다.

우리의 경제위기는 해외에서 불어닥친 외환위기도 아니고 국내 은행이 취약해서 생긴 금융위기도 아니다. 한국의 경제위기는 기업, 특히 재벌그룹의 기존 구조, 관행, 전략이 새로운 시대에 적응하지 못하는 데서 나온 기업의 위기이다. 우리 경제는 후진국에서 중진국으로 발전하는 과정에서 산업정책과 재벌정책을 효과적으로 활용했다. 그러나 한국이 중진국에서 선진국으로 변신하는 과정에서는 기존 정책이 오히려 제약요소로 바뀌고 말았다.

산업혁명의 초기단계에서는 부족한 자원을 동원해서 그 효율성을 극대화하는 것이 관건이고, 이런 목적을 달성하기 위해서 영국, 미국, 일본 등 여러 나라에서 사용했던 정책은 자본, 인력 등의 생산요소시장에서 독점적인 지배력을 가진 재벌그룹을 몇 개 형성하는 것이었다. 그런 점에서는 한국도 예외가 아니었다.

그러나 경제가 선진권으로 향하는 과정에서는 치열한 경쟁 속에서 싸워 이기는 능력을 갖추는 것이 새로운 관건이 된다. 그러나 재벌은 정부의 보호 속에 제한된 자원을 독점하고 있는 속성상 경쟁보다는 독점에 안주하려는 경향을 보인다. 경쟁력은 경쟁 속에서만 나온다. 한국경제가 선진화하기 위해서는 경쟁적인 시장이 형성되고, 그 경쟁에서 이긴 기업이 시장을 선도해야 한다. 재벌그룹도 이제는 정부가 친 독점의 울타리 속에서 왜곡된 승자가 되기보다는 경쟁시장에서 공정한 규칙을 준수하며 정정당당하게 싸워 이겨야만 수명을 오래 유지하고 한국경제의 선진화에 공헌할 수 있다. 재벌그룹은 오늘의 위기를 긍정적으로 보고 빨리 대응하여 큰 도약의 계기로 삼기 바란다.

‖ 대한상공회의소 창립기념 심포지움 발표, 1998년 11월 4일 ‖

2. 제3순세기

이제 2000년부터 시작될 21세기가 손을 뻗으면 잡힐 정도로 눈앞에 다가와 있다. 혹자는 2001년부터 21세기라고 주장하지만, 심정적으로는 2000년을 21세기의 시작으로 삼는 데 아무도 반대하지 않을 듯하다.

세기의 전환기에 우리는 저마다 무엇인가 준비해야겠다는 생각을 한다. 그러나 시간에 대한 인식은 사람마다 다르고, 이에 따라 그 준비도 달라지는 듯하다. 어떤 이는 1년을 계획하고 다른 이는 10년을 계획한다. 2000년에서 2100년까지 100년을 계획하는 사람이 있는가 하면 2000년에서 3000년까지 1,000년을 계획하는 사람도 있을 법하다. 보통 사람들이 1년이나 10년을 내다본다면, 인류학자나 철학자는 100년 혹은 1,000년 단위로 사유하고, 물리학자나 종교가는 무한단위 시간, 영원의 세계를 모색할지도 모른다.

같은 직업을 가진 사람들 사이에도 내다보는 지평의 끝은 제각기 다른 듯하다. 기업경영자 중에는 마츠시타 코노스케 회장처럼 250년 앞을 내다본 이도 있지만, 대부분의 경영자들은 100년 앞도 내다보지 못한 채 5년, 10년 단위로 세우는 계획을 장기계획이라고 자위한다. 그러나 한 가지 분명한 사실은 멀리 내다볼수록 멋진 꿈을 꿀 수 있고 이에 가깝게 다가갈 수 있다는 것이다.

이처럼 한 시기가 끝나가고 다음 시기가 다가올 때 우리는 무엇인가를 준비한다. 그 내용은 시기의 성격에 따라 다르고 사람에 따라 다르다. 신년을 눈앞에 둔 세모(歲暮)라면 대부분의 사람들은 연하장을 쓴다. 멀리 떨어져 있는 가족과 친척들, 찾아뵙지 못했던 옛 스승님, 다시 보고싶은 친구들에게 그 동안의 소식을 전하기도 하고 새해의 행운과 건강을 기원하기도 한다.

학교를 졸업하면서 사회진출을 눈앞에 둔 사람이라면 준비하는 데 보다 구체적인 계획을 필요로 하게 된다. 대개는 가족상황과 인생관, 그리고 취업 가능성에 따라 여러 가지 기회를 모색할 것이다. 그리고 가족, 선배나 친구들의 충고를 듣기도 하고 스스로 신중하게 평가도 해가면서 자신에게 가장 적절한 조건을 선택하고 추구하게 된다.

2년여 앞으로 다가온 새로운 시대 역시 우리에게 커다란 과제를 던져주고 있다. 새로운 시대는 2000년에서 2099년까지 진행될 21세기의 시작일 뿐 아니라, 2000년에서 2999년까지 진행될 새로운 1000년, 제3순세기(旬世紀) [9]의 시작이기도 하기 때문이다. 그런 의미에서 볼 때 현재 지구상에서 생존하고 있는 우리들은 1,000년에 한 번밖에 만나지 못하는 희귀한 경험을 하게 되는, 인류 역사에서

---

9) 영어에는 10년에 해당하는 디케이드(decade), 100년에 해당하는 센추리(century), 1,000년에 해당하는 밀레늄(millennium)이 있지만, 국어에는 100년을 뜻하는 세기(世紀)라는 말이 있을 뿐, 10년, 1,000년에 해당하는 적절한 표현이 없다. '언어는 사고의 집'이라는 말에서 알 수 있듯이 말은 사고의 범주를 규정하고 사유를 구속한다. 국어에 1,000년에 해당하는 단어가 없다는 것은 우리 민족이 1,000년을 단위로 미래를 내다보고 계획해 본 적이 없었던 것을 드러낸다.
한국이 가시밭길을 헤치고 나와 드디어 선진국 문턱에 다다른 지금 새로운 1,000년이 바로 코앞에 다가와 있다는 사실은 그저 운으로 치부하기에는 아까운 일이다. 유럽을 비롯하여 아시아, 아메리카에서 민족주의를 기반으로 한 국가지상주의가 EU, ASEAN, NAFTA, APEC 등 지역블록으로 대체되고, 자본주의가 공산주의를 누르고 세계경제질서의 중심사상으로 자리잡고 있는 작금의 세계환경변화는 우리 국민에게 1,000년이라는 큰 시간 단위로 미래를 내다보고 국가비전을 세워 세계 속에서 한국의 위상을 정립할 호기를 제공하고 있기 때문이다.
이에 저자는 1,000년에 해당하는 단어로 순세기(旬世紀)라는 단어를 사용하고자 한다. 순(旬)에는 상순(上旬), 중순(中旬), 하순(下旬), 칠순(七旬)에서 보듯이 '열흘' 혹은 '열'의 뜻이 있다. 따라서 순세기(旬世紀)에는 100년이 열 번, 즉 1,000년의 뜻이 담겨져 있는 것이다.

도 특별한 세대라 할 수 있다.

한국역사에 있어서도 1,000년 단위로 구분한 시대변화는 우리에게 상당한 시사점을 주고 있다. 고구려 건국에서 시작한 삼국시대이후 통일신라의 멸망에 이르는 제1순세기(기원 1세기~10세기)는 우리 민족이 자주국가로서 대한반도 전역에 걸친 국토를 유지하면서 찬란한 문화를 일궈낸 자주독립시대였다. 우리 선조는 해외에서도 광개토대왕과 장보고 장군의 영도 아래 육지와 바다에서 마음껏 민족의 기상을 뽐내면서 당시로서는 선진국 수준의 국력을 떨쳤다.

반면에 고려에서 조선조를 지나 일제시대를 거쳐 대한민국 50년에 이르는 제2순세기는 국력이 서서히 쇠퇴하면서 영토 역시 끊임없이 줄어들었고, 한때는 국기(國基)마저도 상실했던 민족수난시대였다. 다행히 제2순세기의 마지막 30여 년 동안 국민들이 희생정신으로 철저히 무장하고 열심히 노력한 결과, 우리는 제1순세기 이후처음으로 선진국의 문턱에 도달할 정도의 기반을 형성하였다.

이제 새로운 시대, 제3순세기의 문턱에 서 있는 우리 세대는 실로 역사적인 사명을 갖고 있다고 할 만하다. 앞으로 우리 후손들이 한반도를 기반으로 하여 창조해 나갈 1,000년 역사의 물꼬를 트는 역할을 담당하고 있기 때문이다.

제3순세기가 시작되는 2000년까지 남은 기간 동안에 우리는 치밀하게 계획을 세우고 철저하게 실행하여 우리가 원하는 방식으로 새로운 시대를 열어야 한다.

곧 다가올 21세기(2000~2099년) 및 제3순세기(2000~2999년)에는 지난 100년과 1,000년을 지배하던 국제질서가 무너지고 새로운 가치관과 체계가 세계질서라는 이름으로 형성될 것이다. 한국이 삶의

질, 기업의 경쟁력, 정부의 자주 민주성 등 모든 면에서 실질적인 선
진국으로 자리매김하기 위해서는 세계경제 및 정치질서의 변화를
정확히 파악, 분석하여 효과적인 전략을 세우고 새로운 목표와 환경
에 맞는 사고와 행동양식을 갖춰야 한다.

이처럼 앞으로 다가오는 미래에 대하여 우리가 지금까지 사용해
오던 사고와 행동을 바꾸는 일을 '패러다임의 변화'라고 부를 수 있
다. 패러다임은 한 마디로 '미래 속에서 바람직한 우리 모습을 찾아
주는 틀'이다. 따라서 우리는 패러다임을 통해 미래를 예측하고, 그
속에서 우리가 어떻게 행동해야 목적을 달성할 수 있는가를 배울 수
있다.

이제 우리가 21세기와 제3순세기에 이르러 선진국으로 진입하고
국민들이 행복한 삶을 살기 위해서는 새로운 패러다임이 필요하다
는 것이 자명해진다. 선진국으로 진입하고 국민들이 행복해지는 일
은 바로 목적달성에 해당하고, 이러한 결과를 얻기 위해서는 세상이
어떻게 변할 것인가를 예측하고 그 속에서 우리가 취해야 할 바람직
한 사고와 행동이 무엇인가를 알아야 하기 때문이다.

우리가 새로 짜야 할 패러다임에는 여러 가지가 있다. 개인은 개
인대로, 기업은 기업대로 그리고 국가는 국가대로 자신에게 가장 적
합한 패러다임을 가져야 한다. 그러나 각자가 어떤 패러다임을 선택
하건 그 속에는 공통의 가치관이 들어 있어야 한다. 그리고 그 내용
은 우리 사회에 여러 가지 형태로 존재하는 차별을 몰아내고 모든
국민에게 같은 자격으로 사회에 참여하는 기회를 제공하는 것이어
야 한다.

지난 100년 그리고 1,000년 동안 출신지역에 따른 차별, 학력차

별, 직업차별, 남녀차별, 신체적 장애로 인한 차별 등 우리 사회에 독버섯처럼 자라난 수많은 비윤리적, 비합리적인 구습과 고정관념을 이제는 떨어 버리자. 그리고 21세기, 제3순세기에는 우리 조국을 세계질서 속에서 탄탄한 반석 위에 올려 놓을 수 있도록 온 국민이 다함께 힘을 합치자.

‖ 조선일보, 1996년 11월 29일 ‖

3. 세계경제의 구심력과 원심력

무릇 두 개 이상의 개체로 이루어진 집합이 안정적인 모습을 보이기 위해서는 구심력과 원심력이라는 두 가지 힘이 그 집합 안에서 균형을 이루어야 하는 법이다. 제2차 세계대전 이후 50년간 진행된 세계경제 역시 서로 대립하는 구심력과 원심력이 균형을 이루면서 나름대로 안정을 유지해왔다. 여기서 구심력은 '관세 및 무역에 관한 일반협정(GATT)'에서 '세계무역기구(WTO)'로 이어지는 무역자유화의 움직임이었고, 원심력은 유럽 · 미주 · 아시아 등 지역단위로 나타나는 경제블록화의 움직임이었다.

우선 무역자유화에 대한 노력을 보자. 1944년 시작한 GATT체제 아래서 세계경제는 1993년 말 타결된 우루과이 라운드(UR)협상에 이르기까지 모두 8차례 진행한 다자간 협상을 통해 상당한 수준으로 자유무역체제에 접근하였다. 그리고 1995년 초에 출범한 WTO는 모두 125개 회원국을 관할하게 됨으로써, 명실공히 자유무역의 파수꾼으로서 역할을 수행하게 된 것이다.

이와 상반되는 힘은 경제블럭화 움직임이다. 경제블럭화는 세계경제통합의 중간단계라는, 일견 그럴 듯한 슬로건 아래 진행되고 있지만, 사실은 경제패권주의 방향으로 나아가고 있다. 그것은 '유럽연맹(EU)'을 '유럽요새(Fortress Europe)'라는 별명으로 부르는 데서 극명하게 알 수 있다. 또한 미국이 '북미자유무역협정(NAFTA)'을 통해 캐나다와 멕시코를 경제적으로 종속시키는 모습에서도 경제블럭화의 이율배반적인 모습을 볼 수 있다. 서남아시아, 라틴아메리카 등 세계 각 지역에서 벌어지고 있는 새로운 경제블럭의 움직임도 이런 맥락에서 파악할 수 있다.

최근 들어 이같이 균형을 이루어 왔던 세계경제에 균열의 조짐이 나타나고 있다. 경제블록화의 움직임은 꾸준히 진전하고 있는 반면 무역자유화의 추세는 점점 후퇴하고 있는 것이다. 역사, 전통, 언어 등의 차이점 때문에 서유럽국가들 사이에 단합이 어려우리라는 전문가들의 관측과 달리 EU가 적극적으로 경제통합을 향한 발걸음을 재촉하고 있고, 미국 역시 NAFTA에 중남미국가들을 가입시켜 자국의 영향력을 부풀리려는 작전을 쓰고 있다.

반면에 세계무역에 가공할 만한 존재로 부상하고 있는 중국이 WTO를 외면하고 있고, WTO의 결성에 주도적인 역할을 했던 미국마저 공화당 대통령 후보였던 뷰캐넌이 주장하는 극단적인 보호무역에 대한 대중적 인기와 의회의 압력 등을 구실로 WTO 활동에 소극적인 자세를 보이고 있다.

이처럼 세계경제에 균형이 깨지고 보호무역으로의 일방통행이 진행된다면, 빈번한 무역전쟁이 일어났던 19세기 말이나 대공황 이후의 1930년대같이 각국 간에 극단적인 불신과 자국 이기주의, 그리고 노골적인 보호무역주의가 팽배하리라는 추측을 하게 된다. 혹자는 21세기 세계환경이 고삐 풀린 말처럼 통제가 불가능한 상황으로 치달아 과거 두 차례의 보호무역주의가 모두 세계대전을 야기한 것처럼 결국 제3차 세계대전으로 귀결될 것이라고 주장하기도 한다.

그러나 필자는 이런 비관론에 동조하지 않는다. 미래에 대한 비관론은 패배주의의 다른 표현에 불과하기 때문이다. 그러나 보다 더 중요한 낙관의 이유는 세계경제에 나타나고 있는 구심력과 원심력의 균형파괴가 새로운 세력의 등장으로 말미암아 다시 복원될 수 있는 가능성이 존재하고 있기 때문이다. 세계무역구조와 경제블록이 모두 세계 각국을 분열시키는 방향으로 움직이는 원심력이라 할 때, 이에 맞서서 세계를 하나로 뭉치게 하는 구심력은 운송기술의 발전과 정보통신의 혁명이라 할 수 있다.

지난 20년간 실제 항공운송비용은 10분의 1로 줄었다. 정보통신산업에서는 원가감소뿐 아니라 E-mail, Internet, Website 등 과거에 상상하지도, 접해보지도 못한 새로운 서비스가 속속 등장하고 있다. 그리하여 21세기에는 원심력으로 작용하는 각국 경제정책과 구심력으로 작용하는 기술·통신분야에서의 기술력이 세계경제를 또다시 균형체제로 가져갈 것이다.

그러나 이 같은 양상은 거저 주어지는 것도 아니고, 한국경제에 반드시 혜택만을 가져오는 것도 아니다. 기술혁신과 통신혁명에 대한 범세계적인 연구투자만이 원심력이 일방적으로 지배하는 결과로 인해 나타날 파탄에서 세계경제를 구해 낼 수 있다. 한국정부 역시 그 동안 산업화에 뒤졌지만 정보화에는 앞서려는 노력을 범국가적으로 벌여 나가고 있다. 여기서 한 걸음 더 나아가 교육기관과 언론기관, 그리고 민간기업들이 보다 적극적인 자세로 기술과 통신분야에 대한 경쟁력 강화에 총력을 기울일 때, 한국은 능히 세계를 선도하는 21세기의 지도국이 될 것이다.

‖ 중앙일보, 1996년 7월 1일 ‖

4. 경쟁력 강화와 실업난 해소

네덜란드의 경제학자이자 제1회 노벨 경제학상 수상자인 틴베르헨은 다음과 같은 원칙을 남겼다. "여러 개의 목표를 달성하려면 최소한 그 숫자만큼의 정책이 필요하다." 두 마리의 토끼를 잡으려면 두 마리 이상의 사냥개가 필요하다는 뜻이다.

이 원칙을 오늘날 한국경제가 겪고 있는 위기상황에 적용해보자. 우리는 지금 '기업의 경쟁력을 강화해야 한다'는 효율성의 과제와 이 과정에서 '직장을 잃는 사람을 최소한으로 줄여야 한다'는 형평성의 과제를 동시에 풀어야 하는 상황에 놓여 있다. 즉, 기업의 경쟁력을 강화하려면 구성원의 생산성을 향상해야 하고, 이를 위해서는 구조조정을 통해 불필요한 인력을 줄여야 한다.

그러나 기업의 구조조정이 예정대로 진행되는 경우, 현재 근로인력의 7.6%에 달하는 165만 명의 실업자는 계속 증가하여 실업대란이 일어날지도 모른다. 이런 상황에서 정부는 실업대란이 현정권에 대한 불신임으로 연결되는 것을 걱정할 수밖에 없다. 따라서 "개혁을 위해 30%의 근로자를 희생할 수밖에 없다"고 강력한 소리를 내던 정치 지도자들도 실업문제가 이슈로 떠오르면 "인력구조조정을 가급적 연기하자"며 목소리를 낮추게 된다.

정치현실에 밀려 기업의 구조조정이 후퇴하는 경우에 한국경제가 가게 될 길은 자명하다. 한국기업들은 정부의 금융 및 재정지원과 국내시장보호 속에서 경쟁력 없는 산업의 가동률을 높여 내수판매와 수출을 확대할 것이고, 한국의 국민들은 반짝하는 경기에 일시적으로나마 취업상태를 유지할 것이다.

그러나 이 과정에서 기업들은 경쟁력 강화라는 장기목표보다는 정부보조금, 국내시장에서의 독점이익과 같은 단기이득을 추구하게 될 것이다. 이렇게 되면 해외기업과 정부들은 WTO헌장과 OECD규약을 근거로 하여 불공정거래를 시정하도록 요구할 것이고, 결국 이 과정에서 한국경제는 경쟁력을 갖춘 선진경제로 탈바꿈할 수 있는 절호의 기회를 놓치고 말 것이다.

우리는 지난 1년 동안에 너무 많은 것을 잃어버렸다. 그러나 우리가 선진국으로 탈바꿈하는 과정에서 변신의 아픔을 어차피 겪어야 한다면, 이번에 겪는 고생으로 한 번에 끝내도록 하자. 이를 위해서는 경제위기를 회피하지 않는 용기와 고쳐야 할 것을 제대로 정확하게 고치는 지혜를 가져야 한다. 앞에서 설명한 틴베르헨의 원칙은 바로 경쟁력 강화와 실업자 보호라는 두 가지 과제를 기업구조조정이라는 한 가지 정책만으로 해결할 수 없다는 것을 가르쳐준다. 따라서 두 가지 과제를 동시에 해결하기 위한 올바른 정책대안을 세워보자.

우선 경쟁력 강화를 위해서는 기업의 구조조정을 강력하게 추진해야 한다. 정부는 구조조정의 강도와 속도를 늦추지 않겠다는 강력한 시그널을 통해 그 동안 쌓아올린 기득권을 유지하려는 재벌그룹에게 구조조정이 회피할 수 없는 길이라는 것을 명백하게 전달해야한다.

반면 이 과정에서 발생하는 부작용, 즉 정리해고에 따라 퇴출되는 수많은 실직자들을 구제하고 이들이 경쟁력을 되찾도록 하는 정책은 기업구조조정의 강도를 낮추는 것과는 다른 방법, 즉 실업대책기금의 확보, 창업지원 등으로 강력하게 집행해야 한다. 다시 말해서 기업구조조정으로는 경쟁력 강화를, 그리고 실업 관련 정책으로는 실업자 보호를 추구함으로써 총체적인 정책집행의 효율성을 높여야 하는 것이다.

그런데 현실을 보면 구조조정에 대해서는 정부에서도 적극적인 정책을 채택하고 있는 반면, 실업 관련 정책에 대해서는 실업대책기금 10조 원 확보라는 단기대책만을 내놓고 있어, 장기적으로 실업자들의 경쟁력 회복을 돕기 위한 뚜렷한 정책의지를 보이지 못하고 있다.

실업대책기금은 실업자에게 당장 필요한 대책이지만, 이것이 필요 이상으로 장기화되는 경우에는 오히려 실업자들을 무기력자 혹은 기회주의자로 타락시키고 만다. 따라서 정부는 정권 초기에 가졌던 의지와 속도를 유지하면서 기업구조조정을 진행하되, 이와는 별도로 이 과정에서 양산되는 실업자에 대한 대책을 세워야 한다. 보다 구체적으로는 정보통신 등 미래 유망산업에 필요한 실무교육, 창업기회 창출, 그리고 구조조정을 해야 하는 기업에 의한 아웃소싱과 퇴직자 중심의 분사화를 적극적으로 장려해야 한다.

‖ 한국경제신문, 1998년 11월 10일 ‖

5. 기업이미지, 고객이 결정한다

기업경영의 혁신기법 중에 'CI(corporate identity) 작업'이라는 기법이 있다. 이는 '기업의 정체성(正體性)을 구축하는 작업'으로서 보다 구체적으로는 VI(visual identity), 즉 기업의 시각적인 정체성을 새로이 확립해서 구성원들의 MI(mind identity), 즉 사고의 정체성을 형성하고, 이를 통하여 이들의 BI(behavior identity), 즉 행동의 정체성을 변화시키는 일련의 과정을 의미한다.

예를 들어, 국내시장에 기반을 둔 어떤 전통적인 기업이 글로벌 시대에 대비하여 사업의 국제화를 추구하는 전략을 세웠다고 하자. 이때 이 기업이 추구하는 전략에 장애가 되는 요소 중 하나는 그 기업의 구성원들이 가진 내부지향적이고 전통적인 사고방식이다. 이러한 구성원들을 변화시키기 위해서 기업의 이름이나 로고를 국제화된 모습으로 바꾸고, 그 외에 구성원들의 눈에 보이는 모든 사물이나 대상을 국제화시키는 방법을 쓰게 되는 것이다.

지난 10여 년간 삼성, LG, 쌍용, 동양 등 대부분의 재벌그룹을 포함해서 제일은행, 한일은행 등의 주요 시중은행, 심지어는 체신부에 이르기까지 수많은 민간기업, 공기업, 정부관서에서 로고를 바꾸었는데, 이는 바로 CI를 새로 구축하자는 목적에서 이루어진 것이다.

CI 작업에서 가장 중요한 과제는 회사의 정체성이 무엇에 의하여 형성되고 좌우되는가에 대한 판단이다. 이에 대해서 대부분의 전문가들은 회사의 CI는 CI(chairman's identity), 즉 그 회사의 창업자 또는 회장에 의하여 결정된다는 주장을 하고 있다. 즉 포드 사는 헨리 포드에 의해서, 마이크로소프트 사는 빌 게이츠에 의해서 정체성이 결정된다는 논리이다.

그런데 회사의 CI는 CI(customer's identity), 즉 그 회사의 고객에 의하여 결정된다는 주장이 최근 설득력을 얻고 있다. 일본에서는 대형 외제 승용차가 연예인들이 주로 타고 다니는 차인 반면, 닛산자동차가 생산한 프레지던트는 대기업의 회장들이 주로 타고 다닌다고 한다. 미국의 모건 개런티은행의 신탁재산운용부가 부동산 재벌인 도널드 트럼프가 맡기려고 했던 10억 달러를 그 은행의 보수적인 고객들이 그와 어울리기를 싫어한다는 이유 때문에 거절했다는 일화도 있다. 한국에서도 최근 골프장의 회원권 가격은 시설이나 위치보다도 회원들의 사회적 신분에 의해 더 큰 영향을 받는다고 한다.

한국기업은 그 동안 창업자에 의하여 정체성이 좌우되는 모습을 보여왔다. 실제로 창업자가 사회적으로 좋은 이미지를 형성하면 그 기업의 이미지는 같이 올라가고, 그렇지 못하면 같이 나빠지는 현상을 종종 볼 수 있다. 예컨대 유한양행은 창업자인 유일한 선생이 몸소 실천한 '제약보국'과 개인재산의 '사회환원'이라는 철학을 바탕으로 지금까지도 한국기업 중에서 가장 좋은 사회적 이미지를 유지하고 있다. 동원그룹 역시 창업자 김재철 회장의 철저한 납세정신으로 이 회사 제품인 동원 참치캔이 시장에서 절대적인 인기를 유지하고 있다고 한다. 이러한 현상은 소비자들이 가진 기업에 대한 신뢰감 여부가 그 회사의 창업자를 중심으로 형성된다는 논리를 증명하는 것으로 볼 수 있다. 그와 동시에 기업이 국민으로부터 사랑을 받기 위해서는 그 회사의 창업자, 회장이 얼마나 국민으로부터 신뢰를 얻어야 하는가를 단적으로 나타낸다고도 볼 수 있다.

최근 재벌그룹 중 10여 개가 경제위기 속에서 좌초하거나 구조조정의 물결에 휩쓸렸고, 그 과정에서 대부분의 창업자 또는 그 가족이 경영권을 잃게 되었다. 이제 이런 기업에서는 정체성을 창업자나 회장에서 찾을 수 없게 된 것이다. 최근의 이런 변화로 말미암아 기업은 정체성을 새롭게 정립해야 하는 과제를 안게 되었다. 즉 회장 개인의 성격이나 취향에 의하여 기업의 정체성이 형성되던 시대에서 벗어나서 고객에 의하여 기업의 정체성, 더 나아가 그 기업의 미래의 운명이 결정되는 시대가 온 것이다.

앞으로 전문경영자에 의해 경영이 주도되는 기업은 이런 상황을 특히 유념해서 전략을 세워야 한다. 즉 고객을 정확하게 파악하고, 최고의 서비스를 통해 가장 양질의 고객을 확보하면, 기업의 정체성은 이들 고객에 의하여 자연히 결정되고 그에 따라 그 기업의 미래의 운명도 결정되기 때문이다.

우리 국민은 모두 한국기업의 잠재고객인 동시에 한국경제의 운명을 좌우하는 기업의 정체성을 결정하는 주체이다. 앞으로 소비자에게 가장 좋은 서비스를 제공하는 기업을 잘 선택해서, 이들 기업이 훌륭한 정체성을 확보한 가운데 한국경제의 발전을 향해서 공헌할 수 있도록 열심히 아끼고 사랑하자.

‖ 매일경제, 1999년 1월 4일 ‖

6. 비판이 없으면 발전도 없다

우리나라 지식인들은 자본주의 연구를 포기했다'는 지적이 있다. 왜 이런 지적들이 나온다고 생각하는가.

> 그 말 속에는 지식인의 개념과 IMF라는 두 가지 문제가 혼용된 듯하다. 우선 '지식인'에 관해 얘기해보자. '지식인'이라는 용어는 스스로 평가하여 자신에게 붙일 수 있는 것이 아니라 주위에서 지식인으로서의 자격을 인정해줄 때 사용할 수 있는 단어다. '나는 지식인이다'라는 표현이 얼마나 간지

러운가. 이보다는 '저분은 지식인이다'라는 표현이 훨씬 더
어울리지 않는가. 이세상에 지식인을 자칭하는 사람들이 많
지만, 이 중에는 '내가 과연 지식인인가'를 자문해야 할 사람
들도 많을 듯하다. 예컨대 학자라고 해서 다 지식인은 아니
다. 따라서 여기에서는 '학자의 자세'로 주제를 국한하여 다
루기로 하자.

학자는 과연 연구를 포기했는가? 경제, 경영 등 사회현상에
관한 연구는 연구실에 앉아서 혼자 하는 것이 아니라 여럿이
모여 진행하는 것이 보통이다. 그러나 우리나라에서는 대부
분의 연구가 학자 혼자의 힘으로 외롭게 진행된다. 다양하게
토론하고 충돌하며 발전하는 모습은 찾아보기 어렵다.

그 이유는 첫째, 우리나라 학자들은 서로 상대방에 대한 비판
을 하지 않음으로써 예의를 지키려 한다. 토론과 인신공격을
구별하지 않는 사회분위기도 이런 현상에 일조를 한다. 둘째,
활발한 연구가 일어나려면 각 분야마다 충분히 내용을 이해
하고 토론할 만한 학자층이 두꺼워야 한다. 동료 연구자가 부
족하면 연구진행과정에서 대화나 토론, 논쟁이 벌어질 수가
없다.

IMF를 왜 예견하지 못했나 하는 지적에 대해서는 어떻게 생각하는가.

작년 하반기에 IMF사태를 예견한 사람은 없었다고 봐도 된
다. 다만 비슷한 이야기를 한 사람은 얼마든지 있다. 본인의
경우에도 IMF사태가 난 직후인 12월 초에 자료정리를 하다

가 까맣게 잊어버리고 있었던 글을 발견했다. 조선일보 97년 10월 15일의 시론에 '시간이 없다' 란 제목으로 한국기업에 불어닥칠 위기에 관한 글을 쓴 적이 있었던 것이다.

그런데 놀란 것은 그 시론에서 내가 IMF사태 한 달 전에 이미 그 가능성을 예견했다는 사실이 아니라 불과 한 달 전에 이런 글을 썼다는 것을, 쓰고 나서도 그 글을 기억하지도 못했다는 점이었다. 써 놓고 잊어버릴 정도로 나는 한국경제의 심각성을 간과했던 것이다. 한국은행에서도 몇 번 보고서를 작성했다고 하지만, 나처럼 담당자가 보고서를 썼던 사실 자체를 잊어버렸을 가능성도 있다.

우리나라가 OECD회원국으로서 의무를 지킴으로써 장기적으로는 많은 혜택을 얻을 수 있다고 말씀하신 바 있다. 그러나 사람들은 'OECD 가입=선진국 진입' 이란 생각으로 우리나라가 '샴페인을 너무 일찍 터뜨렸다' 고 하는데.

'샴페인을 너무 일찍 터뜨렸다' 는 표현은 95년쯤 〈뉴스위크〉 지에 난 표현이다. 그러니 지금과 같은 상황을 전제로 하여 만들어진 말은 아니다. OECD 가입은 전세계를 향한 우리나라의 '약속' 을 의미한다. 우리는 OECD를 '부자나라의 모임' 이라고 착각하고 있다. OECD는 '신사들의 모임' 이지 '부자나라의 모임' 은 아니다. 부자나라의 모임이라면 쿠웨이트나 사우디 같은 나라도 가입해야 맞지 않는가?

OECD는 개별국가의 이익을 초월해서 세계의 평화와 번영을 위해 질서를 지키겠다는 약속을 하는 모임인 것이다. 설사 우

리 기업의 경쟁력이 약화되더라도 OECD 회원국으로서 세계
평화와 번영을 위한 의무를 지켜야 한다. 외국시장에서 자유
롭고 공정한 상행위를 하려면, 우리도 국내시장에서 외국기
업에게 똑같은 조건을 제시해주어야 하기 때문이다. 다만, 우
리의 경우엔 OECD에 가입하는 시점과 절차면에서 다소 문
제가 있었다. 즉, 시장을 개방하더라도 우리의 피해를 최소화
하고 저력이 형성되도록 준비를 했어야 했다.

노동계에서는 주류 경제학자들의 연구가 기업이나 정부 편향적인 시각을
갖고 있다고 비판한다. 이에 대해 어떻게 생각하는가.

노동경제라는 분야가 있는데, 경제학이나 경영학에서는 유감
스럽게도 주류가 아니다. 기업에도 마케팅, 생산이 주류다.
인사관리 등의 학문은 밀린다. 미국에서도 학생들이 별로 관
심이 없다. 학자들이 수적으로도 몰리고 마케팅이나 생산쪽
이 스포트라이트를 받고 화려하니까. 사실 그쪽으로 사람이
많다. 근로자들의 주장이 우선 일리가 있다고 보는 것이, 우
선 어쩔 수 없이 지난 1961년부터 최근까지 우리나라는 근로
자들의 생산성과 또 소비자의 희생 속에서 경제발전이 이루
어진 것이다. 근로자는 탄압의 대상이 절대로 아니다. 협상과
합의의 대상이다.

어느 칼럼에서 '근로자 역시 기득권을 지키려는 자세를 버리고 근로자세를 확
립해야 한다'고 했는데, 이때의 기득권이란 무엇을 뜻하는가.

근로자가 혜택을 제대로 못 받고 있는 '희생양'이란 것은 다 아는 사실이다. 그러나 5공 당시 근로3권을 굉장히 강하게 만들어주었다. 이는 강하게 만들어줘도 시행이 안 될 것이라는 전제 아래 다분히 형식적인 성격으로 작성된 것이었다. 그런데 87년 이후 그런 형식적인 제도가 모두 다 살아나 '근로자의 천국' 비슷한 상황이 연출되었다. 대표적으로 우리나라에는 노조 전임자들이 몇 백 명씩 된다. 어떤 나라에도 노조 전임자가 자기 일은 안 하고 돈 받는 경우는 없다. 이런 게 일종의 '잘못된 기득권'으로서 우리 사회에서 바뀌어야 할 부분이다. 내 칼럼에서도 사회 각 부문의 잘못과 그 책임의 정도에 대해 말한 것이지 단순히 근로자 한 부분만을 얘기한 것은 아니다. 약 80%의 잘못이 기업과 정부에 있으며, 그 다음으로 근로자들 또한 어느 정도의 책임이 있음을 얘기했던 것이다.

‖ 월간 〈길〉, 1998년 3월 ‖

제 2 장

또다시 국민소득 2만 달러 시대를 향하여

좌 · 담 · 회

1. 국민소득 2만 달러 시대를 뛴다

중앙일보사와 포스코경영연구소 공동으로 마련한 '국민소득 2만 달러 시대를 뛴다' 시리즈를 결산하면서 지난 1997년 9월, 각계 인사들을 초청해 열었던 2만 달러 시대에 진입하는 방법론과 이에 대비하는 우리의 자세에 대한 좌담회 기록이다.

- **사　회**: 유한수〈포스코경영연구소 소장〉
- **참석자**: 배순훈〈전 대우전자 회장〉 / 한덕수〈전 산업자원부 차관〉
　　　　　 / 조동성〈서울대 경영대학 교수〉

최근 우리나라의 금융 · 증시 · 환율 등에서 동시다발적으로 불안징후가 나타나면서 우리 경제가 하강하는 현상을 보여 국민들의 사기가 많이 떨어지고 있다.

우선 현재 우리 경제의 문제와 원인에 대해 논의해보자.

> •배순훈(裵洵勳) 회장: 우리 경제가 어렵다고 이야기하는 것은 심리적인 문제라고 본다. 가전시장의 경우, 원가절하에 따라 미국과 유럽시장에서 경쟁력을 회복해 수출이 순조롭다. 불황이라고 하지만 업종이나 회사에 따라 사정이 다르다는 이야기다. 장기적으로 우리 경제의 경쟁력을 강화하는 것이 중요하지만, 현재의 불안감은 심리적인 측면이 많다고 본다.

심리적인 측면이라지만, 우리의 성장 잠재력이 점차 가라앉고 있는 현상은 분명히 존재하고 있다는 생각이 든다. 과연 우리나라 경쟁력의 현황은 어떤가.

> •조동성(趙東成) 교수: 옥스포드대학에 가면 PEP(Politics, Economics and Psycology)라는 학부과목이 있다. 경제는 정치와 심리학의 중간에서 샌드위치처럼 함께 존재하는 것이지 절연된 채로 있는 것이 아니라는 의미다. 우리 경제도 정치와 사회심리의 함수 속에서 방향을 찾아봐야 한다.
> 현재 우리의 국가경쟁력은 개구리가 뛰기 위해 잠시 움츠러든 상황이라고 생각한다. 경쟁력은 토양처럼 하루 아침에 급격하게 변화하는 것이 아니기 때문에 조급한 판단은 바람직하지 않다. 우리의 국제경쟁력은 장기적으로 긍정적이라고 본다.

현경제현안에 대한 정부의 진단은 어떤가.

• 한덕수(韓悳洙) 차관: 정부는 올해 국제수지 적자를 어느 정도 안정시킨다는 기본목표를 세웠기 때문에 성장·경기 등은 어느 정도 희생할 수밖에 없지 않느냐는 생각이다. 최근 경기가 풀리지 않는 것은 우리 경제를 안정적인 체질로 개선해 나가는 과정에서 어느 정도 예측된 것이다.

그러나 지표상으로 계산해본 결과, 93년부터 4년 동안 태국 정도의 GDP가 늘어났고 수출은 호주의 연간 수출 규모만큼이 늘어났다. 최근 어려움의 본질은 경제성장과 생활수준의 향상면에서는 상당한 성과를 올렸지만 경제의 체질이나 수익성이 문제가 되는 데 기인한다. 앞으로 구조적인 변화가 시급한 과제다.

변화를 주도하는 데 있어 정부의 역할은 무엇인가.

• 조 교수: 후진국의 기업이 정부의 품 안에서 보호되는 수준이라면, 선진국의 기업은 정부의 품을 벗어나 나쁜 정책도 능히 극복할 수 있는 수준이라고 할 수 있다. '좋은 학생은 나쁜 선생에게서도 배운다'는 말이 있지 않은가. 정부가 뭘 해줘야 한다는 식의 생각에 머물고 있는 기업들은 저개발국 사고방식에서 벗어나지 못하는 것이다.

• 배 회장: 얼마 전 정부가 주도했던 '세계화'만 하더라도 사전에 대기업과의 대화를 통한 충분한 준비작업이 없었다. 기업들이 세계화를 외치며 치밀한 계획 없이 해외로만 진출하

다 보니 그 의미가 국내의 일자리만 해외로 옮긴다는 것에 불과하게 됐다. 이처럼 정부가 하루 아침에 빅뱅식의 정책을 펼치는 바람에 재계에서는 이를 잘 흡수하지 못하는 경우가 허다했다. 무엇보다 충분한 대화로 국민적인 공감대를 넓히는 것이 필요하다.

정경유착의 오랜 관행탓에 정권이 바뀌면 뒤엎을 수 있다는, 즉 간단한 로비로 어려움에서 탈출할 수 있다는 잘못된 사회분위기도 문제로 지적되고 있다. 정부 정책의 효율성과 정부와 기업 간의 올바른 관계 등은 무엇을 통해 얻을 수 있는가.

• 한 차관: 현재 우리 경제 전체의 생산성 제고를 가로막고 있는 것은 기업의 체질 약화, 경제운영의 유연성과 탄력성 부족이라 할 수 있다. 국민소득 2만 달러라는 목표를 달성하더라도 약화된 체질을 강화시키는 등 제반 경제문제를 구조적으로 접근하지 않고는 껍데기에 불과할 것이다. 시장기능의 회복은 그 동안 정부가 꾸준히 추진하고 있는 제도개혁이다. 정부가 간접적인 수요와 공급조절을 통해 가격에 영향을 미치고, 경제주체들이 이 가격이라는 신호(signal)에 예민하게 반응하는 체제가 제대로 된 것이라고 할 수 있다. 아직 우리의 체제는 이 시그널에 제대로 반응하지 못하는 감이 있다. 이런 상황에서 정책의 효율성을 높이기 위해 경제주체들이 가격에 민감하게 반응할 수 있도록 제도개혁이 필요한 것이다.

경제구조가 가격 시그널에 따라 시장경제논리로 움직여야 한다는 말에 공감한다. 하지만 시장에서 무수한 중간자들이 개입하여 비합리적으로 결정된 가격이 시장에 돌아다니고 있는 상태에서 모든 것을 가격에 의존하는 것은 매우 불합리하다고 보는데.

 • 한 차관: 세계적으로 개방경제의 추세에 있는 만큼 왜곡된 가격이 있다 하더라도 그런 가격은 시장에서 오래가지 못한다. 정부가 빠른 시간내에 제대로 된 가격구조가 나타나도록 장애물을 치워주는 역할을 하는 것이 필요하다.

 • 배 회장: 정부가 가격구조에 대해 국민들을 설득하고 그 의미에 대해 꾸준히 교육해야 한다.

우리는 언제쯤 2만 달러 시대를 맞이할 수 있겠는가.

 • 조 교수: 경제성장률을 연평균 7%로 계산하면 10년쯤 후인 2005~2006년에 2만 달러 달성이 가능하다는 시나리오가 나온다. 정부가 사회 · 경제에 있어서 맡아야 할 역할은 제도 확립(rule setting), 규제, 지원, 공동생산자, 소비자 등 5가지라 할 때, 지금까지 우리 정부는 규제와 지원에 집착하는 태도를 보였다. 지금까지의 30년간이 지원과 규제를 두 축으로 움직여 왔다면 앞으로의 10년은 제도의 확립, 즉 틀을 만들어 나가는 쪽으로 방향을 잡아야 한다.

2만 달러 시대를 바라보는 시각은 선진국으로 진입했다는 의미와 임금이 높아져 높은 구매력이 생긴다는 두 가지 의미로 생각해 볼 수 있다. 정부는 2만 달러 시대의 의미를 어떻게 자리매김하고있는가.

> • 한 차관: 2만 달러 시대가 10년쯤 후에 열릴 것이라는 주장에 동의한다. 그러나 많은 전문가들은 우리 경제의 효율을 높이기 위해 노력하지 않을 경우, 앞으로 연평균 3.3% 정도의 성장에 그칠 것이라고 경고하고 있다. 사회 전체의 효율을 제고하지 않을 경우 2만 달러로의 진입은 더딜 것이다.
>
> 변화에 앞서 그 변화를 성공적으로 이끌어 나갈 수 있는 실천력과 전환기적인 어려움에 대한 반발을 다독거리며 나아가는 리더쉽이 갖춰져야 할 것이다. 선진국 수준에 걸맞게 노동, 자본의 효율을 높이는 제도개혁과 함께 공동체적인 시민의식에서 한 걸음 더 나아간 세계적 시민의식도 필요하다. 사회 전체가 안정되고 능력 있는 리더쉽과 성숙한 시민의식으로 한데 어울려야 진정한 선진국이 될 것이다.

2만 달러 진입을 위해 우리가 구체적으로 세워야 할 전략을 이야기해보자.

> • 조 교수: 전략수립에 있어 1차원적으로 중요한 요소는 주체 · 환경 · 자원 · 메커니즘 등 네 가지다.
>
> 주체에 있어서 강력한 지도력보다는 일관성 있게 틀을 만들어가는 지도자가 나와야 한다. 환경의 경우, 앞으로는 선진국과 경쟁할 수 있는 세계시장에다 우리의 환경을 맞춰 나가야

한다. 자원에 있어서는 충성심 강한 군인형 인간보다는 선진국과의 경쟁에서 버틸 수 있는 창의력은 물론 질서를 지키면서 신뢰를 향상시킬 수 있는 품성을 지닌 사람을 길러야 한다. 이러한 것들을 한데 엮어내는 메커니즘은 합리성이 지배하고 자율적으로 모든 것이 이뤄지며 상대방에게 신뢰성을 줄 수 있어야 한다는 것이다.

2차원적 전략은 이들 4가지 요소 중 무엇을 강조할 것이냐는 것이다. 지금까지는 주체나 환경, 자원이 중요했지만, 앞으로는 그것들이 어우러져 나타나는 매커니즘에 주목해야 하며, 그 메커니즘에서 가장 중요한 것은 국민적 합의를 어떻게 이뤄 가느냐 하는 것이다.

• 배 회장: 제도란 규제가 아니라 예측하지 못한 여러 가지 상황에 대한 시스템이라고 할 수 있겠다. 무수한 시행착오를 통해 문제를 하나씩 극복해 나가는 것이 무엇보다 중요하다는 이야기다. 전략도 미리 다 정해 놓는 것이 아니라 그때 그때에 맞게 적응하는 시스템으로 이뤄져야 한다.

기업도 한 사람에 의존하는 경영방식에서 벗어나 모든 사람이 창의력을 발휘하고 지도자가 이를 집결하는 것이 필요하다. 2만 달러 시대는 이처럼 '자유스럽게 방치해 놓은 상태'에서 도달할 수 있을 것이다. 이럴수록 정부는 작고 강한 정부로서 그 역할이 더욱 중요해진다.

• 한 차관: 정부가 정한 2만 달러 시대의 목표는 생산성 높은

경제다. 시장경제체제가 효율적이기는 하지만, 이에 따른 공정한 질서와 공정한 경쟁도 필요하다. 공정한 시장경제를 구축하기 위해 정부는 앞으로 5가지 과제에 초점을 맞출 것이다.

첫째는 산업구조의 개선이다. 둘째는 금융제도의 생산성 제고다.

셋째는 노동시장의 유연성을 높이되 인력을 적절히 공급하는 것이며, 넷째는 기업조직의 투명성 제고다. 마지막은 정부의 역할과 조직축소로 정부조직이 현재처럼 경쟁적으로 있을 필요는 없을 것이다. 정부의 역할도 최소한으로 줄여서 유사한 업무부처는 과감히 통폐합해 군살을 빼야 생산성을 높일 수 있다. 예를 들어 통산부와 정보통신부의 통합 등이다.

최근 우리 사회에서는 조세저항, 환경오염시설 설치 반대 등 개인주의가 커지고 있는 성향이 자주 나타나고 있다. 이는 특히 전근대적인 가족주의 사고방식과 결합해 사회 전체의 효율을 떨어뜨리고 있다. 이에 대한 해결책은 무엇인가.

• 조 교수: 우리나라 국민의 담세율은 선진국의 35~40%에 비해 20% 수준에 불과하지만 조세저항이 만만치 않다. 자기 자신만이 가진 것을 부라고 생각하지 남과 나누면서 사회 전체에 쌓이는 부는 부라고 생각하지 않는 집단적 이기주의의 양상이 남아 있기 때문이다.

궁극적으로 유치원 교육에서부터 개인적인 목적 추구보다 사회적 목적의 추구에 동참하는 역량을 기르는 쪽으로 교육제도의 개편이 있어야 할 것이다. 정부기구의 통폐합도 소비자 중심, 즉 행정서비스의 수혜자 중심으로 바뀌도록 기준이 마련되어야 할 것이다.

‖ 중앙일보, 1997년 9월 25일 ‖

좌·담·회

2. 수출, 반드시 살려야 한다
— 정책, 금융지원 등 뗄 수 있게 여건조성을… —

지난 1998년 8월, 한국무역협회와 공동으로 수출의 현황과 문제점을 파악하기 위해 마련되었던 전문가 좌담회의 기록이다.

사 회: 황두연〈무역협회 부회장〉
참석자: 장병주〈(주)대우 사장〉 / 조동성〈서울대 경영대학 교수〉 / 최홍건〈산자부 차관〉

황 부회장(사회자): '수출을 늘리자' 는 말이 급기야 '수출을 기필코 살려야 한다' 는 말이 될 지경입니다. IMF체제 조기졸업을 위해서라도 수출은 정말 살려야 합니다.
먼저 최홍건 차관께서 전반적인 수출동향을 짚어주시고 장병주 사장께서는 수출부진의 심각성, 특히 수출업계의 실상에 대해 말씀해주시지요.

•최 차관: 아시다시피 수출이 98년 5월부터 감소세로 돌아

섰습니다. 문제는 그 폭이 자꾸 커진다는 데 있습니다. 품목별로는 철강, 석유화학, 일반기계, 섬유제품 등은 증가세를 보이는 반면 반도체, 자동차 등 주력품목은 부진합니다. 지역별로는 미국과 EU 등 선진국권에서 증가하고 있는 반면, 중국, 동남아 등 아시아시장에서는 극히 부진한 실정입니다.

• 장 사장: 저희도 협력업체의 육성을 특화하고 있습니다만, 여타 수출업체의 실상은 그야말로 빈사상태입니다. 금융지원에 정책적 배려가 균형을 이루지 못하고 있습니다. 대기업은 경계대상이 돼 버렸고, 혜택권에 든 중소기업들한테도 무역금융은 그림의 떡입니다. 중소기업이 금융권에 제대로 접근하지 못하는 이유가 뭡니까. 은행들이 능력도 안 되는데 담보나 지급보증을 요구하는 겁니다. 최근 산자부장관의 현장점검에서도 드러났듯이 일선창구에서는 제대로 되질 않았잖습니까.

• 최 차관: 그 이후로는 좀 된다고 합디다.(일동 웃음)

• 장 사장: 글쎄요. 우리가 주장하는 DA(인수도조건) 네고를 해달라는 것도 마찬가지입니다. 대기업에 DA 네고를 해주면 대기업에만 그 돈이 가는 것이 아닙니다.
예를 들어, 자동차를 수출할 경우에 자동차 한 대 생산에 수천 개의 부품을 납품받아 제조해 판매하는데, 중소업체들로 자금이 흘러들어야 부품생산에 나설 수 있지 않습니까. 기업구조조정과 수출을 놓고 혼선이 이만저만 아닌 것 같은데, 구조조정은 구조조정대로 하고 제일 중요한 수출은 제대로 살려야 합니다. 하반기에 여건이 더 악화돼 연말께 산업기반이 붕괴될 우려가 높습니다. 정부에서 여러 시책이 나오지만 창구에서 제대로 안 됩니다. 실효성이 없다는 것이지요.

• 최 차관: 금융지원이 현장에서 어떻게 운용되고 있느냐는 것인데, 금융창구에서 실질적으로 수출자금이라든가 여러 조치들이 현실화되도록 최선을 다하겠습니다.

예를 들어, 신용보증기관에서 특별신용보증이 원활히 이뤄질 수 있도록 하기 위해 98년 6월 말까지였던 특별신용보증 기간을 연말까지 연장조치할 계획입니다. 수출환어음 매입자금도 신용보증 대상에 포함시키는 등, 이 같은 조치들이 일선 창구에서 실효성 있게 이뤄지도록 계속해서 점검하고 강화해 나갈 작정입니다.

황 부회장(사회): 현재의 수출환경을 보면 해외시장 및 국내금융 여건, 환율 움직임 등 호재는 없고 악재만 있다고 해도 과언이 아닙니다. 당국에서는 최근 수출부진의 원인이 어디에 있다고 보시는지요. 또 업계의 관점은 어떤지요.

• 최 차관: 여러 요인이 있겠으나 해외시장 특히 우리나라 수출의 51%를 차지하는 중국, 일본, 아시아시장의 침체가 주된 원인입니다. 대아시아 수출은 98년 들어 7월 말까지 마이너스 14%를 기록했습니다. 여기에다 우리의 수출 주종품인 반도체, 석유화학, 전자 등이 워낙 세계시장에서 경쟁이

치열하다 보니 수출단가가 크게 하락하고 있습니다.

예를 들어, 반도체의 경우 올들어 단가가 마이너스 51% 하락하고 있고, 전자제품의 경우 39% 정도 수출단가가 하락하고 있습니다. 전체적으로 수출물량은 98년 5월 말 현재 전년 대비 31% 정도 늘고 있지만, 워낙 단가가 떨어져 전체적인 수출은 우리의 기대에 못미치고 있습니다.

여기에다 아직도 금융경색이 지속되고 있습니다. 최근에 금융기관의 구조조정이 가속화되면서 더욱 두드러지고 있습니다. 수출환어음 매입이 아직도 제대로 이뤄지지 않고 있습니다. 작년 IMF 이전 수준과 현재 환어음 매입잔액을 비교하면 76% 정도나 됩니다. 또 신용장 개설잔액도 작년 97년 11월 대비 70% 수준에 머무르고 있거든요. 이런 금융경색이 우리 수출부진의 또 하나의 원인이 되고 있습니다. 대외적인 요인으로 하나만 더 든다면, 최근 들어 미국, EU 등 선진국 위주로 수출을 강화하다 보니 철강, 반도체, 전자 등 주력종목이 수입규제장벽에 부딪치고 있습니다.

• 장 사장: 맞는 말씀입니다만, 수출부진은 밖에서 출발한 것이 아니라 내부에서 비롯된 것으로 봐야 합니다. 업계 시각은 이렇습니다. 석 달 연속 수출이 마이너스가 된 것은 정부가 수출에 대한 금융지원의 시기를 놓쳤기 때문입니다. IMF 구제금융 이후 연초에 정부가 금융지원을 제대로 하지 않아 환율상승에 따른 가격경쟁력 등 메리트를 다 놓친 셈입니다. 뒤늦게 수출을 중요시한들 무슨 소용이 있겠습니까. 수출이

중요하다는 총론에 대해서는 이견이 없다가도 각론에 가면 각자 다른 입장이고 혼선만 있습니다.

황 부회장(사회): 일본의 오부치 내각이 들어서자마자 엔화 환율이 약세를 면치 못하고 있습니다. 엔화 약세가 지속되면 중국 위안화 절하를 초래할 가능성이 큽니다. 만약 위안화가 절하되면 수출은 큰일인데요. 하반기 전망을 살펴보지요.

• 최 차관: 밝은 구석을 좀체 찾아볼 수 없습니다. 앞서 지적한 우리 수출을 둘러싼 여건들은 하반기에서는 더욱 악화될 것입니다. 최근 원화의 가치는 상당히 안정세를 띠고 있습니다만, 경쟁국의 통화가치는 우리 수준보다 훨씬 더 하락폭이 커져서 가격경쟁면에서 경쟁국에 비해 불리한 입장입니다. 예를 들어서 올들어 지난 98년 8월 4일 현재 원화가치는 작년 말 대비 13.9% 절상이 됐습니다. 그런데 일본 엔화는 거꾸로 마이너스 10.7%거든요. 경쟁국인 대만이 마이너스 6%입니다. 특히 동남아시장이 하반기에 살아날 것이라는 전망은 없습니다.
또 우리와 수출 경쟁관계에 있는 일본은 현재 엔화가치가 계속 약세를 보이고 있습니다. 문제는 우리 제품과 일본제품이 선진국시장에서 무려 63%나 경쟁관계에 놓여 있다는 것입니다. 그나마 수출되는 곳이 선진국시장인데 말이죠. 수출여건이 더욱 악화될 수밖에 없는 형편입니다. 금융구조조정에 따른 신용경색도 앞으로 수개월 동안 지속될 것이라는 것은 쉽

게 예측할 수 있지요. 강도 높은 구조조정으로 기업활동이 상
당히 위축될 것 같습니다.

• 조 교수: 각 연구기관들의 금년도 수출 전망치를 보면 상
당히 비관적입니다. 특히 무역협회는 올 수출전망을 1,360억
달러, 0.1% 감소되는 것으로 전망했더군요. 그 밖의 다른 연
구기관들도 대부분 1% 내외 수출전망을 하고 있습니다.

• 최 차관: 정부도 이런 전망에 대해 어느 정도 공감하지만
그렇다고 이런 상태로 끌고갈 수는 없지 않느냐는 겁니다.
IMF 외환위기 상황에서 외환위기도 어느 정도 극복하고 금
리도 하향 안정세를 보이고 있는 것은 무역수지 흑자에서 비
롯되는 외환보유고 증가에 따른 결과지요. 이런 차원에서 어
려운 여건이지만 하반기에는 우리의 의지 표현 차원에서 목
표를 설정하고 외환위기 극복을 금년내로 한다는 각오로 나
가야 할 것 아니겠습니까.
그래서 산업자원부를 포함한 정부에서는 금년도 수출을 어떻
게든지 1,430억 달러 정도 해서 작년 대비 5% 증가토록 해
무역수지 흑자 400억 달러 정도는 내야겠다는 각오입니다.
지난 상반기 무역흑자가 200억 달러 시현되지 않았습니까.
그래서 하반기에도 어떻게든 좀더 밀어붙여서 목표달성을 해
보자는 겁니다. 그러기 위해 당면한 수출애로 타개에 좀더 노
력을 기울이고 또 수출지원책도 보강해서 강하게 끌고 나가
자는 것입니다.

황 부회장(사회): 그렇다면 정부의 대책은 구체적으로 어떤 것이 있습니까. 지금 업계는 정부의 수출지원책이 소리만 무성했지 알맹이나 실효성이 떨어지고 있다고 아우성입니다. 정책의 우선순위에도 문제가 많다는 것입니다.

• 최 차관: 정부는 수출경쟁에서 가장 중요한 것으로 환율의 안정적 운영을 꼽고 있습니다. 환율이 요즘처럼 불안한 상태에서는 수출기업들이 수출상담을 마음놓고 하지 못합니다. 오더가 있어도 과연 이것을 수주해야 할지 안 해야 할지 상당히 불안한 양상을 띠고 있습니다. 그러잖아도 한 푼의 달러가 아까운 시점에 수출기업들이 환율 불안 때문에 수출상담조차 못한다면 심각한 문제지요.
지금 외환시장은 공급우위의 수급구조 불안양상입니다. 그래서 외환시장에 정부가 직접적으로 개입을 한다든가 하는 것은 시장논리에 적절하지 않다고 봅니다. 그러나 외환위기때 도입된 조건이 나쁜 외채는 리스케줄링해서 조기상환한다든지 또 외환위기가 급박했을 때 한국은행이 시중은행에 풀었던 자금을 조기에 상환토록 한다든가 하는 간접적인 방법을 써서 환율의 안정책을 도모해 나갈 필요가 있다고 생각합니다. 금융기관의 구조조정으로 신용경색이 심화되고 있어 수출업계에 타격이 최소화되도록 금융을 원활하게 공급하고 그 수단과 규모도 확대할 계획입니다.

• 장 사장: 수출금융을 원활하게 하고 규모도 늘린다고 했는데 나라 전체 수출의 50% 정도를 종합상사들이 합니다. 그

런데 5대기업에 대해 금융지원을 제외시켜 놓고 정책을 수립하는 것은 잘못됐다고 봅니다. 금융을 지원하면 재벌개혁이나 대기업 구조조정정책에 역행하는 것이라며 금융지원에서 제외시켜 놓고 자꾸 수출만 많이 하자고 합니다.

• 최 차관: 그 점에 대해서는 구조조정과 맞물려 정부내에서도 의견이 분분합니다. 이미 6대에서 30대 기업에 대한 지원은 선이 그어졌습니다만, 하반기에도 수출 드라이브를 걸어야 하는 입장이니까 금융을 확대공급해야 되겠다는 생각은 분명합니다.

우선 이미 조치를 취한 것이 중소, 중견기업에 대한 수출입금융이 원활하게 되게 하기 위해 98년 7월 중순부터 중소, 중견기업과 일부 대기업이 LC만 수취하면 그 LC에 대해서는 수출보험공사에서 수출이행보증을 거의 제한 없이 해줌으로써 금융기관으로부터 자금융통이 원활하게 되도록 노력하고 있습니다.

심지어는 중소·중견기업들의 DA거래까지도 수출보험공사가 신용보증을 함으로써 이 기업들의 DA환어음 매입도 원활히 이뤄질 수 있도록 조치를 취한 바 있습니다. 더군다나 우리 중소업계 수출의 약 60%가 로컬수출입니다. 중소업계의 로컬수출에 따른 자금융통도 원활하게 하기 위해 대기업에 대한 로컬LC 개설이 안 되고 있는 점을 감안, 대기업의 구매승인서만 가지고도 무역금융이 지원될 수 있도록 조치를 취하고 있는 것입니다.

그리고 역시 우리나라 수출의 반 이상이 대기업에 의해 이뤄지고 있는데, 대기업에 대한 수출입금융여건을 획기적으로 개선하기 위해 강한 의지를 가지고 몇 가지 방안을 검토하고 있습니다. 그래서 우선 본·지사 간 DA수출거래에 대한 수출보험지원을 통해 환어음 매입을 촉진시키도록 하고 또 수출입은행이 대기업에 대한 단기 수출입금융을 지원할 수 있도록 이번 임시국회에서 수출입은행법의 개정을 서두르고 있습니다.

수출입은행이 6개월 이상 중장기수출에 대해서만 지원을 해 왔는데, 수출입은행에 대기업에 대한 자금지원 역할을 좀더 부여해 6개월 미만의 단기 수출입금융을 지원토록 관계법을 개정할 방침입니다.

또 IBRD로부터 원자재 수입자금 30억 달러를 배정해 놓고 있는데, 수출용 원자재 수입자금을 5대 재벌을 제외한 6대 이하 30대 계열기업군까지도 이를 쓸 수 있도록 7월 말에 조치를 취했습니다. 하나 더 말씀드릴 수 있는 것은 5대 재벌을 제외한 6대 이하 30대 계열기업군에 대해 무역금융 지원방안을 적극적으로 검토하기 시작했다는 점입니다. 그 밖에 이런 것을 뒷받침하기 위해 보험기금을 2,000억 원, 신용보증기금에 5,000억 원을 추가 출연하는 문제도 추진하고 있습니다.

황 부회장(사회): 최홍건 차관께서 지적했듯이 현재 수출 저하요인이 복합적이고 복잡합니다. 또 지원책도 적지 않은 듯합니다. 그럼에도 현재 수출증대만이 난국을 헤쳐나갈 돌파구라는 공감대만 형성됐을 뿐 과거 수출입국의 신화를 무색케 할 정도로 현재 수출이 안 되고 있질 않습니까?

국민들은 최근 역사적으로도 경험하기 어려웠던 수출감소현상이 지속되자 크게 우려하고 있습니다. 수출을 살리기 위한 특단의 조치는 없는 것인지, 앞서 언급된 대기업에 대한 구조조정과 무역금융 지원문제에 대해 조동성 교수께서는 어떤 의견을 갖고 있습니까?

• 조 교수: 문제는 거시적인 장기적 경제정책을 끌고 나가는 범위 안에서 수출정책이 나와야 한다는 겁니다. 장병주 사장께서 앞서 제기한 문제는 맞습니다. 예컨대 종합상사의 수출이 전체 수출의 50%를 차지하고 또 이들이 수출을 안 하면 당장 수출증대효과가 안 나옵니다. 그런데 재경부나 공정거래위원회에서 걱정하는 것은, 무역금융을 5대재벌쪽으로 주면 무역의 효과도 나겠지만, 그것이 계열사로 탈법적으로 흘러들어가면 WTO협정에도 걸리고 우리나라에서 큰 줄거리로 하고 있는 구조조정에도 역행하는 것이라는 점입니다. 바로 이 점이 갈등인 것이지요. 그래서 정부가 어떻게 중심점 내지는 비전을 잡고 그 범위 안에서 단기적인 문제를 해결할 것인가를 고려해야 전체 그림이 나올 것입니다. 산자부는 무역정책을 다루기 이전에 경제정책을 다뤄야 할 것입니다.

• 최 차관: 변명은 아닙니다만 사실 고민이 있기 때문에 정부내에서도 선뜻 대기업에 대한 무역금융 허용을 하지 못하는 것입니다. 그러다 보니 로컬LC 개설을 못해 중소기업의 자금난이 가중되고 있습니다. 이 때문에 최근 중소기업에 대

해 대기업의 구매승인서만 가지고 오면 무역금융을 지원하는 이런 보완적인 조치를 취하게 된 것이지요. 그런데 보완적이고 변칙적인 방법을 가지고 이 어려운 시기를 해결할 수 있겠느냐 해서, 다소 고민스럽지만 한시적으로라도 대기업에도 무역금융의 공급을 검토하고 있습니다. 그러나 정부 일각에서는 대기업에 무역금융을 지원하면 과연 수출이 얼마나 늘어날 것인가에 대해 의구심을 갖고 있는 것은 사실입니다. 솔직히 자금사용에 대한 의문이기도 합니다. 검증을 한 뒤 금융 지원을 해야 한다는 주장도 있습니다.

• 조 교수: 사실 수출이라면 무조건 하겠다는 것도 문제가 있습니다. 경쟁력을 강화하는 수출도 있고 또 사실은 각종 정부보조를 받으면서 구조조정에 역행하는 경우도 있다고 합니다. 결국 옥석을 가리는 것이 정부가 해야 할 가장 큰 과제라고 봅니다. 수출업계도 무조건 수출해야 한다고 하기보다는 옥석을 가릴 수 있는 방법론을 제시하면 정부와 기업 간에 협조체제가 형성되지 않을 수가 없습니다.

황 부회장(사회): 그렇지만 대기업에 무역금융을 지원해줄 테니 몇 억 달러 수출하라는 식의 인식도 곤란하다고 봅니다. 구조조정이라고 하는 장기적 과제를 진행하는 데 수출이 활로가 된다면 수출을 늘릴 수 있는 방법은 다 동원해야 할 것으로 생각됩니다. 일단 살려 놓고 부작용은 고쳐 가자는 겁니다. 과거 관행을 따져 부작용을 먼저 생각해서는 안 된다고 봅니다. 기업들이 사기와 의욕을 갖고 있을 때 수출도 늘게 마련 아니겠습니까?

• 조 교수: 그렇다고는 하지만, 만약에 어느 그룹의 회장이 종합상사를 그룹을 살리는 데 활용하면 막을 방법이 없다는 것이죠. 바로 이 점에 오해가 얽혀 있는 것입니다.

황 부회장(사회): 제가 대기업을 변론하려는 것은 아닙니다. 그러나 제가 보기에 과거에는 그럴 수 있었지만 지금은 결합재무제표를 만든다, 투명성을 제고한다, 구조조정을 한다 해서 과거와는 딴판입니다. 과거와 같은 시각으로 봐서는 안 될 것입니다. 이제는 변화가 일어나고 있다고 믿고 지원할 것은 지원해야지요.

• 장 사장: 동감입니다. 문제는 '어어' 하는 사이에 이미 세 달 연속 마이너스를 기록했습니다. 우리가 얼마나 심각하고 시간이 없는지를 먼저 깨달아야 합니다. 똑같은 논의가 1월부터 계속되고 있는데, 만약 8월에 20% 정도 마이너스를 기록할 경우에 결국 우리 앞에는 구조조정할 실체가 없어진다는 것을 알아야 합니다. 6월 말까지 2만 개 이상 기업이 부도가 나서 수출하고 싶어도 수출할 물건이 없는 실정입니다. 그때 가서 금융지원을 해봐야 무슨 소용이 있습니까? 구조조정은 해야 하는 것은 당연합니다. 그러나 우리가 살아야 그것도 가능해질 것입니다.

• 최 차관: 그래서 금융기관의 구조조정을 가속화시켜 조기에 마무리를 짓겠다는 것입니다. 정부가 수출에 최우선 순위를 두고 있는 것은 확실합니다. 다만 여건 속에서 구조적으로

탈출하려는 노력도 병행해야 할 것입니다. 구조조정이 장기화
될 경우에 문제점을 최소화하자는 것이고 최단시일 안에 추진
하자는 것입니다. 그래서 이번 가을 이전에는 어느 정도 마무
리될 수 있도록 추진한다는 것입니다. 결국 IMF 경제위기 극
복의 핵심은 안정적인 외화확보를 하자는 것입니다.

그렇다면 정책의 우선은 수출과 외국자본 유치일 것입니다.
이를 보장하는 것은 또 금융기관이나 기업 등의 구조조정이라
는 것이지요. 개혁과 구조조정을 하지 않고는 외국인이 한국
에 투자진출할 리 없지 않습니까. 구조조정의 와중에서 수출
의 중요성은 잘 알고 있습니다. 고통은 우리가 감내해야 되는
것이고, 고통을 극복하는 데는 결국 경제주체들의 합심과 협
력, 고통을 분담하려는 노력이 따라주어야 한다는 것입니다.

황 부회장(사회): 그렇지만 수출이라는 것이 매우 지속적인 대외관계입니다.
한 번 상실된 시장의 복원은 간단하지 않습니다. 우리의 경쟁력을 높이기 위한
구조조정도 필요하지만, 수출이냐 구조조정이냐를 놓고 정부나 기업 모두 딜레
마에 빠진 듯합니다. 정책의 선이 분명해야겠습니다. 정부가 구조조정 와중에
서도 예외적인 조치로 정말 수출을 살려야 한다면, 은행의 행장에서부터 창구
직원까지 신뢰성을 갖고 수출기업들을 대해 줘야 합니다.

그러나 그 동안 무역인들은 좌절도 느끼고 벽도 높게 느껴온 것이 사실입니다.
수출보다는 구조조정이라는 IMF 프로그램에 모두가 더 집중하다 보니 수출지
원은 말만 앞섰다는 생각입니다. 98년 8, 9월에는 은행구조조정이 기속화될
것입니다. 정말 수출을 살리겠다면 수출기반이 다 무너져 버리기 전에 살려야
할 것입니다. 수출이 돼야 외국인들도 투자를 하게 될 것입니다. 국회도 하루

빨리 열어 수출지원을 위한 관련 법규를 손질해서 제대로 지원이 이뤄지도록
해주는 것이 도리일 것으로 생각합니다.

• 조 교수: 여기에는 두 가지 현실이 있습니다. 하나는 장병
주 사장의 말씀대로 지금 이대로 두면 수출의 근본이 허물어
진다는 것입니다. 또 하나는 정부내 문제입니다. 재경부, 금
감위 등은 구조조정, 산자부는 수출쪽으로 두 가지 갈래로 가
고 있습니다. 문제는 정부의 기조가 구조조정이지 수출이 아
니라는 겁니다. 이것도 엄연한 현실입니다.
서로의 입장차가 이렇듯 존재하고 있습니다. 산자부나 무역
업계가 구조조정이라는 대세를 막을 수 없을 것이라고 생각
합니다. 과거에는 재벌의 힘이 있어 기업의 요구사항이 먹혀
들었지만 지금은 다릅니다. 현재는 재경부가 추진하는 구조
조정을 산자부나 무역업계가 결코 이길 수 없다고 봅니다. 계
란으로 바위를 치는 것과 마찬가지라고 생각합니다.

황 부회장(사회): 원칙론으로는 옳은 말입니다. 우리 경제에서 가장 중요한 우
선순위는 구조조정이라는 것에는 이론이 없습니다.

그러나 그것만으로 모든 문제가 해결된다고 해서 당장 수출기반이 무너져서는
안 된다는 것이지요. 구조조정이라는 방향은 그대로 가되, 그 과정에서 수출이
무너지면 안 된다는 겁니다. 우리는 위기를 느끼고 있습니다. 범정부적으로 수
출에 대한 시각을 조정해야 합니다. 응급처치로라도 어느 정도 이상 감소하면
안 된다는 선을 긋고 긴급처방도 할 수 있는 의지를 가져 달라는 것이 수출업계
의 요구입니다.

• 장 사장: 그렇습니다. 결국 수출은 기업이 하는데, 좌절감을 느끼지 않고 수출을 할 수 있게 해주는 것이 정부의 도리 아닙니까? 업계가 온갖 노력을 다하고 있는 만큼 정부는 여건을 마련해줘야 합니다.

• 조 교수: 저도 무역을 전공하고 아끼는 입장입니다만, 종합상사만 가지고는 해법이 안 나옵니다. 제가 종합상사에 대한 연구를 하다가 재벌문제로 바꾼 것도 그 때문입니다. 종합상사는 재벌그룹의 계열사로서 연관 하위조직입니다. 과거 실제로 그렇게 운영돼 왔습니다. 이 문제를 먼저 해결해야 무역금융문제가 풀릴 겁니다. 정부도 문제입니다. 지난 88년 주택 200만 채를 지을 때 시멘트 수출을 중단했었지요. 참으로 바보 같은 짓이었습니다. 무역이 순간적으로 작동할 수 있는 수단으로 생각해서는 큰코 다칩니다. 현재 무역은 하나의 시그널이 될 수도 있습니다. 구조조정을 포기하는 시그널로 국민과 재벌기업이 받아들이도록 할 수도 있고 또 그 구조조정의 정체를 그대로 두면서 그 범주 안에서 실무적으로 수출을 늘리는 방안을 찾을 수도 있을 것입니다. 지금 여기 어느 누구도 구조조정을 반대하지는 않습니다. 아마도 그 방법을 찾는 것이 우리가 이 자리에 모여 해야 할 작업이 아닌가 싶습니다.

• 장 사장: 지금 대기업 특히 재벌의 구조조정은 안 할래야 안 할 도리가 없게 돼 있습니다. 주거래은행과 부채비율을 내

년 말까지 200% 낮추기로 합의됐습니다.

• 조 교수: 과거에도 그렇게 해 놓고 한 번도 약속이 안 지켜
졌습니다. 이 문제는 이미 80년도 초반에도 있었습니다. 그
런데 한 번도 안 지켜졌기 때문에 지금 불신을 받는 것입니
다. 이게 업보입니다. 정부는 재벌이 무역을 볼모로 해서 국
민을 협박한다는 시각을 갖고 있다는 것을 주목해야 합니다.

• 장 사장: 제도적으로 구조조정을 안 할 수 없습니다. 재벌
이 달러 다발을 쌓아 놓았다고들 하는데, 일시적으로 몇몇 그
룹 다 모아봤자 몇십 억 달러밖에 안 될 것입니다. 대기업은
금융에 문제가 없다는 시각 자체가 문제입니다.

황 부회장(사회): 대화의 방향을 환율쪽으로 옮겨보지요. 가격경쟁력에는 환율
이 중요한 이슈입니다. 수출계약때 원화강세가 대외경쟁력에 미치는 영향으로
미뤄 원화·엔화는 10대 1선에서 가격경쟁력을 유지하는 것이 유리하다고 합
니다. 최근 엔저의 지속으로 중국 위안화의 향배도 불투명한데, 이 점을 짚어보
도록 하지요.

• 조 교수: 중국 위안화의 평가절하는 쉽게 이뤄지지 않을
것으로 봅니다. 다만 한 가지 지적하고 싶은 것은 환율을 금
융시장에 맡기는 것은 정부가 주권을 포기하는 것이라는 점
입니다. 적절한 환율정책이 절대적으로 필요하다고 봅니다.
특히 중국 위안화와 일본 엔화의 약세는 아시아 전체의 문제

인 만큼 한·중·일이 정책협의를 통해 범동아시아 경쟁력 회복대책을 세워야 할 때입니다. 한국이 주도권을 갖는 것이 중요합니다.

황 부회장(사회): 워낙 수출문제가 복잡하다 보니 내용 역시 복잡 미묘하군요. 모쪼록 관계당국이나 기업 모두 수출에 대한 인식을 다시 하고 구조조정이라는 큰 틀에서도 정책의 우선순위가 명확해졌으면 합니다. 틀림없는 사실은 수출은 곧 달러라는 점입니다. 오늘 좋은 말씀 거듭 감사드립니다.

‖ 내외경제신문, 1998년 8월 7일 ‖

제 3 장

세계 지성인들과의 대화

인·터·뷰

1. 생동하는 미래, 내일을 뛴다
— 수만트라 고샬 교수와 함께 —

지난 1996년 4월 9일 서울대 경영대학 교수휴게실에서 있었던, 전략경영에서 세계적 권위를 인정받는 수만트라 고샬 교수와 조동성 교수와의 대담이다.

•조동성 교수: 21세기를 얼마 남겨 놓지 않은 현시점을 가장 적절히 표현할 수 있는 것은 '전환기'라는 말일 것입니다. 현재와 미래가 맞닿아 있는 지금, 우리는 다음 세 가지 주제에 대해 주체적인 인식을 가져야 할 것으로 봅니다. 기업과 내부조직 간의 관계, 조직내에서의 인력구조, 국가사회 안에

서 기업이 수행해야 하는 역할이 바로 그것입니다.

먼저 최근 부상하고 있는 이론인 신(新)기업조직 형태에 대해서 이야기를 나누어 보겠습니다.

• 고샬 교수: 현재 대기업 조직의 주류를 이루고 있는 다국적기업을 생각해 봅시다. 그 동안 글로벌 리더로 자리를 굳혀왔던 다국적기업은 90년대에 들어서면서 기업의 거대화와 내부적인 복잡성 때문에 경영의 비효율성을 드러내고 말았습니다. 다국적기업은 자본이 희소할 경우에 최적으로 운영될 수 있는 조직형태입니다. 물론 얼마 전까지만 해도 자본은 희소자원이었습니다. 또 투자기회도 세계 각지에 풍부했습니다. 하지만 이제 투자기회는 훨씬 줄어든 대신 자본은 풍족해지고 있습니다. 지금부터 희소자원은 지식과 지식을 갖춘 전문인력입니다.

• 조동성: 그런 배경에서 등장하게 된 것이 독립적인 사업단위로 움직이는 신조직형태라는 말씀이군요.

• 고샬 교수: 그렇습니다. 대규모 기업에서 부족하기 쉬운 신축성과 신속성을 제고시키기 위해 과거보다 훨씬 광범위하고 독립적인 사업운영권과 통제권을 갖는 새로운 조직형태가 필요하게 된 것입니다.

• 조동성: 조직형태가 바뀌면서 최고경영자의 역할과 비중에

도 변화가 뒤따르게 되는 것은 당연한 일이겠지요.

• 고샬 교수: 물론입니다. 과거에는 전략수립과 자원배분 등에 대한 최종 결정권자로서 최고경영자의 역할이 중시됐습니다. 하지만 요즘에는 사업목적과 비전 제시, 신사업에 대한 도전, 가치창조, 주체성(identity)확보 그리고 기업혁신이라는 과제가 보태졌습니다. 최고경영자는 단순히 전략을 형성하는 주체가 아니라 목표와 비전을 설정하는 주체입니다.

• 조동성: 동감입니다. 그렇다면 신기업조직을 효율적으로 운영하는 데 필요한 시스템은 무엇일까요. 여러 부서, 게다가 국적이 다르고 문화적으로 다른 배경을 가진 종업원으로 구성된 기업조직을 한 방향으로 이끌어 나갈 수 있는 힘은 과연 어디에서 나올 수 있겠습니까?

• 고샬 교수: 종업원들의 자발적 참여를 이끌어내기 위해서는 기업 분위기가 대단히 중요한 위치를 차지합니다. 제 고향인 켈커타의 여름은 매우 습도가 높고 무덥습니다. 사람을 피곤하고 게으르게 하지요. 그러나 인시아드(Insead · 프랑스 경영대학원)가 있는 퐁텐블로의 숲으로 가면 신선한 나무향기로부터 새로운 에너지를 얻을 수 있습니다. 기업도 마찬가지입니다. 종업원의 창의력과 힘을 발휘시킬 수 있도록 시원한 그늘이 될 수 있는 울창한 숲을 만들어 주어야 합니다. 이 숲이 바로 기업의 분위기입니다.

• 조동성: 기업조직을 원활히 움직이기 위해서는 어느 정도의 통제와 자율성이 동시에 필요하다고 생각합니다만.

• 고샬 교수: 기업조직이 어떤 수준까지 도달하면 자율과 통제의 구분은 명확하지 않게 됩니다. 다국적기업인 아세아 브라운 보베리(ABB) 사를 예로 들겠습니다. ABB는 아주 엄격한 재무보고 통제시스템을 갖고 있습니다. 수천 곳에 달하는 개별사업부는 PC로 연결돼 있는데, 각각 요구받은 재무정보를 입력, 본사로 송고하게 되어 있습니다. 이런 시스템은 무척이나 경직적인 통제장치로 받아들여질 수도 있습니다만, 개별 사업부가 긴장을 잃지 않고 사업에 전념할 수 있는 자극제, 즉 자율적 체제로 이용될 수도 있습니다.

• 조동성: 이제 두 번째 주제인 조직 내에서의 인력구조에 대해 말씀을 나눠 보겠습니다.

• 고샬 교수: 그 동안 기업들의 노사관계는 도덕적 계약관계가 주종을 이뤄 왔습니다. 기업은 종업원에게 직업의 안정성을 보장해주고, 종업원은 이에 대한 대가로 기업에 충성을 다하며 기업발전을 위해 힘써 왔다는 애깁니다.
하지만 이 같은 도덕적 계약관계는 최소한 서구에서는 더이상 존재하기 어렵게 됐습니다. 다운사이징과 리스트럭처링을 단행하고 있는 기업은 더이상 고용의 안정성을 확보해줄 수 없기 때문입니다.

• 조동성: 기업이 경쟁력을 확보하면서 종업원에게도 공평한, 그러면서도 도덕적인 노사관계를 포기할 수는 없지 않습니까?

• 고샬 교수: 많은 경제전문가들은 새로운 세계경제 질서 아래서 개별 기업의 경쟁력을 확보해주는 것이 기업의 경영자들이라기보다는 개별 종업원들의 자발적인 협력에 있다고 말합니다. 피라미드로 비유하자면, 현장 종사자들이 피라미드의 정상에 위치해 있는 모양으로 변하고 있는 셈이지요. 이제 기업은 종업원들에게 직업안정 대신 고용 가능성(employability)을 확장해주는 역할을 수행해야 합니다. 고용주는 종업원에게 평생은커녕 10년간의 안정도 보장해줄 수 없게 됐습니다. 하지만 적어도 자기 회사에서 일하는 동안은 최상의 자기개발의 기회를 제공해줘야 한다는 말입니다.

‖ 매일경제신문, 1996년 4월 29일 ‖

2. 국제협상력, 글로벌시대 경쟁력의 핵심
— 베이코 야스켈라이넨 총장과 함께 —

국제협상학 분야에서 권위를 인정받고 있는 베이코 총장은 조동성 서울대교수와의 대담에서 한국에서 협상이 갖는 중요성은 매우 크다고 역설했다. 그는 세계가 가까워질수록 협상이 지니는 의미는 더욱 커지게 될 것이라고 강조했다.

조동성(서울대 교수): 한국에서는 문화적 특성으로 인해 협상에 대한 체계적 연구가 아직 제대로 이루어지고 있지 않습니다. 한국에서는 어떤 문제를 해결할 때 협상에 임하기보다는 사람 간에 형성된 신뢰를 중시하는 경향이지요.

> • 베이코 야스켈라이넨: 물론 신뢰가 없다면 어떤 문제를 해결하는 데 큰 효과를 기대하기 힘듭니다. 사람 간 신뢰를 기반으로 문제를 해결하는 방식은 한국에서는 큰 효과를 발휘할 수 있을지도 모르겠습니다. 그러나 한국기업들의 국제화가 진전되면 될수록 개인적 친분만으로 문제를 해결할 수는 없을 것입니다.

조동성: 총장님이 이번 방문 중 국제협상에 관해 강의할 내용을 간략하게 소개해주시죠.

> • 베이코 총장: 비즈니스 스쿨에서는 일반적으로 협상을 3가

지 방법론으로 접근하고 있습니다. 먼저 법률가로서의 방법
이 있는데, 이는 협상내용이나 구조 등을 분석해 접근하는 방
법이지요. 또 협상과정에서 상대방에게 어떤 말을 해야 하며
상대방 반응에 어떻게 대응해야 하는가를 분석하는 심리학적
인 방법도 있습니다.

그러나 내가 가르치는 방식은 경영자로서의 접근법이라고 말
할 수 있습니다. 이는 자신이 협상에 임하는 경영자라고 가정
하고 미리 설정된 가상적인 문제를 해결하는 방법입니다. 즉
가상적인 문제에 대해 경영자로서 문제를 여러 방면에서 분
석하고, 이 문제가 내포하고 있는 위험이라든지 대안 등을 찾
아 처리하는 방법입니다.

조동성: 그렇다면 경영자로서의 접근법에서 문제를 해결하는 구체적인 테크닉
은 무엇입니까?

• 베이코 총장: 어떤 문제를 전체적으로 분석하기보다는 부
분적인 문제로 분할, 각각에 대해 분석해 나가는 방법입니다.
가령 외국업체로부터 물품을 수주해 공급하는 문제가 있다고
할 때, 이를 사전협상, 제조, 물품전달, 사후처리 등으로 분할
한 후 각 문제를 독립적으로 심층 분석합니다. 그런 후 분석
과정에서 나타난 문제들을 전문가나 실무가들로부터 조언을
구해 종합적으로 분석, 해결하는 것입니다.

조동성: 경영자로서 협상이 필요한 때는 언제입니까?

• 베이코 총장: 국제간 거래에서 거의 모든 것이 협상 적용 대상이 된다고 볼 수 있습니다. 그 중 가장 평범한 예는 제품 수출의 경우이지요. 경영자는 물품수출을 위한 계약에서부터 대금결제, 물품 인도 등 거의 모든 단계에서 협상이 필요합니다. 마찬가지로 외국기업에 자사 상표를 제공하거나 합작기업을 설립하고 외국기업을 인수하는 등 경영자들이 협상을 필요로 하는 일은 무척 많습니다.

조동성: 한국기업 중에서 이 같은 국제적인 협상을 벌인 예를 들 수 있습니까?

• 베이코 총장: 물론 많습니다. LG그룹이 폴란드의 페트로뱅크 사를 인수한 것도 그 한 예라고 볼 수 있습니다. 이외에도 대우가 폴란드 등에 합작사를 설립한 것과 삼성이 미국의 AST리서치 사의 지분 40%를 인수한 것도 대표적이지요.

조동성: 예로 든 것들 중 상당 부분이 구공산권국가에서 이뤄진 것들인데, 이들 지역기업과의 협상에서 특별히 주의해야 할 것이 있다면 무엇입니까?

• 베이코 총장: LG가 미국 제니스전자 사를 인수하는 과정에서 협상대상으로 삼은 것은 제니스전자의 경영자였습니다. 미국정부는 이 과정에서 특별하게 개입하지 않았습니다. 협상과 관련돼 제도나 법규가 잘 정비돼 있기 때문에 협상에 제3자가 개입할 이유가 없었기 때문이었습니다.
그러나 구공산권국가들은 다릅니다. 이들 국가에는 아직도 협상에 대한 관습이나 제도가 제대로 갖추어져 있지 않습니다. 따라서 이들 국가의 기업과 협상할 때는 두가지 측면에서 주의를 기울여야 한다고 생각합니다. 첫째는 협상의 과정에서 기업 당사자뿐만 아니라 정부와도 협상을 벌여야 하고, 둘째는 이들 국가가 급격하게 변하고 있다는 것을 염두에 두어야 한다는 점입니다. 관련 법규도 하루가 다르게 변하고 있으며 이것을 해석하는 주체도 바뀌고 있습니다. 따라서 협상결과를 분명히 하고 명문화하는 것이 중요하다고 하겠습니다. 대표적인 예가 폴란드에 진출한 이탈리아의 피아트자동차 사입니다. 피아트 사는 폴란드정부와 합의해 합작공장을 건설했으나 후에 폴란드정부와 재협상을 벌인 경험이 있습니다.

조동성: 국제협상과 관련, 한국이 어떤 방향으로 발전할 것으로 보십니까?

• 베이코 총장: 국제협상의 필요성이 더욱 강해질 것입니다. 최근 외국기업이 한국기업을 인수, 합병할 수 있도록 한국정부가 관련 법규를 정리하고 있는 것으로 알고 있습니다. 이에 따라 한국의 경영주가 자신의 기업을 외국인에게 파는 경우가 생길 것입니다. 이 경우에 자신의 회사를 좀더 비싸게 팔려는 협상이 필요하지요. 금융시장이 자유화되고 있는 것도 큰 영향을 줄 것입니다. 가령 기업공개나 회사채 발행과정에서 지금처럼 몇몇 한국 증권사가 주간사로 참여하는 것이 아니라 외국의 증권회사, 투자은행 등 다양한 국제금융기관들이 참여하게 될 것입니다. 이에 따라 기업 관계자들은 보다

좋은 조건에 증권을 발행하기 위해 이들과 국제협상을 벌여
야 할 것입니다.

조동성: 앞에서 피아트자동차가 폴란드에 합작공장을 설립하는 과정에서 폴란
드정부와 재협상까지 이른 예를 드셨는데, 재협상이란 무엇입니까?

• 베이코 총장: 한 차례의 협상을 통해 당사자들이 합의에
도달했으나 주변상황이 변하게 돼 원래의 합의사항을 이행하
기에는 불합리한 경우가 발생할 수 있습니다. 이 경우에 당사
자들은 또 다른 협상을 펼쳐 변화된 상황에 맞는 타협안을 이
끌어내야 합니다. 이처럼 한 번의 협상결과가 외부적 요인에
의해 부적당하다고 여겨질 경우에 다시 협상하게 되는 것을
재협상이라고 합니다.

조동성: 그렇다면 협상은 한 번에 끝나는 것이 아니란 의미인가요? 협상에 임
할 때는 항상 재협상의 가능성을 생각해야 합니까?

• 베이코 총장: 그렇습니다. 주변상황이 크게 변한다면 협상
당사자 중 한 쪽이 재협상을 요구해올 가능성이 있습니다.

조동성: 협상이 비즈니스 이외에 적용되는 경우도 있습니까?

• 베이코 총장: 물론이죠. 협상이 비즈니스 이외에도 적용되
는 경우는 많습니다. 가령 한 · 일 월드컵 공동개최 결정으로

| 한국과 일본은 많은 일을 협상을 통해 해결해야 할 것입니다.

조동성: 특히 월드컵 축구의 결승전 개최지를 결정하는 문제를 둘러싸고 한국과 일본 양국은 한 치의 양보도 있을 수 없다는 입장입니다. 양국간 문제의 해결을 위한 방법을 제시해줄 수 있겠습니까?

| • 베이코 총장: 실현 가능성을 떠나서 방법을 제시한다면, 먼저 규칙을 바꾸는 것을 들 수 있습니다. 가령 전반전을 한국에서 치르고 후반전은 일본에서 치르는 방법도 생각해 볼 수 있습니다.

조동성: 니벨룽겐의 노래라는 독일의 전래동화에 따르면, 지크프리트가 재산분배를 위해 다투고 있는 두 형제의 결정에 도움을 주는 이야기가 있습니다. 이 이야기에서 지크프리트는 형제 중 한 명이 재산을 분할하게 하고 다른 한 사람이 분할된 재산 중 하나를 선택하도록 했습니다.
이와 같은 방법도 월드컵 공동 개최로 인한 한 · 일 간 문제를 해결할 수 있는 한 방법이 될 수 있을 것 같은데요.

| • 베이코 총장: 지크프리트의 이야기가 합작회사의 정리과정에 적용되는 경우가 있습니다. 즉 두 합작사 중 한 쪽이 자신이 보유하고 있는 합작사의 주식가격을 결정하고, 다른 한쪽이 상대편의 주식을 사거나 아니면 그 가격에 자신의 주식을 판매하는 의사결정을 하는 것입니다. 이런 룰이 한 · 일 간 협상에서 적용될 수 있을 것입니다.

조동성: 국가 간 협상에 있어서 언어의 미묘한 차이로 협상결과에 대한 해석이 엇갈리는 경우도 있습니다. 그에 따른 해결방법은 무엇입니까?

> • 베이코 총장: 이 경우에 협상 당사자들이 협상결과의 용어에 대한 정확한 정의를 합의서에 명시하는 것이 필요합니다.

조동성: 한국에 개설된 국제협상 관련 켐바프로그램은 어떤 사람을 대상으로 개설하고 있습니까?

> • 베이코 총장: 스웨덴에서 개설하고 있는 이 프로그램에는 다양한 연령층이 참석하고 있습니다. 하지만 일반적으로 이 프로그램은 경영의 경험이 많은 사람을 대상으로 하고 있으며, 실제로 중간경영자 이상이 주로 참석하고 있습니다. 이 경우, 학생들은 서로의 경험을 교환하는 것을 통해 많은 것을 배울 수 있는 장점이 있습니다.

조동성: 장시간 감사합니다.

‖ 매일경제신문, 1996년 8월 19일 ‖

3. 국가경쟁력, 한국의 과제
— 마이클 포터 교수와 함께 —

1997년 6월 초 PTC 사 초청으로 내한한 마이클 포터 하버드대 경영대학원 교수는 조동성 교수와 '국가경쟁력-한국의 과제'를 주제로 대담을 가졌다.
1997년 6월 22일 오전 8시 10분부터 50분간 KBS1 TV에서 '특별회견-포터 박사에게 듣는다' 라는 제목으로 방영됐던 대담 내용이다.

조동성 교수: 최근 몇 년간 한국경제가 크게 위축되고 있습니다. 한국의 국가 경쟁력이 급속도로 악화됐기 때문으로 풀이해도 될런지요?

> •마이클 포터 교수: 무엇보다 한 국가의 경쟁력은 매우 천천히 변한다는 사실을 염두에 둘 필요가 있습니다. 오늘날 한국경제가 직면하고 있는 문제 역시 하루 아침에 생겨난 것이 아닙니다. 지난 10년간 혹은 훨씬 오랜 기간에 걸쳐 생겨났을 것입니다. 제 생각으로는 한국의 경제환경이 선진국 수준의 경쟁을 장려하지 않는다는 게 가장 큰 문제인 것 같습니다. 세계시장에서 경쟁하려면 생산성에 바탕을 둔 제품이 있어야 하는데, 한국은 아직까지 생산성을 최우선으로 하지 않고 있습니다.

조동성: 한국의 국가적 목표는 선진국의 지위로 올라가는 것입니다. 이미 경제

협력개발기구(OECD)에도 가입했습니다. 하지만 노사관계나 대기업 그룹의
불공정행위 등 경제발전에 장애가 되는 요소들이 여전히 존재합니다

> • 포터 교수: 한국은 선진화라는 분명한 목표를 갖고 있습니
> 다. 그러나 목표를 달성할 수단에 대해서는 아직 모호한 상태
> 에 있습니다. 특히 선진국이 되기 위해 무엇을 해야 하는지에
> 대해 국민적 합의가 도출되지 않았습니다. 한국정부는 경제
> 선진화에 필요한 것이 무엇인지를 잘 모르고 있는 것 같습니
> 다. 근본적인 상황을 바꾸지 못한 채 국민들의 특정한 행동에
> 대해서만 이러쿵저러쿵 하는 꼴이지요.
> 대기업 그룹, 즉 재벌에 대한 논란이 가장 좋은 예가 될 것입
> 니다. 정부는 여러 가지 규정을 실행해 이들의 행동을 통제하
> 려고 했습니다. 하지만 기업경영방식이 근본적으로 변하지
> 않는 한 대기업 그룹의 행태도 변하지 않습니다. 개방된 자본
> 시장이라는 환경에서 주주들이 기업경영을 감독한다면 대기
> 업 그룹도 변할 수밖에 없을 것입니다. 미국의 대기업들이 변
> 할 수밖에 없었던 것처럼 말입니다. 미국의 대기업들은 정부
> 의 명령 때문이 아니라 시장환경 때문에 중점산업을 육성하
> 고 효율적인 경영을 추구해야 했습니다.

조동성: 그렇다면 기업경영의 핵심은 무엇입니까?

> • 포터 교수: 문제는 생산성입니다. 한국국민들은 경제번영
> 을 이루는 유일한 길이 생산성 향상이라는 사실에 주목해야

합니다. 생산성을 높이기 위한 방향으로 모든 결정이 내려져야 합니다.

생산성은 기업만의 문제가 아닙니다. 대학의 운영이나 외국인 투자의 유치도 생산성을 높이는 데 초점이 맞춰져야 합니다. 인위적인 수입억제 등 단기적인 목표를 위해 생산성 증대를 향한 길에서 벗어나서는 안 됩니다.

조동성: 한국의 경제환경을 어떻게 평가할 수 있겠습니까?

• 포터 교수: 한국은 인적 자원이라는 경제환경면에서 치명적인 약점을 갖고 있습니다. 예컨대 낮은 대학교육 수준이 그렇습니다. 또 과학기술 수준도 크게 뒤떨어져 있습니다. 정부가 운영하는 실험실과 과학기술진흥정책이 있다고는 하지만, 이런 것들이 성과로 이어지기 위한 토대가 마련돼 있지 않습니다. 물리적인 사회간접자본도 미약한 실정입니다. 이런 바탕이 없이는 기업의 효율성도 증대될 수 없습니다.

또 한국은 내가 '행정간접자본(Administrative Infrastructure)'이라고 부르는 측면에서도 뒤져 있습니다. 행정간접자본이란 법률제도나 사법제도, 행정절차, 기업 관련 규제 등을 말합니다. 한국에는 불필요한 기업 관련 규제가 너무 많습니다. 이러한 규제는 결국 노동자들의 손해로 귀결됩니다. 기업이 정부에 시달리다 보면 노동자에게 갈 몫이 그만큼 줄어들지 않겠습니까. 한국은 정보의 생산과 유통 측면에서도 치명적 약점을 가지고 있습니다. 경제번영과 높은 생산성을 누리는 나라는 방대한 정보와 개방적이고 투명한 정보 유통구조를 갖춘 나라입니다. 한국은 적절한 회계기준을 갖추고 있지 않습니다. 데이터가 공개되지 않기 때문에 정확한 재무보고서의 작성이 불가능합니다. 정보가 개방된 사회에서는 필연적으로 경쟁이 발생하고, 그 결과 생산성도 높아집니다. 한국정부의 최우선 과제는 이러한 경제환경을 조성하는 것입니다.

조동성: 앞서 말한 대기업 그룹 문제나 소유냐 경영이냐 하는 문제도 그렇고, 한국에는 아직 '선택'해야 할 일들이 많이 남아 있는 것 같습니다.

• 포터 교수: 또 다른 문제는, 그 동안 옳다고 생각한 몇 가지 중요한 원칙을 새로운 시각으로 재해석하고 필요하다면 과감히 수정하는 일입니다. 한국의 금융시장이 개방되어 주주들이 기업경영에 대해 강력한 발언권을 가지지 않는 한 그리고 상품의 시장가격 조작이 계속 가능하거나 외국인 투자가 허용되지 않는 한, 대기업 그룹 문제나 비효율 문제는 결코 해결되지 않을 것입니다.

금융개혁이 특히 중요하며 동시에 기업들 간에 필연적으로 경쟁이 이뤄지도록 독점금지법에 규정된 내용이 실천돼야 합니다.

또한 개방무역을 지향해야 합니다. 오늘날 수입을 허용하지 않는 나라는 경쟁력을 보유할 수 없습니다. 할 일은 아주 많습니다. 한국의 기업들과 국민은 이 모든 과제를 수행할 능력이 있다고 확신합니다. 다만 이 같은 에너지가 주변환경에 의해 억제돼 왔을 뿐입니다.

이제 어느 기업의 성공을 결정하는 요인은 한 가지로 통일돼야 합니다. 고위관료와 친분이 있다거나 은행 임직원과 좋은 관계를 맺고 있다고 해서 성공하는 것이 아니라 생산성이 높기 때문에 성공하는 것이 당연하게 여겨져야 합니다. 한국 국민이 모두 이런 사고방식을 가질 수 있다면 한국경제가 다시 '떠오르는 별'로 재기할 것은 분명합니다. 다만 현재와 같은 경제환경이 계속된다면 잘 해야 현상유지나 가능할 것입니다.

조동성: 국가의 경쟁우위에 대한 교수의 연구는 한 국가가 수많은 산업부문에서 모두 경쟁력을 가지기 어려운 만큼 몇 가지 핵심산업에 주력해야 한다는 것이 골자였습니다. 미래의 성장 잠재력을 가진 한국의 핵심산업은 무엇이라고 생각합니까?

• 포터 교수: 어떤 산업분야를 핵심 · 주력산업으로 선정하느냐 하는 문제는 중요하지 않습니다. 어떤 산업을 통해서든지 경제번영을 이룰 수 있기 때문입니다.

문제는 '어떻게' 경쟁하느냐에 달려 있습니다. 이탈리아처럼 신발제조업으로 경제번영을 이룰 수 있고, 덴마크처럼 농업으로 그렇게 할 수도 있습니다. 어떤 산업부문에서건 혁신과 생산성을 기반으로 경쟁력을 높일 수 있습니다.

특정 산업이 유난히 높은 경쟁력을 보장하는 것은 아닙니다. 중요한 것은 한 나라가 생산성 증대를 이룰 수 있는 산업부문을 찾아내는 것입니다. 따라서 한국으로서는 한국이 이미 어느 정도 경쟁력을 갖고 있는 산업부문에 주력하는 게 좋습니다. 한국은 조선과 운송, 의류와 섬유 등에 강점을 갖고 있습니다. 이런 부문을 한 단계 끌어올리는 게 전무(全無)한 산업을 키우는 것보다 쉽지 않겠습니까. 나는 내 저서에서 이 개념을 '수준 높이기(Upgrading)'라고 표현했습니다.

한국은 경제를 보는 시각이 다소 편협한 경향이 있습니다. 중공업과 대형산업에만 관심을 보이고 무조건 일본을 모델로 삼는 것이 그런 예입니다. 과거처럼 소수의 대기업체제로 경제를 운영하기보다는 다수의 중소기업체제가 바람직하며, 기업규모나 담합에 의해서가 아니라 혁신적인 아이디어에 의해 경쟁력이 좌우되는 체제가 마련돼야 합니다.

조동성: 기업들 간의 경쟁을 통해 발전을 꾀하자는 말씀이시군요.

• 포터 교수: 바로 그겁니다. 기업의 힘에 의해 국가의 경제번영이 이뤄져야지 정부의 하향 명령전달체계를 통해 경제번영을 시도하는 시대는 지났습니다. 오늘날 부유한 국가가 되는 유일한 길은 생산성 증대임을 깨달아야 합니다.

‖ 매일경제, 1997년 6월 25일 ‖

•

한국경제 더 물러설 수 없다

•

지은이 / 조동성
펴낸이 / 박용정
펴낸곳 / 한국경제신문사
등록 / 제2-315(1967.5.15)
제1판 1쇄 인쇄 / 1999년 4월 20일
제1판 1쇄 발행 / 1999년 4월 30일
주소 / 서울특별시 중구 중림동 441
출판팀 / 3604-553~8
출판판매팀 / 3604-595~7
FAX / 3604-559

•

* 파본이나 잘못된 책은 바꿔 드립니다.
ISBN 89-475-2277-5

•

값 8,000원

한국경제신문사의 책들
─ 시대를 앞서가는 이들의 선택 ─

권력이동

앨빈 토플러 著
李揆行 監譯
〈양장 / 666면 / 12,000원〉

21세기를 향해 변화하는 폭력·富·지식 등 사회 각부문의 권력격변은 어떤 형태를 취하고 있는가? 이러한 격변은 어디에서 기인하는가? 앞으로 다가올 변화를 누가 어떻게 통제할 것인가? 이 책은 세계 곳곳에서 일어나고 있는 권력의 대지진과 격변을 놀라운 통찰력으로 예견한 力著. 「미래쇼크」, 「제3물결」에 이은 3部作의 완결편.

미래 쇼크

앨빈 토플러 著
李揆行 監譯
〈양장 / 510면 / 10,000원〉

인간에게 격심한 변화가 닥쳤을 때 인간은 도대체 어떠한 상태에 이르게 될 것인가? 그리고 어떻게 하면 미래의 변화에 적응할 수 있을 것인가? 오늘의 현대인에게 미래의 충격적 상황을 예시하고 이를 극복할 방향을 제시하고 있는 警世의 敎訓書.

제 3 물결

앨빈 토플러 著
李揆行 監譯
〈양장 / 586면 / 11,000원〉

기존질서의 붕괴와 전자문명의 개막이 가져다 준 생활패턴의 변화라는 격랑에 현대인은 표류당하고 있다. 어떻게 이러한 새로운 時代의 질서와 생활패턴에 적응하고 나아가 이에 능동적으로 대처해 나갈 것인가를 예리한 문명비판적 시각에서 그 해결책을 제시한 이 시대 최고의 지식혁명 독본.

전쟁과 反戰爭

앨빈 토플러 著
李揆行 監譯
〈양장 / 404면 / 9,500원〉

새로운 세기로 접어들고 있는 오늘의 지구촌에서 새 문명의 등장으로 촉발된 대규모 평화위협의 실상을 파악하고 「신세계질서」의 이상형을 예측하고 있다. 전쟁과 反戰爭에 관한 토플러의 방법론적 탁견은 전쟁을 예방하기 위한 평화적 해결책을 제시하고 기묘하고 신비한 미래사의 문을 활짝 열어줄 것이다.

경영혁명

톰 피터스 著
盧富鎬 譯
〈양장 / 820면 / 13,000원〉

정보화사회는 불확실성이 심화된 사회로 기업경영의 경기규칙과 새로운 경영스타일 등 생존을 위한 변화는 가히 혁명적이라 할 수 있다. 이 책은 전통적 사고에 도전하고 조직이 사람을 위해 존재할 수 있도록 변화를 유도하는 45가지 경영 실천전략을 제시한 기업경영자의 「비즈니스 핸드북」

해방경영

톰 피터스 著
盧富鎬 外 共譯
〈양장 / 1,300면 / 19,000원〉

2000년대의 경영思潮는 무엇이며, 이를 주도할 기업의 생존철학은 무엇인가? 이 책은 장장 1,300여 페이지에 걸쳐 좋은 기업을 만들기 위한 조직의 창조적 파괴와 일반통념으로부터의 해방을 핵심테마로 다루고 있다. 자유분방한 필치와 수많은 은유, 패러독스가 곳곳에 버득여 방대한 분량임에도 불구하고 읽는 동안 재미와 해방감·지적 충족감을 더한다.

경영파괴

톰 피터스 著
安重鎬 譯
〈양장 / 374면 / 8,500원〉

이제 리스트럭처링·리엔지니어링으로는 급변하는 시대를 이길 수 없다. 기업의 조직은 상상을 초월하는 혁신적인 네트워크형이 되어야 한다. 이 책은 세계적 경영컨설턴트인 저자가 새롭고 번뜩이는 아이디어로, 기업을 운영하는 사람들이 재창조와 혁명을 향해 전진할 수 있도록 9개의 「넘어서」를 중심으로 구체적인 혁신방안을 제시한다. 변하지 않는 기업이나 조직은 망한다는 것이 저자의 한결같은 주장이다.

강대국의 흥망

폴 케네디 著
李曰洙·全南錫·黃建　共譯
〈양장 / 628면 / 13,000원〉

역사학자이자 미국 예일대 교수인 저자는 이 책에서 지난 5세기 동안에 전개되었던 강대국들의 흥망성쇠는 그들의 경제력과 군사력의 변화 추이에 의해서 좌우되어 왔다고 진단하면서 앞으로 다가오는 21세기에는 미국·소련·서유럽 등의 쇠퇴와 중국·일본 등 아시아 강국들의 부상을 예언하고 있다. 〈뉴욕타임스 선정 최우수 도서〉

21세기 준비

폴 케네디 著
邊道殷·李曰洙　譯
〈양장 / 500면 / 11,000원〉

우리에게 충격을 던졌던 「강대국의 흥망」 저자 폴 케네디 교수가 다가올 21세기 문명세계의 각종 위기를 명쾌히 분석·정리한 力著. 이 책은 향후 30년 사이 우리에게 닥칠 도전들과 그 대응방법 그리고 인구폭발, 환경오염, 생물공학, 로봇, 통신수단, 가공할 파워의 양태 등을 특유의 통찰력으로 분석·예견하고 있다.

메가트렌드 2000

존 나이스비트 외　共著
金弘基 譯
〈양장 / 444면 / 9,800원〉

90년대는 정치개혁과 경이적인 기술혁신 등으로 인류에게 지금까지와 전혀 다른 변화양상을 안겨줄 것이다. 이 책은 90년대의 변화로 경제호전, 예술의 번영, 시장사회주의의 출현, 복지국가의 쇠퇴 등, 과거 어둡고 비관적인 세기말적 변화보다는 밝고 새로운 흐름을 부각시키고 있다.

메가트렌드 아시아

존 나이스비트 著
홍 수 원 譯
〈양장 / 402면 / 9,500원〉

미래예측가로 세계적 명성을 떨치고 있는 나이스비트는 21세기에는 아시아가 미국주도의 상품과 소비시장에 가장 중요한 경쟁자로 떠오를 것으로 내다보고 현재 역동적으로 변화하는 아시아의 모습을 8가지 트렌드로 분석했다. 특히 아시아와 세계라는 맥락 속에서 한국에 나타나고 있는 폭넓은 변화들을 살펴보고 한국이 아시아에 기여할 수 있는 방안도 짚고 있다.

20세기를 움직인　思想家들

기 소르망 著
姜偉錫 譯
〈신국판 / 426면 / 8,000원〉

20세기 사상계에 결정적인 영향을 끼친 사람들은 과연 누구인가? 프랑스의 저명한 경제학자이자 사회학자인 기 소르망이 29명의 생존해 있는 현대 최고의 사상가들과 직접 인터뷰를 통해 그들 자신이 선택한 분야에 전생애를 바친 사상과 사색의 놀라운 통찰을 기록·정리한 「살아있는 도서관」.

資本主義 종말과 새 世紀

기 소르망 著
金廷銀 譯
〈양장 / 628면 / 13,000원〉

세계적인 석학인 저자는 자본주의 체제를 위협하는 것은 「도덕적 불만」과 「자본주의에 대한 몰이해」라고 주장하고 러시아·중국·독일·인도 등 20여개국의 자본주의의 현재 모습을 생생히 그리고 있다. 또한 현재의 자본주의의 위기를 극복하기 위한 구체적인 실천방안에 대해서도 통찰하고 있다. 방대한 분량인데도 르포형식이어서 전혀 지루하지 않다.

미래기업

피터 드러커 著
高柄國 譯
〈양장 / 416면 / 9,500원〉

우리 시대의 가장 뛰어난 사회·경영학자이자 미래학자인 드러커의 「변혁시대 기업생존전략 연구서!」 이 책은 세계경제가 빠르게 바뀌어 감에 따라 기업의 새로운 생존 경영전략 모델, 즉 기업이 살아남기 위한 5가지 변화조건을 예리하게 분석·고찰했다. 특히 사회·경제학 시각에서 세계경제 흐름을 통찰한 力著.

자본주의 이후의 사회

피터 드러커 著
李在奎 譯
〈양장 / 328면 / 9,000원〉

사회주의권의 급격한 몰락 이후 탈냉전 분위기가 고조되고 있는 시점에서 향후 세계 변화가 주요 관심사로 떠오르고 있다. 저자는 이 책에서 향후 세계는 자본주의적 시장구조와 기구는 그대로 존속되겠지만 주권국가의 통제력은 약화되고 전문지식을 갖춘 지식경영자 중심의 글로벌화 사회가 될 것으로 예측하고 있다.

미래의 결단

피터 드러커 著
이재규 譯
〈양장 / 408면 / 9,000원〉

현대 경영학의 대부, 피터 드러커는 이 책에서 「스스로를 다시 생각함으로써 회생할 수 있다」고 전제하고 기업의 5가지 치명적 실수, 가족기업을 경영하는 규칙, 대통령을 위한 6가지 규칙, 새로운 국제시장의 개발, 3가지 종류의 팀조직, 오늘날 경영자들이 필요로 하는 정보 등 바람직한 미래를 실현하기 위한 방안을 제시했다. 21세기를 위한 새롭고 시의적절한 경영지침서.

비영리단체의 경영

피터 드러커 著
현영하 譯
〈신국판 / 406면 / 8,000원〉

선진국에서는 학교, 자선단체 등 비영리단체의 경영혁신이 선풍을 일으키고 있다. 이 책은 필자가 교수생활을 하면서 비영리단체에서 봉사했던 경험을 바탕으로 조직관리, 예산 등 경영전반에 대한 문제점을 심도있게 분석하고 개선방안을 제시했다. 전문가들과의 대담을 통해 경영의 효율성을 높이기 위한 여러가지 방안이 눈길을 끈다.

트러스트

프랜시스 후쿠야마 著
구승회 譯
〈양장 / 500면 / 12,000원〉

한 나라의 경제는 규모만으로는 설명될 수 없고 문화적 요인이 중요하다. 이 문화적 요인이 사회적 자본이며 가장 중요한 덕목이 바로 신뢰다. 저자는 이 책에서 개인주의, 가족주의에 기반을 둔 저신뢰 사회의 특성을 혹독하게 비판하면서 건강한 사회가 되려면 공동체적 연대와 결속의 기술을 터득해야 하며 신뢰는 경제와 사회, 문화를 아우르는 놀라운 가치라고 강조한다.

코피티션

배리 J. 네일버프·아담 M. 브란덴버거 著
김광전 譯
〈양장 / 384면 / 9,000원〉

비즈니스 게임은 끊임없이 변하므로 전략도 당연히 변해야 한다. 경쟁(competition)과 협력(cooperation)에 관한 과거의 법칙들을 넘어서서 양자의 장점을 결합한 코피티션 전략은 기존의 비즈니스 게임을 혁신할 혁명적인 신사고다. 저자들은 게임 자체를 변화시켜서 이득을 최대화하는 방법을 ·보여주는 5가지 요소(전략의 PARTS)의 비즈니스 전략을 체계적으로 제시했다.

지구의 변경지대

로버트 케이플런 著
황건 譯
〈양장 / 582면 / 12,000원〉

베일에 가려져 있던 서아프리카에서 중동을 거쳐 러시아의 외곽지대인 중앙아시아, 중국, 인도를 거쳐 캄보디아, 태국, 베트남에 이르는 대장정을 끝내고 저자가 내린 결론은 한마디로 암울하다는 것이다. 이 책은 저자가 새로운 분쟁지역으로 떠오르고 있는 지구 곳곳을 다니면서 문제점을 지적하고 혼란에 빠진 이들에게도 따뜻한 시선을 보내자고 제안하고 있다.

회사인간의 흥망

앤소니 샘슨 著
이재규 譯
〈양장 / 490면 / 9,800원〉

이 책은 17세기 동인도회사에서 현재의 마이크로소프트사에 이르기까지 기업의 변화과정과 직장인들의 문화변천사를 통해 회사인간이란 무엇인가를 규명했다. 생생한 인물묘사와 인터뷰, 사례를 곁들이면서 전혀 도전받을 일이 없을 듯이 보였던 「기업관료들」이 어떻게 레이더스, 모험기업가, 일본의 경쟁자들, 컴퓨터, 여자회사인간들에 의해 차례차례 공격당했는가를 밝히고 있다.

금융시장 예측

김성우 著
〈양장 / 452면 / 12,000원〉

주식, 금리, 상품 등의 현물시장은 물론 선물 및 옵션 등의 파생상품시장에서도 생존할 수 있는 방법을 다양하게 제시하고 있다. 20여년간 외환시장 등 다양한 시장에서 딜러, 투자가, 분석가로 활동하며 풍부한 현장경험을 가지고 있는 저자가 시장상황에 따른 기술적 지표의 요령과 심리적 동요의 극복방안을 현장사례 중심으로 상세히 설명하고 있다.

21세기 중국

박정동 編著
〈양장 / 362면 / 9,000원〉

덩샤오핑이 사망함에 따라 곳곳에서 그 기반이 흔들리는 조짐이 나타나고 있다. 그의 체제를 ·이어받은 장쩌민 체제는 안정과 성장을 지속시켜 나갈 수 있을까. 과연 중국은 어떻게 변할 것인가. 아시아의 안정과 발전을 저해하는 군사대국으로 비화할 가능성이 큰 중국의 현재와 미래를 철저히 진단한 중국탐구서.

팝 인터내셔널리즘

폴 크루그먼 著
김 광전 譯
〈신국판 / 276면 / 7,000원〉

산업위축과 실업증가, 실질소득 향상의 둔화를 비롯해 소득격차의 확대, 산업시설의 유출 등 선진 경제가 지닌 문제점을 상세히 분석하고 그 원인이 개발도상국과의 교역에 있는 것이 아니라 선진국의 산업구조 변화와 기술발전에 있다고 밝히고 있다. 레스터 서로에 필적하는 20세기 최고의 40대 경제학자인 저자가 지적하는 개도국 성장 비결은 우리에게 시사하는 바가 크다.

2020년

해미시 맥레이 著
金 光 田 譯
〈양장 / 408면 / 9,000원〉

다양한 인종만큼이나 상이한 정치·경제체제와 독특한 문화양식을 지니고 있는 세계 각국은 저마다의 주무기를 앞세워 미래를 설계하고 있다. 경제평론가인 저자는 앞으로 국가경쟁력을 결정짓는 요인은 기술이 아니라 문화라고 강조한다. 현재 세계 각국이 처해 있는 상황을 바탕으로 치밀하게 전망한 2020년경의 세계 각국의 모습에서 우리의 진로는 어떻게 모색해야 할 것인가?

제 4 물결

허먼 메이너드 2세
수전 E. 머턴스 共著
韓 榮 煥 譯
〈양장·4×6판 / 240면 / 5,000원〉

21세기의 범세계적 기업을 위한 낙관적 비전을 제시하고 있는 이 책은 한마디로 앨빈 토플러의 《제3물결》을 넘어 장기적 미래의 비전에 집중하고 있다. 지금 우리가 공업화를 상징하는 「제2물결」에서 탈공업화인 「제3물결」로 전이하고 있지만, 머지 않은 곳에서 새로운 차원의 「제4물결」이 밀려오고 있다고 진단하고 있다.

株式市場 흐름 읽는 법

浦上邦雄 著
朴承源 譯
〈신국판 / 200면 / 5,500원〉

언뜻 보기에 무질서하고 예측이 불가능해 보이는 주식시장도 장기적으로 보면 특정한 네 개의 국면을 반복하고 있다는 것을 알 수 있다. 이 책은 이 네 개의 국면이 어떤 요인에 의해 순환되고 각각의 국면에서 어떤 종목이 활약하는가를 숙지할 수 있는 안목을 제시해주고 주식투자시 리스크를 피하는 방법에 대해서도 설명하고 있다.

유머人生 1 ~ 6

韓國經濟新聞社 出版部 編
〈4×6판 / 244면 / 4,500원〉

많은 독자들이 1980년 12월부터 본지에 연재되고 있는 「海外유머」를 책으로 출판했으면 어떨지, 그런 계획은 없는지 물어왔다. 이 책은 독자들의 그러한 성원에 보답하자는 취지로 출판되었으며 우스갯소리 가운데서 인생의 묘미도 느끼고 영어공부도 할 수 있게끔 어려운 단어나 語句에는 주석을 달아 독자들의 이해를 돕고자 노력했다.

성공적인 점포경영 33選

류 광선 著
〈신국판 / 368면 / 9,000원〉

5,000만원 정도의 소자본으로, 심지어 무자본으로도 사업을 시작할 수 있는 아이디어를 담았다. 저자가 현장을 발로 뛰면서 바로 개업하기에 유망한 33개 업종을 선별, 입지선정부터 개업절차·경영 비법까지 최신 노하우를 총집결시켰다. 경영지침이나 사업의 성패진단법은 물론 직접 점포를 운영하는 사람들의 현장 목소리를 담아 차별화를 꾀했다.

부동산 경매를 잡아라

전 철 著
〈신국판 / 248면 / 6,500원〉

법원경매든 성업공사 공매든 경매는 이제 누구나 쉽게 배우고 참여할 수 있게 되었다. 경매물건에 대한 마음가짐을 얼마나 유연하고 객관적인 자세로 평가할 수 있느냐가 성공의 지름길이다. 이 책은 부동산 경매에 대한 전반적인 원리를 누구나 알기쉽게 배울 수 있도록 설명했다. 특히 실전사례중심으로 실패없는 부동산 경매 방법을 체계적으로 정리한 실전 가이드다.

임대주택을 잡아라

최 문섭 著
〈신국판 / 230면 / 6,500원〉

최근 다양한 부동산개발 유형이 쏟아져 나오고 있지만 자신이 소유하고 있는 땅에 가장 어울리면서 수익을 많이 올릴 수 있는 방법을 찾는 것은 쉬운 일이 아니다. 이 책은 자신이 소유하고 있는 땅의 위치, 교통 여건, 주변 생활환경 등을 따져 본 후 높은 수익을 올리고 미래 발전 가능성이 있는 최적방안을 여러 사례별로 제시, 임대주택으로 투자에 성공하는 방법을 담고 있다.

일본 쪼개보기

황 인 영 著
〈신국판 / 336면 / 7,500원〉

일본이 거론하고 있는 독도문제나 잇따른 우익 망언에 대해 논리적이고 설득력 있게 대응해야 한다. 이 책은 일본의 본질을 이해하기 위해 한일관계의 역사적 배경을 추적하면서 그들의 독특한 문화와 사고방식, 행동양식을 105가지의 짧은 애기로 분석하고 있다. 특히 역사적으로 형성된 일본 특유의 무사도 정신과 장인정신, 직업 세습풍토의 배경과 그 실체를 벗기고 있다.

대기업을 이기는 벤처비즈니스

마키노 노보루·강동우 著
유 세 준 譯
〈신국판 / 212면 / 5,500원〉

첨단 기술력과 재빠른 정보수집력을 갖춘 모험심 강한 중소기업이 대기업보다 훨씬 더 유연하게 시장상황에 대처하고 있으며 성공해 가고 있다. 마이크로소프트, 인텔 등이 그 예다. 이 책은 재편되고 있는 경제구조 속에서 앞서 나가고 있는 일본 벤처기업들의 사례와 실리콘밸리의 성공전략을 살펴보고 틈새시장을 공략하는 요령과 아이디어, 국제적 제휴전략 등을 다루고 있다.

시간이동

스테판 레트샤픈 著
형 선 호 譯
〈신국판 / 380면 / 9,000원〉

사람들에게 있어서 시간은 객관적인 것이 아니라 주관적인 것이다. 이 책에서 저자는 시간에 대한 사고방식을 바꿈으로써 자신의 인생에 대한 통제를 되찾을 수 있다고 강조한다. 그 과정을 통해 우리는 인생을 최대한 즐길 수 있으며 많은 시간을 우리 자신과 가족과 함께 더 한층 고양된 삶의 의미를 느낄 수 있다. 이 책은 명상서로서 자신의 삶을 컨트롤하는 방법을 제시한다.

소명으로서의 기업

마이클 노박 著
김 진 현 監譯
〈신국판 / 280면 / 7,000원〉

실업과 빈곤의 해결책은 무엇일까. 마이클 노박은 종교적 윤리 기반위에 선 민간기업만이 그 해결책이 될 것이라고 명쾌하게 주장한다. 민주자본주의 하에서 신학적·윤리적 기초를 갖는 기업이야말로 이윤창출기관인 동시에 민주주의와 인권을 증진시키는 기관이며 사회공동체를 만드는 기관이다. 기업의 위치, 정신의 설정과 사회관계 정립에 등불이 될 내용들이 가득하다.

마음을 치유하는 79가지 지혜

레이첼 나오미 레멘 著
채 선 영 譯
〈신국판 / 390면 / 7,500원〉

정신분석학자로서 영혼의 연금술사로 평가받는 저자는 보다 큰 평화를 가져다주는 것은 우리가 서 있는 바로 이곳, 또 이곳에서 만나는 사람들을 있는 그대로 받아들일 수 있게 해줄 치료제, 즉 영혼을 위한 약이 필요하다는데 초점을 맞추고 있다. 저자의 따뜻한 식탁의자에 영혼이 충만한 의사와 환자, 그리고 동료들이 둘러앉아 나누는 그들의 삶은 무한한 가능성의 목소리로 들린다.

복잡계란 무엇인가

요시나가 요시마사 著
주 명 갑 譯
〈양장 · 4×6판 / 284면 / 7,000원〉

세계는 복잡계(Complex System)열풍에 휩싸여 있다. 『무수한 구성요소로 이루어진 한덩어리의 집단으로 각 부분의 움직임이 총화이상으로 무엇인가 독자적인 행동을 보이는 것』으로 정의되는 복잡계, 복잡계 과학은 「잃어버린 세계로의 여행」이 될 것이다. 복잡계의 과학은 그 꿈을 현실화시킬지도 모른다. 21세기를 주도하게 될 최첨단 키워드, 복잡계의 모든 것을 담았다.

複雜界 경영

다사카 히로시 著
주 명 갑 譯
〈양장 / 224면 / 6,500원〉

복잡계 이론이 예언하는 21세기적 경영의 모든 것이 여기 있다. 복잡계는 세기말의 혼돈 속에 지식의 최첨단 이론으로 등장, 구미지역에서 폭발적인 관심을 끌고 있다. 이 이론은 세계를 몇 개의 단순한 요소로 환원할 수 없는 '부분 이상의 총화' 자기조직화의 동적 프로세스로 이해한다. 또 세계관의 근본적인 변화를 통해 탈근대시대의 새로운 경영, 경영자를 위한 경영학의 혁명을 꿈꾼다.

밀레니엄 -지난 1000년의 인류역사와 문명의 흥망-

펠리프 페르난데스-아메스토 著
허 종 열 譯
〈전2권 / 양장 / 560면 내외 / 각권 12,000원〉

지난 1000년을 마감하고 다음 1000년을 준비하기 위해 한 시대를 평가하기 보다는 새로운 시대를 창조하려는 의도로 문명의 운명에 대해 쓴 이 책은 유럽 중심적인 위장된 세계사가 아닌 진정한 세계사 정립을 위해 역사 이면을 자리매김하려고 노력했다. 인류역사의 주도권, 즉 민족의 힘은 태평양 주변국가에서 대서양으로 다시 태평양으로 옮아가고 있다고 주장하고 있다.

21세기를 여는 7가지 키워드

오마에 겐이치 著
임 승 혁 譯
〈양장·4×6판 / 254면 / 6,500원〉

다가오는 21세기에는 서구 선진국의 뒤만을 쫓을 수는 없다. 그들을 앞서나가기 위해서는 지금까지와는 다른 창의적인 발상, 새로운 전략, 확실한 준비가 필요하다. 21세기를 능동적으로 맞이하려는 사람들에게 띄우는 오마에 겐이치의 독특한 키워드. 1. 시간축 발상 2. 신커뮤니케이션론 3. 자유재량시간 4. 글로벌경쟁시대 5. 정보발신시스템 6. 이미지전략 7. 네트워크의 힘

김삼오 박사의 알짜배기 유학 가이드

김 삼 오 著
〈신국판 / 264면 / 7,000원〉

이 책은 단순하고 개략적인 유학안내서가 아니다. 유학을 궁리하거나 이미 가기로 결정한 학생, 그들의 부모가 함께 읽는다면 참신한 아이디어를 얻을 수 있다. 유학행정을 맡은 공무원, 대학 실무자, 교수들이 읽는다면 실질적인 도움을 얻을 수 있다. 왜 유학을 가야 하는가, 무엇을 배우려 하는가, 공부는 어떻게 해야 하는가, 외국과 국내 교육의 차이에 대해 알기 쉽게 설명하고 있다.

알기 쉬운 M&A와 주식투자

제 해 진 著
〈양장 / 336면 / 10,000원〉

M&A관련 주식투자는 위험이 높은 반면에 정확한 투자를 할 경우에는 수익도 막대해진다. 따라서 과학적 분석이 필수적이다. M&A에 조금이라도 관심있는 사람을 대상으로 기본적인 M&A이론과 유의사항을 설명하면서 국내외 사례를 통해 M&A전략과 주식시장에서의 M&A관련 주식투자 방안을 알기 쉽게 소개하고 있다.

X파일 비망록 I, II

N. E. 가인즈 著
한 경 훈 譯
〈크라운판 / 380면 / 7,500원〉

X파일 TV드라마는 오락성과 더불어 정보를 제공하는 극으로서의 역할을 충분히 하고 있듯이 이 책은 그러한 정보에 깊이를 더해주는 역할을 한다. TV극에서 못다한 X파일에 등장하는 배우들의 신상을 상세히 소개하고 멀더와 스컬리 두 요원이 펼쳤던 이론을 해부하며 퀴즈게임으로 X파일에 대한 소양을 체크한다. X파일 매니아를 위한 신세대 책이다.

드래곤 스트라이크

험프리 헉슬리·사이먼 홀버튼 著
박 병 우 譯
〈신국판 / 540면 / 8,500원〉

2001년 2월, 중국은 〈드래곤 스트라이크〉라는 암호명 아래 베트남 공습을 시작으로 세계 패권전쟁에 돌입한다. 치밀한 자료수집과 정밀한 분석을 기초로 집필한 이 책은 재미와 미래예측서로서의 장점을 겸비한 소설아닌 소설이다. 각국의 군비태세, 외교전, 세계 외환석유시장에서의 책략이 손에 잡힐 듯 생생하게 그려졌다. 정교하고 사실에 기초를 둔 예측을 했다는 평가를 받고 있다.

칭기즈칸 일족(전 4 권)

진 순 신 著
서 석 연 譯
〈전 4 권 / 신국판 / 각권 7,000원〉

전설 속에 묻혔던 칭기즈칸을 생생한 역사적 인물로 되살려 냈다. 3년여 동안 아사히 신문에 연재되어 일본열도를 열광시킨 진순신의 최신작이다. 가장 짧은 시간에 가장 넓은 영토를 차지한 칭기즈칸과 그 일족의 세계제국 건설사가 유장하게 펼쳐진다. 치열한 권력투쟁, 끊임없는 배신과 모반…… 그러나 강인한 투쟁력과 야성으로 세계경영에 성공한 칭기즈칸과 일족의 투쟁사는 위기를 맞은 우리에게 청량한 자극이 될 것이다.

안자(상·중·하)

미야기타니 마사미쓰 著
신봉승·김하중 譯
〈양장·4×6판 / 384면 내외 / 각권 6,500원〉

열국의 제후들이 대륙의 패권을 놓고 싸우는 춘추 시대를 배경으로 격동의 역사를 헤쳐나가는 명재상 안자의 일대기를 그리고 있다. 난세 속에서도 안자는 충(忠)과 의(義)를 지키며 정도(正道)만을 걷는다. 국가 경영의 참다운 모습, 인간관계의 원형을 보여주는 그의 독특한 철학을 통해 당시의 시대정신과 사회상을 조명한다.

창궁의 묘성(上·中·下)

아사다 지로 장편소설
이 주 영 譯
〈신국판 / 380면 내외 / 각권 6,500원〉

하늘보다 더 깊고 푸른 창궁(蒼穹), 그 한가운데 빛나는 숙명의 별 묘성(昴星)에 소망을 얹고 그 운명을 개척하는 청조말 풍운의 인물들의 권력과 야망을 그린 대하장편소설. 묘성을 수호성으로 태어난 가난한 말똥주이 소년 춘아는 천하의 보배를 손에 넣는다는 점쟁이의 거짓예언을 믿고 스스로 환관이 되어 천하의 여걸 서태후 자희의 측근이 되어 권력의 정점에 오른다.

20대에 사장이 되자

다나카 신스케 著
신 동 설 譯
〈신국판 / 280면 / 7,500원〉

지금 젊음과 패기로 무장한 20대 사장들의 창업 신드롬이 일고 있다. 현대는 정보화사회로 뉴비즈니스, 벤처비즈니스가 각광을 받는 시대이다. 이 시대는 유연한 발상, 번뜩이는 아이디어, 강한 실천력을 가진 젊은 세대가 이끌고 있다. 이 책은 20대에 사장이 되는 구체적인 성공전략이 담겨 있다. 특히 20대에 회사를 세운 40명의 다양한 성공사례를 들어 독립의 꿈을 실현하는 데 실제적인 도움이 되도록 했다.

21세기 오디세이

마이클 더투조스 著
이 재 규 譯
〈양장 / 496면 / 12,000원〉

20년 동안 기술 전도사, 기업가, 경영 컨설턴트로서 정보혁명을 이끌어온 마이클 더투조스는 농업혁명과 산업혁명을 밀어낼 제3의 정보혁명에 대해 보다 폭넓은 관점을 제시한다. 저자는 21세기 글로벌 정보시장의 생생한 모습을 보여 주는 한편, 그 기술적인 문제점들을 폭로하고 한편으로 해결책을 제시하여, 영감에 가득찬 미래의 청사진을 제공한다. 보디넷, 전자 코, 촉각 인터페이스의 미래를……

여성 인재파견 시스템 100% 활용하기

정 용 섭 著
〈신국판 / 225면 / 6,000원〉

기업은 여성인재를 찾고, 여성인재들은 일자리를 찾아 헤매는 것이 현실이다. 취업난과 고용난을 동시에 해결하는 통쾌한 해법이 바로 여기 있다. 인재파견 시스템이 바로 그것이다. 하고 싶은 일을 원하는 시간에 원하는 회사에서 마음껏 할 수 있는 파견스태프가 되는 방법이 잘 나와 있다. 이제 기업도 능숙한 외국어에 막강한 사무 능력을 갖춘 여성인재를 적절히 활용할 수 있을 것이다.

BQ창업시대 – 중소기업 창업가이드

이 치 구 著
〈신국판 / 190면 / 6,000원〉

학교공부를 잘 한다고 사업을 잘 하는 것은 결코 아니다. 지능지수(IQ)가 높다고 사업능력이 뛰어난 것은 더욱 아니다. 사업재능은 지능지수와는 다른 또 다른 능력, 바로 실천능력을 갖춰야 한다. 믿음과 목표의식이 따라줘야 한다. 그렇다면 이 사업능력을 평가하는 방법이 없을까. 사업을 하려는 사람은 비즈니스 IQ, 즉 사업지수(Business Quotient : BQ)가 좋아야 한다. BQ 항목에 세 가지만 해당되면 사표를 써도 좋다!

신을 거역한 사람들

피터 번스타인 著
안 진 환 외 譯
〈양장 / 540면 / 12,000원〉

세계적인 경영 컨설턴트인 저자가 리스크의 역사와 발전과정을 담았다. 탁월한 통찰력으로 현재의 시점에서 미래를 다루는 방법을 밝혀낸 여러 사상가들의 이야기가 담겨 있다. 리스크를 이해하고 측정하며 그 결과를 가늠하는 방법은 주목받을 만하고, 그리스시대부터 현재까지 인류의 다양한 위기의 순간들과 이를 헤쳐나가는 과정을 역사와 철학, 경제학 관점에서 돌아본다. 투자나 선택이 일상인 경영자들을 위한 책이다.

기업 최후의 전쟁 M&A

정 규 재 著
〈양장 / 518면 / 12,000원〉

이 책은 국내시장에서 치열하게 전개됐던 실제 기업전쟁을 실감 있게 그리고 있다. 이들 전쟁은 기업지배권의 탈취나 내부의 형태로, 외부의 공격자들과 기존 소유자들 사이에서 벌어진 것이다. 한국 대표기업 간 M&A의 실상과 이면사를 상세히 분석한 이 책은 때마침 한국기업의 위기와 금융산업 개편에 대한 논란이 진행 중이어서 특히 눈길을 끈다. 기업 M&A 이면사가 한 편의 소설처럼 박진감 있게 펼쳐진다.

월가 천재소년의 100가지 투자법칙

멧 세 토 著
형 선 호 譯
〈신국판 / 344면 / 8,500원〉

10대 천재소년 멧 세토가 세운 뮤추얼 펀드의 연간 수익률은 단연 압도적이다. 이 소년은 〈월 스트리트 저널〉의 표지인물로 등장한 바 있으며, 전세계 투자자들이 조언을 듣기 위해 애쓴다. 17세에 억대 부자가 된 멧 세토가 100가지의 성공적인 주식투자 비법을 소개한다. 신선하고 반짝이는 그의 투자전략은 초보자들도 아주 쉽게 이해할 수 있으며 폭락과 반전을 거듭하는 우리 주식시장에서 성공을 보장할 것이다.

〈개정판〉
알기 쉽게 풀어쓴 새노동법 해설

윤 욱 현 著
〈신국판 / 588면 / 13,000원〉

1997년 3월 노동법이 전면 개정되었다. 개정 노동법은 개별적 노동관계법의 대명사인 근로기준법상의 변형근로시간제, 정리해고제 등을 도입하고 집단적 노동관계법에서 금지됐던 복수노조, 제3자개입, 정치활동 등을 허용했다. 이 책은 저자가 현장에서 직접 느끼고 체험한 노사간의 문제점들을 살펴보고 개정 노동법 전반을 알기 쉽게 해설한 책이다. 해당 법의 예시, 판례, 행정해석을 풍부히 들어 이해를 돕고 있다.

추락하는 일본경제

이 봉 구 著
〈신국판 / 364면 / 8,500원〉

일본이 미래에 대한 자신감을 잃고 있다. 일본경제는 물가, 부동산, 주가 등이 동반하락하는 디플레이션 현상까지 나타나는 대변혁기를 맞고 있다. 개인이나 기업의 자산이 줄고 경제성장률도 제자리걸음을 면치 못하는 사면초가의 상황에서 일본은 초조하다. 저자는 90년대 초 한국과 80년대 말 일본을 비교하면서, 일본경제의 위기와 이를 헤쳐나가려는 일본기업의 몸부림을 타산지석으로 삼으라고 제언한다.

트랜스포메이션 경영

−IMF시대의 기업생존전략−

이성용(Sunny Yi) 著
〈신국판 / 352면 / 9,500원〉

한국 유수의 기업들도 트랜스포메이션을 알고 있으며, 트랜스포메이션을 했다고 주장하는 기업도 있다. 그러나 제대로 된 트랜스포메이션을 수행한 기업은 거의 없다. 이 책은 트랜스포메이션의 필요성, 그 방법과 대상, 수행도구, 외부의 적절한 도움에 대한 정보를 망라했다. 전문용어를 극도로 자제하면서 기업경영뿐 아니라 한국경제가 나아갈 길, 제대로 된 트랜스포메이션의 방법을 요령 있게 제시했다.

열린 세계와 문명창조

기 소르망 著
박 선 譯
〈양장 / 428면 / 13,000원〉

기 소르망은 서로 다른 문화가 충돌하는 유럽, 러시아, 중국, 일본, 아프리카, 라틴아메리카의 국경으로 우리를 이끈다. 이 책은 서양인의 독백이나 나르시시즘이 아니라 바로 한반도에 대한 진단이며 치료제가 될 수 있다. 통독 이후의 문제, 북한의 실상(본문의 「아홉번째 여행」 참조)과 우리의 미래, 미국화로 상징되는 맥몽드(McMonde)의 악몽 속에서 나름대로의 대응법을 찾을 수 있기 때문이다.

신창조론

이 면 우 著
〈신국판 / 312면 / 8,000원〉

미증유의 경제위기를 맞은 한국, 한국인, 한국기업은 어디로 가야 하는가? IMF는 변화를 모르는 기업전통, 말만 많은 우매한 현자들의 득세, 재벌의 출혈경쟁, 모방으로 날새는 제조업, 부서 이기주의에 찌든 얼무절차 등 우리의 불치병을 진단하고, 국가비전, 중소기업 활성화 등 21세기 한국, 한국인의 방향을 완벽 치료하고 있다.

편집광만이 살아남는다

앤드류 그로브 著
유 영 수 譯
〈양장 / 270면 / 10,000원〉

과거와 현재의 성공에 안주하는 순간 미래의 생존근거를 잃게 된다. 경쟁에서 이겨나가는 키워드 "편집광"을 주목하라. 지루함을 모르는 직장, 도전정신으로 꽉찬 편집광 직원들, 그리고 인텔에 대한 진솔한 이야기가 담겨 있다. 예리한 판단력과 관찰력을 겸비한 그로브는 첨단산업을 경영하는데 필요한 「전략적 변곡점」을 정립·설명하고 있다.

호메로스와 테레비

데이비드 덴비 著
황 건 譯
〈양장 / 556면 / 13,000원〉

호메로스, 플라톤, 니체, 단테, 루소, 버지니아 울프까지 내노라 하는 세계적 문학·철학자들의 대표적 저서와 중요 사상을 입문서로 집필했다. 이 책은 미디어시대의 혼란속에서 삶의 지표를 찾아가는 방편으로, 독서의 순수한 즐거움을 더해주는 지적인 가이드 형식으로 구성되었다. 특히 교양쌓기에 여념이 없는 학생들도 고전을 친근하게 접할 수 있게 구성, 대학생은 물론 논술시험에도 최적이다.

진짜 장사꾼만이 살아남는다

나카지마 다카시 著
이 선 희 譯
〈신국판 / 236면 / 7,500원〉

너나 할 것 없이 불경기 속에서도 왜 다른 상점은 잘 굴러갈까? 기발한 판매전략으로 불황을 극복해가는 기업, 손님들이 언제나 북적대는 점포, 그들의 숨겨진 비밀은 무엇인가? 이 책은 IMF시대에 살아남을 수 있는 길은 오직 상품판매뿐임을 강조하고, 에스키모에게도 냉장고를 파는 판매비법 100가지를 소개했다.

실록 외환대란
이 사람들 정말 큰일내겠군

〈신국판 / 396면 / 9,500원〉

아시아 통화경제위기와 한국경제의 위기, 그 연쇄반응은 불가피해야만 했던가? 이 책은 외환위기가 우리를 덮쳐오는 가장 긴박한 순간을 현장에서 직접 지켜본 특별취재팀이 가감없이 쓴 글이다. 어떻게 외환위기를 맞았는지, 그 책임은 누구에게 있는지, 무엇이 잘못되었는지, 밝혀지지 않은 권력의 심장부와 우리의 치부를 낱낱이 공개한 경제청문회 보고서이다. 전국민을 도탄에 빠뜨린 외환대란의 실체와 진실 최초공개.